한국어로 내려온
New Bible

새로운 성 경

제116권

8부 | 총10부

하얀마음

하나님 말씀 중에서

1. 사랑의 하나님

- 세상을 창조하신 하나님은 모두를 사랑하신다. 인간만 특별히 더 사랑하지 않고, 우주 만물을 다 똑같이 사랑하신다. 그러니 하나님이 창조하신 천지 만물과 화친하고, 미물까지도 소중히 대하라.

- 하나님은 특정 종파나 민족만을 더 사랑하지 않으신다. 자기 자신만 구원받겠다는 욕심을 버리고, 자기 종파만 구원받는다는 편협한 교리에서 벗어나야 한다. 종파를 초월해서, 모두를 사랑하라.

- 원수까지 사랑하라 했으니, 이 세상에 사랑하지 못할 자가 누가 있겠는가? 종파가 다르다고 해서 부모 형제와 원수처럼 지내는 자는 인간의 근본을 모르는 자다. 가장 가까운 가족부터 사랑할 때 남도 진심으로 사랑할 수 있다.

- 한 사람을 원수같이 생각하던 마음에서 사랑하는 마음으로 돌리면, 자기 자신의 마음이 가장 기쁘고 행복하다. 하나님께서는 인간의 마음속에 무거움이 없이 기쁘고 행복한 삶을 살기를 바라신다.

- 이웃을 "내 몸처럼" 사랑하라 했으니, 마지막 한 장 남은 천국의 티켓도 이웃에게 양보하라. 자기 중심적인 신앙에서 벗어나서 남을 위해 살아야 한다.

- 독초도, 약초도, 이단도 사탄도 천사도 다 필요하기에 존재한다. 독초일지라도 극소량을 사용해서 생명을 살릴 수 있고, 약초라 하더라도 남용하면 생명을 잃을 수 있다.

- 세상 모든 것을 명약으로 활용하는 것은 인간의 지혜에 달렸다. 어떤 것이든 어떤 사람이든 적재적소에 꼭 필요한 명약으로 승화시키라.

- 사탄도 이단도 천사도 모두 하나님의 주관하에 존재한다. 진정한 하나님의 백성은 사탄과 마귀까지도 감화시켜서 천사로 거듭나게 한다.

2. 기도

- 하나님은 인간의 생각까지 모두를 다 알고 계신다. 우리의 소원도 이미 알고 계시기에, 소원의 기도를 할 필요가 없다. 우리가 받을 자격이 되면 내려 주신다.

- 죄를 짓고 아무리 회개를 해도 용서받지 못한다. 도둑질한 자는 용서해 달라고 기도하고, 도둑맞은 자는 도둑을 잡게 해 달라고 기도하면, 공의의 하나님은 누구의 편에 서시겠는가?

- 자기가 잘못한 것은 그 사람에게 직접 갚고 용서를 구하라. 그가 용서하면 하나님도 용서하신다. 땅에서 매면 하늘에서도 매이고, 땅에서 풀리면 하늘에서도 풀리는 이치다.

- "회당에서 기도하지 말고 골방에서 기도하라" 했다. 눈에 보이는 골방이 아니라, 골방과 같이 고요한 마음이다. 잡념을 버리고 하나님을 향해 마음을 집중하며, 사랑하고 용서하는 아름다운 생각만 나오도록 하라.

- "두드리면 열릴 것이다." 하는 것은 육의 소원을 위해 두드리라는 것이 아니라, 진리의 깨달음을 얻기 위해 두드리라는 것이다.

- 기도하는 방법: 생활 속에서 수시로 기도하는 삶을 살아야 한다.

- "저의 죄를 용서하여 주옵소서." 하는 회개의 기도를 하라.
- 범사에 "하나님! 감사합니다." 하라. 현재 가진 것에 감사하며, 과욕하지 말라. 자기 노력 이상의 것을 더 갖고자 기도하는 것은 도둑놈심보다. 공의의 하나님은 각자 노력한 만큼 주신다.
- "하나님 뜻대로 살아가겠나이다." 하며 마음의 각오를 다지라.

- 기도는 하나님의 말씀을 받아서 "행하는 것"이다. 하나님이 계심을 굳건히 믿고, 하늘을 향하여 한 점 부끄럼 없이 사는 삶 자체가 가장 위대한 기도이며, 삶이 곧 예배다.

3. 지도자

- 똑같이 사랑한다는 말을 해도, 순수하게 하는 말은 천사의 말이지만, 사기 쳐서 재산을 가로채려고 하는 말은 사탄의 말이다.

- 종교 지도자가 아무리 훌륭한 설교를 해도, 신도의 재물을 거둬서 더 큰 교회를 짓고 자기의 부귀영화를 바라며 설교하면 사탄의 가르침이 된다.

- "저희 교회는 만원사례요, 믿음은 다 같으니 이웃의 개척 교회에 가서 예배를 드리시오." 하며, 이웃 교회의 부흥을 먼저 생각하여 제 신도를 보내는 종교 지도자가 있다면 그를 따르라. 그가 하나님의 사랑을 실천하는 자다.

- "부자가 천국에 들어가는 것은 낙타가 바늘구멍을 통과하는 것보다 더 힘들다" 하였거늘, 지금의 교회에서는 부자가 되기만을 기도하고 소원하니, 이는 곧 천국을 포기하고 지옥 행 열차의 티켓을 사는 것과 같다.

- 예수는 빈손이었다. 종교 지도자가 예수보다 더 호화롭고 편안하게 살아간다면 잘못된 것이다. 부귀영화와 명예를 바라는 자는 절대로 갈 수 없는 좁고 협착한 길이 종교 지도자의 길이다.

- 종교 지도자는 유리로 비춰 봐 한 점의 부끄러움이 없이 살아야 한다. 의식주도 직접 일해서 해결하고, 예수의 가르침과 행함을 그대로 따라야 한다.

- 종말은 없다. 지금의 잘못 가는 종교 집단에게만 종말이 있다. 보이지 않는 하나님은 보이는 육의 종말은 관여하지 않으신다. 환경 파괴로 인간이 스스로 멸망을 자초하는 것이다. 종파끼리 싸우기 전에, 무너진 인성을 바로잡고 지구의 몸살을 해결하는 데 뜻을 모으는 게 급선무다.

4. 성전이란

- 이 세상 자체가 하나님께서 만드신 성전이다. 자연보다 더 아름다운 성전이 있는가? 보이는 건물이 성전이 아니라, 성스러운 마음가짐이 성전이다.

- 반석 위에 교회를 지으라 했다. 지상의 단단한 돌은 인간이 쪼갤 수 있으나, 마음속의 굳은 결의는 세상 무엇으로도 쪼갤 수 없다. 바르고 굳건한 믿음으로 성경의 가르침을 실천하는 것이 마음의 반석 위에 교회를 짓는 것이다.

- 손으로 지은 건물의 교회에 모여서 복음을 전하는 것이 아니라, 교회를 개인과 가정에 심어 주어야 한다. 무너지고 부서지는 건물을 짓지 말고, 마음속에 영원히 불변하는 참진리의 교회를 지으라.

5. 십계명

- 십계명은 인간이 죽어서 반드시 통과해야만 하는 열 개의 관문이다.

- 부모를 공경하지 아니한 자는 "네 부모를 공경하라." 하는 제5계명의 관문이 열리지 않으니 구원받을 수 없다.
- 살인, 간음, 거짓, 우상 등의 나머지 계명도 마찬가지다.

- 십계명은 하나님의 친필이다. 모기소리만 한 하나님의 음성이라도 들어 보겠다고 여기저기 찾아 헤매지 말고, 십계명부터 암송하고 지키라.

- 십계명은 영혼을 구원하는 양식이며, 십계명을 지키는 것이 구원을 받는 길이다. 인간이기에 지키고자 노력하고 또 노력한다면 지킬 수 있다.

- 십계명을 지키고 천사처럼 아름답게 살아가는 그 마음 하나면 세상에 이루어지지 않는 것이 없다.

6. 보물

- 하나님은 재물이 아니라 우리의 마음을 받으신다. 사랑을 실천하며 천사처럼 변하는 마음이 하나님께 바치는 보물이다.

- 보이지 않는 하나님께 재물을 바치려 하지 말고, 너희를 길러 준 부모에게 용돈 드리고, 찾아뵙고, 효성을 다하라. 그것이 하나님께 효도하는 것이다.

- 하늘에는 선과 악의 창고가 있다. 자기 창고에 선이 많으면 천국으로 구원을 받고, 악이 많으면 심판받아 지옥으로 간다. 그것이 바로 "선한 일을 행한 자는 생명의 부활로, 악한 일을 행한 자는 심판의 부활로" 나오는 것이다.

- "선악과를 따먹지 말라"는 것은 양심을 지키라는 것이다. 선과 악을 구분할 수 있는 양심을 최초에 인간에게 주셨다. 선한 열매는 취하고, 악한 열매는 버리며, 양심에 비추어 부끄럼 없는 삶을 살아가라.

- 가장 작은 거짓말을 하지 않고, 가장 작은 죄를 짓지 않으며, 가장 작은 선행을 하고, 가장 작은 악행을 멀리하는 것이 율법의 일점 일획도 빠뜨리지 말고 다 지키는 삶을 사는 것이다.

7. 우상

- 박물관에 있는 불상은 하나의 예술품이다. 그 조각품에 대고 제 소원을 빌 때 우상숭배가 된다. 십자가라 하여도 그 앞에서 소원을 빈다면 우상숭배하는 것이며, 하나님께 소원을 빈다면 하나님을 우상으로 전락시키는 것이다.

- 지금 기복신앙에 젖어 있는 모든 사람이 우상 앞에 절을 하고 있다. 조각품을 우상이라며 파괴하지 말고, 네 마음속에 있는 욕심의 우상을 무너트리라.

- 생수를 약초가 먹으면 약을 만들고 독사가 먹으면 독을 만든다. 같은 성경을 봐도 선한 지도자는 신도를 천사로 만드는 데 활용한다. 그러나 욕심이 가득한 지도자는 재물을 거두어들여 제가 부귀영화를 누리는 데 악용한다. 그가 바로 성경을 우상숭배의 도구로 전락시키는 거짓 선지자다.

- 성경을 한 획도 빼거나 더하지 말라는 것은, 그 가르침을 빠트리지 말고 온전히 지키라는 것이다. 성경 속에서 자기에게 유리한 구절만 보는 것은, 자기에게 불리한 구절들을 빼 버리는 것이다. 믿음이 제일이요, 행함은 구원과는 관계없다는 것은 자신에게 유리한 쪽으로 성경을 악용하는 것이다.

- 진정한 종교 지도자는 종파에 관계없이 어떤 종파든 어떤 책이든 접하고 보고 깨우쳐 견문을 넓히도록 인도한다. 참진리를 모르고 자신이 없는 자가 남을 이단이라며 배척하고, 신도들의 눈과 귀를 가린다.

8. 예수

- 예수의 재림은 없다. 예수가 다시 온다 해도, 과연 누가 그를 예수라고 믿겠는가? 예수와 같은 삶의 행함이 곧 예수의 재림이다. 각자 모두가 "재림 예수"가 되는, 차원 높은 믿음으로 가야 한다.

- 예수는 "주여 주여 하지 말고, 아버지의 뜻대로 행하라"고 했다. 예수가 전한 하나님의 뜻이 곧 "길이요, 진리요, 생명"이며, 그 가르침이 예수의 보혈처럼 소중한 것이다. 예수를 믿는 것은, 예수의 가르침을 믿고 따르는 것이다.

- 예수는 낮은 자로서 만백성을 섬기고자 했다. 만나는 모든 사람을 다 하나님이라 생각하라. 돈을 벌수록 겸손하고, 높은 지위를 얻을수록 낮아지라.

- 예수는 종파를 만들지 않았다. 인간이 만든 종교와 인간의 교리를 따르지 말고, 예수를 통해 전한 하나님의 참진리를 연구하고 따르라.

- 예수가 2천 년 전에 만백성을 위해 죽었으니, 지금 이 땅에는 예수의 가르침대로 사는 천사만 존재해야 한다. 예수가 죽어 가면서 바란 것은 만백성이 천사가 되어 예수의 자리를 채워 주는 것이지, 지금과 같이 재물을 바치면서 중언부언 제 소원만을 비는 백성들을 바란 것이 아니다.

9. 구원

- 천사가 사는 천국에는 천사만 갈 수 있으니, 천사 같은 마음을 길러야 한다.

\- "천국 열쇠를 네게 주리니 땅에서 무엇이든지 매면 하늘에서도 매일 것이라" 했다. 땅에서 천사같이 사는 자가 하늘에서도 천사가 되어 천국에 들어간다. 모든 사람에게 천사같다는 말을 듣는 삶을 살아야 한다.

- 천사의 곱고 아름다운 마음은 부모를 공경하고 어른을 어른으로 대접하는 데에서 출발한다. 효도하는 자는 형제와 화목하게 지내기에 가정이 화목해지고, 이웃과 화목해지고, 국가가 화목해지고, 온 인류가 화목해진다.

\- 그러므로 지상의 아름다운 소왕국은 가정에서부터 이루어야 한다.

- 선택된 14만 명만 구원받는 것이 아니라, 천사처럼 변하고자 하는 14만 명을 기초로 온 인류가 천사처럼 거듭나는 영적인 개혁이 시작되는 것이다.

- 천 년에 걸쳐서 하늘에서 이루어진 것같이 이 세상을 낙원으로 만들어, 만백성이 지상의 천국에서 살다가 죽어서 그대로 하늘의 천국으로 들어가는, 영원한 지상 낙원을 건설하는 것이 하나님의 계획이다.

- 이것이 구약과 신약에 이어 "새로운 성경"으로 역사하시는 하나님의 창조의 완성이다.

- 지금의 믿음으로 구원받을 수 있다면 그 길을 가라. 그러나 자신이 없다면 하나님께서 직접 내리신 160권의 "새로운 성경"을 읽고 구원의 길을 보라!

하나님 머리말씀

이 새로운 성경을 읽는 너희 모두는
이 율법에 따라 행하면 영원히 구원받을 것이니라.

너희 인간이 수년, 수십 년, 평생
성서를 공부하고 기도하는 것은
하늘나라 나의 곁으로 오고 싶은 소망일진대,

몇천 년 전의 너희 인성과 생각이
지금의 너희와는 판이하게 다르니,

꺾여 가고 병들어 가는 너희를 고칠 수 있는 길은,
오늘 내가 선지자에게 내리는 새로운 성경과 같이
너희가 변화되는 것뿐이니라.

나의 예수가 태어난 것처럼
내가 아들 선지자를 선택하여
나의 새로운 성경을 온 세계에 전하고자 하니,

묵은 것은 버리고 새로운 것은 취하여,
너희 모두는
'여호와 하나님! 저의 죄를 용서하여 주옵소서.'
하는 기도문으로 기도하고, 죄를 뉘우치라.

이 새로운 성경은
수천 년간 내려온 성서를 요약한 것이니,
너희는 이 책을 정독하여 쉽게 깨달음을 얻고,
이대로 실천하여 하늘에 오르라.

대역자 머리말

■ 하나님의 율법을 지키는 선지자로 선택을 받도다.

저는 남들처럼 그저 열심히 살아온 평범한 사람이었습니다. 그러나 50대 중반에 사업에 실패하여 많은 부채에 시달렸으며, 건강도 악화되어 눈이 잘 안 보이고, 걷기도 어렵고, 두통이 심해서 잠을 이룰 수 없는 고통의 나날을 보냈습니다. 그때 제가 선택할 수 있는 것은 육의 삶을 끝내는 길뿐이었습니다.

죽기 직전에 그동안에 죄를 지은 이들에게 용서를 빌고 인생을 끝내기로 작정하였습니다. 어려서부터 지은 죄를 빌고 빌다 보니 끝이 없었고, 죽음으로도 그 많은 죄를 용서받을 길이 없다는 생각에 하염없이 눈물이 흘렀습니다. 그 순간 '재래식 화장실의 구더기는 죄를 짓지 않는데, 나는 인간으로서 구더기만도 못한 삶을 살았구나.' 하는 생각이 들면서 괴로움에 몸부림칠 때, 갑자기 하나님의 음성이 들렸습니다.

"나는 여호와 하나님이니라. 너는 십계명을 암송하고 내가 내려 주는 메시지를 받아 책으로 만들어 만백성을 구하라." 하시며, 제 눈을 손으로 문지르게 하시고, 아픈 머리와 다리를 손으로 두드리게 하셨습니다. 그러고 나니 눈도 잘 보이고 걸을 수 있었으며 머리의 통증도 말끔히 낫게 되었습니다. 그때부터 십계명을 암송하고 나면 들려주시는 말씀을 기록하였고, 1999년 8월부터 2004년 7월까지 권당 288쪽, 총 160권을 받아서 "새로운 성경"이라는 책으로 펴내게 되었습니다.

그러한 저에게 죽기보다도 힘든 길이 시작되었습니다. 모든 교인들이 저에게 사탄이요, 이단이요, 악마요, 마지막 시대에 온 거짓 선지자라 하면서 공격하였고, 저를 짐승을 보듯이 대하는가 하면, 편협한 종교 지도자들의 선동으로 신도들이 이 책을 직접 읽어보고 평가할 기회마저 막아 버렸습니다. 그래서 하나님의 말씀을 세상에 내는 데 많은 어려움을 겪으며, 피를 토하는 심정으로 책을 전하고 있습니다.

그러나 아무리 인간의 힘으로 막으려 해도, 하나님의 뜻이 세상에 전해지는 위대한 역사는 계속될 것입니다. 책으로 전해지는 "하나님의 말씀"은 세상 끝날까지 항상 우리와 함께하실 것입니다. 사람은 죽어도, 책에 기록된 말씀은 영원히 남으니까요.

■ 따뜻한 실천

하나님께서는 어려운 사람들에게 삶의 터전을 마련해 주고, 미래를 열어 주는 것을 기뻐하십니다. 어려운 이웃이 스스로 자립할 수 있도록 이끌어 주는 것이 진정으로 이웃을 돕는 것이라고 말씀하셨습니다. 그래서 일자리가 없는 제자들에게 작은 사업장을 만들어 주는 "달란트 사업"을 하고 있습니다. 식당, 반찬 가게 등을 차려 주고, 기존의 어려운 사업장이 자립할 수 있도록 돕고 있습니다(커피숍, 미용실, 의상실 등).

하나님께서는 교회에 나와서 모든 시간과 재물을 쏟기를 원하지 않으시고, 그 시간과 재물을 교육에 투자하여 스스로 미래를 열어 가기를 원하십니다. 그래서 제때 공부하지 못한 제자들에게 학업을 이어 가도록 하였습니다. 중화요리 주방장을 하며 초등학교 검정고시부터 공부하여 2012년에 방통대를 졸업한 36세 남성, 만학도들의 2년제 중학교에 입학해서 2007년에 명지대학을 졸업한 38세 여성, 중학교 검정고시를 시작으로 숭의여자대학을 졸업한 47세 여성 등이 있습니다. 그밖에도 많은 제자들에게 나이를 초월하여 배우고 깨우쳐서 사회 속의 당당한 일원이 되도록 인도하고 있습니다.

학자금 대출로 힘겨워하는 젊은이들을 위해 "따뜻한 바람 장학회"를 발족하여(2016년 12월) 대출받은 학자금 전액을 매월 갚아 주고 있습니다. 또한, 다문화 가정을 위해 "다문화 가족 랜드"를 조성하여, 각종 시설을 무료로 활용하도록 하고 있습니다.

이러한 따뜻한 실천이 아직은 미약합니다. 그러나 책의 수입이 늘고, 저와 뜻을 같이하는 분들이 늘어나면 계속 확대할 것입니다. 지도자로서 신도의 재물을 헌금으로 거둬들여 착복하는 것이 아니라, 하나님께서 기뻐하시는 일에 사용하도록 중매 역할만 하며 살아가고자 합니다. 이런 제가 과연 사탄이고 이단인가요? 하나님께서 기뻐하시는 일이라면, 저에게 사탄이라 하든 거짓 선지자라 하든 굽히지 않고 실천해 나갈 것입니다.

끝으로, 일상의 삶 속에서 "지금 내가 하는 행동이 과연 하나님께서 기뻐하실까, 슬퍼하실까?" 생각하고, 매사에 하나님께서 기뻐하시는 길을 택하기 바랍니다. 교회에 모여서 집단적으로 예배 드리는 것이 아니라, 개인이나 가정 단위로 새로운 성경을 읽어 스스로 깨우치고 그대로 행하면 충분합니다. 그것이 마음속에 성전을 짓고, 신령과 진정으로 예배 드리는 길입니다. 그러면 천국의 문에 들어서게 됩니다.

2017.2.1.

하나님 말씀 대역자 김용철

차 례

십 계 명

이 책은 십계명을 암송하고 나면 내려 주시는 "하나님의 음성"을 듣고 그대로 받아쓴 기록입니다. 하나님께서 십계명을 모세에게 내려 주셨지만, 그것은 만백성에게 내려 주신 것입니다. 마찬가지로 이 책의 모든 말씀도 저에게 내려 주셨지만, 만백성 각자에게 들려주시는 말씀입니다. 여러분도 이 책을 접할 때마다 십계명을 암송하고 나서 정독해 주시기 바랍니다.

제일은, 너는 나 외에는 다른 신들을 네게 있게 말지니라.
제이는, 너를 위하여 새긴 우상을 만들지 말고, 또 위로 하늘에 있는 것이나, 아래로 땅에 있는 것이나, 땅 아래 물 속에 있는 것의 아무 형상이든지 만들지 말며, 그것들에게 절하지 말며, 그것들을 섬기지 말라.
제삼은, 너는 너의 하나님 여호와의 이름을 망령되이 일컫지 말라.
제사는, 안식일을 기억하여 거룩히 지키라.
제오는, 네 부모를 공경하라.
제육은, 살인하지 말지니라.
제칠은, 간음하지 말지니라.
제팔은, 도적질하지 말지니라.
제구는, 네 이웃에 대하여 거짓 증거하지 말지니라.
제십은, 네 이웃의 집을 탐내지 말지니라.

나 여호와가 존재함을 믿는 그 자체가 구원의 길에 들어서는 기본이요, 근본이며, 나의 새로운 성경을 가슴에 안고 정독하는 자, 반석 위에 서서 하늘에 오르는 찬란한 빛을 보게 되는 영광을 얻게 됨이니라. 진정 나를 따르고 믿는 자는 감히 사탄이나 마귀도 근접하지 못하느니라.

〈하나님 말씀〉

2003년 11월

8,479 번째 하나님 말씀

2003년 11월 19일 07시 44분

1 사랑하는 나의 아들아!
2 "네, 아버님! 말씀하옵소서."
3 많은 자들이 너를 마지막에 온 거짓
선지자요, 사탄이요, 사악한 자라 그
리 말하거든, 믿음의 길을 간다는 자
들, 그리고 구원을 받았다는 자들, 저
희들이 가는 길만이 하늘에 오르는 그
길이라는 자들에게 너희들은 물으라.
4 나 여호와가 세상 것을 다 주었으며
신과 같은 인간을 만들었을 때, 내가
최초에 만든 아담과 이브가 과연 어찌
했는가?
5 나에게서 등을 돌렸으며 내 뜻을 따르
지 아니하였으며 내 뜻을 거역하지 아
니하였던가?
6 모세의 시대에 살아가던 백성들은 과
연 어떠했느냐?
7 그들도 모든 기적과 인간으로서 체험
할 수 없는 그 역사를 보여 주었건만,
그들이 우상을 만들며 광란의 짓을 하
는 것이 인간의 뿌리며 너희 조상이
역사한 짓이니라.
8 그것뿐이던가?
9 나의 아들 예수를 세상에 보냈으니,
모세의 기적보다 더한 기적의 역사를
이루며, 내가 그 아들의 생명까지 거
둬들여 너희들에게 깨우치며,
10 사랑을 베푸는 인간 세상을 만들기 위
하여 하늘에서 이루어진 것같이 지상
의 천국을 만들고자 했으나, 너희들은
과연 어찌했느냐?
11 믿음의 길을 가며 나를 찾는 자들이
요, 그를 받들어 역사할 자들이 그를
죽게 했으며 그를 배신한 지난날의 역
사를 하나하나 손으로 꼽아 보며 생각
해 보라 그리하라.
12 그러고도 과연 오늘과 같은 시대가 오
지 아니할 수 있는가?
13 이는 절대 오지 아니하면 아니 된다는
것을 너희들은 알아야 될 것이니라.
14 어떠한 믿음을 가진 자가 와서 너희들
에게 공박하며 말하거든 이것으로써
대답하며, 그 이상의 시시비비를 하지
말라.
15 마음이 굳어져 있는 자, 마음이 식어
있는 자, 미워하는 자는 어떠한 말을
해도 미워짐이니라.
16 인간 세상에 너희들이 살아가면서 짐
승은 미워도 사람이 살 수 있으나, 사
람이 밉게 보이고 미운 사람하고는 살
수 없다 하였음이니라.
17 그러니 이 세상에서 가장 미운 사람이
요, 가장 징그러운 사람이라고 너희들
을 보고 있는 자들에게 너희들이 아무
리 아름답고 예쁜 짓이요, 저희에게
득이 되는 말을 해도,
18 사람이 싫은 것은 볼 수 없듯이 그들
은 받아들이지 못함이니,
19 다만 너희들은 그와 같은 말을 하라.
20 창조주 나 여호와가 누구를 세상에 만
들었으며, 그 만든 자가 나 여호와의

뜻을 거역했으며, 그리하여 모세의 시
대가 열렸고 모세의 시대에 사악한 너
희들의 조상의 뿌리요, 예수의 시대에
그러한 것이 너희들의 조상의 뿌리니,
너희들이 한번 보면 느낄 것이니라.
21 그와 같은 행위를 하고 너희들이 오늘
은 과연 어떠한가?
22 말세요, 도둑이 들끓는 세상이라 손가
락질하고 저주하는 것이 너희들이 아
니더냐?
23 그와 같은 시대를 너희들이 만들었으
며, 오늘과 같은 시대, 새로운 시대요,
새로운 말씀이 내려와 역사하지 아니
하면 과연 너희들이 구원을 받을 수
있겠는가?
24 그것만으로써 대답하며, 그 이상의 법
전의 내용을 가지고 시시비비하지 말
라.
25 아무리 아름다운 뜻이 법전에 있다 해
도 그들은 그를 받아들이지 않느니라.
26 사람이 미운 자는 보지 못하며, 사람
이 미운 자와 같이 징그러운 것이 없
으니, 그보다 더 징그럽고 그보다도
더 더럽게 보는 것이 너희들을 보는
그들이니, 그들에게 무슨 말을 한들
그게 들리겠느냐?
27 절대 들리지 아니함이니 그리 알라.
28 병든 자요, 전염병을 가진 자가 너희
들에게 맛있는 것을 주며 아무리 좋은
것을 준다 해도 그를 받는가?
29 저에게 감염될까 봐 두려워서 아무것
도 받지 않고 도망가는 것이 그들이
니, 그보다 더 무서운 것이 무엇이더
냐?
30 참진리요, 나 여호와의 뜻이요, 너희
들이 걷고 가기가 너무나 힘들고 어려
운 길이요,
31 바른길에 들어섬으로 구원을 얻음이
니, 바른 말을 하는 것, 너희들에게 살
이 되고 뼈가 되며 너희들의 영혼을
구원하는 것은 독소와 같이 들리는 그
들의 귀가 변화되지 아니하고는 절대
너희들의 말을 들으려 하지 아니하며
따르려 하지 아니하는 것이 그들이니
그리 알라, 사랑하는 나의 아들딸들아!

8,480 번째 하나님 말씀

2003년 11월 19일 07시 52분

1 사랑하는 나의 아들아!
2 "네, 아버님! 말씀하옵소서."
3 아무리 고도의 훈련을 받은 명사수라
해도 그가 사수로서 그 임무를 수행할
때, 제가 성급하고 당황하며 급하게
서두르면 그는 평소의 실력을 발휘할
수 없으며 과녁을 맞힐 수 없는 것이
인간 너희들의 형태임을 알라.
4 너희들이 수없이 하는 운동 경기요,
모든 경주와 같은 것도 너희 마음을
서두르며 성급하게 생각하다 보면 실
수를 하며, 평소에 가지고 있는 그 능
력을 발휘하지 못하는 것이 인간 너희
들의 형태임을 알아야 될 것이니라.
5 그러니 너희들이 나에게 오르고자 하
는 그 마음, 너희들이 믿음의 그 길을
가는 것도 조용히 차분히 가는 것이
아니요,
6 인간 세상의 욕심으로 제가 무엇인가
를 이루고자 하는 갈급한 마음으로 나
의 성전을 찾으며 나의 아들의 강론을

들으며 나의 법전을 읽고 깨우치는 자는 결코 아무것도 얻을 수 없는 자이니라.

7 그는 바로 무엇이더냐?

8 목적을 위해서만 저희들이 성급하게 달려감이니, 평소에 연습한 그것도 발휘하지 못하는 백성들이기 때문이니라.

9 그와 같이 하는 자 실수할 것이며 마음이 달라짐이니, 그 마음의 자극을 받는 자는 또한 수시로 마음이 변할 수 있는 것이니라.

10 그러니 나의 법전을 만들며 나의 성전에 와 강론을 듣는 백성 너희들은 나의 법전이 세상에 나가는 것, 그 한 길 외에 인간의 어렵고 힘든 것을 풀고자 하며 그것을 얻고자 하면,

11 얻고자 하고 풀고자 하는 마음을 가진 자는 결코 얻을 수 없으며, 풀 수 없다는 것을 너희들은 알아야 될 것이니라.

12 그러니 너희들이 그와 같은 마음으로 가는 것은 너희 마음 상태가 흔들림으로 인하여 생각이 다르며 목적이 다르기 때문에,

13 사수가 아무리 훈련을 잘 받아도 과녁을 정확히 맞추지 못하며, 평소에 가지고 있는 실력을 발휘하지 못하는 것이며, 오차가 생기며 실수를 하는 것이 너희들임을 알아야 될 것이니라.

14 그러니 너희들이 모두를 이루고자 한다면 나의 법전을 만드는 데 모두를 전념하라.

15 그리하면 너희들이 구원을 받을 것이며, 그리하면 너희들의 뜻이 이루어질 것이니라.

16 먼저 인간의 생각으로 계산을 두며 인간의 생각을 먼저 두며 그와 같은 생각을 하는 자, 절대 아니 됨이니라.

17 이제 나의 아들을 따르는 제자 너희들은 어찌하면 법전을 만들어 세상에 전할 것인가, 그것만을 생각하며 그 길을 갈 때, 너희들이 모두를 이룰 것이니라.

18 절대 그렇지 아니한 자, 내가 너희들을 기억하지 아니하며, 너희들의 갈급한 사항이요, 그것을 내가 풀어 주지 아니함을 너희들은 알아야 될 것이니, 이는 깊이 새겨야 될 것이라는 걸 잊지 말라.

19 어떠한 시련과 고통이 있다 하더라도, 법전을 만드는 자, 그리고 법전을 전하고자 하는 자, 그 마음이 변화되어서는 아니 될 것이니,

20 그 마음이 무너지며 인간의 생각을 이루며 인간의 고통을 먼저 풀고자 할 때, 너희들은 그렇다 해서 풀어지는 것도 아니거늘,

21 그 생각부터 먼저 하는 자, 너희들은 그것이 바로 무엇이던가?

22 흔들리는 자의 마음이요, 광분하는 자의 마음이요, 제자리를 찾지 못하는 자이기에 너희들에게는 어떠한 것도 내릴 수 없으며, 너희가 얻을 수도 없으며 볼 수도 없다는 것을 너의 제자들에게 깨우쳐 주도록 그리하라.

23 마음이 하나가 되었을 때 내가 모두를 내릴 것이니라.

24 너희들은 마음이 하나가 되었다 하나, 육의 생각이 앞에 있으며 육의 고통이 앞에 있으며, 육의 삶을 먼저 생각하

는 자들이니라.
25 그러니 나의 아들이 너희들에게 매를
들었을 때, 너희를 꾸중했을 때, 너희
동료들이 지적했을 때, 잘못된 걸 가
르쳐 주었을 때, 그를 사랑으로 또는
행복으로 기쁨으로 받아 주지 못하는
그 마음이 바로 두마음의 근본이니,
26 그 마음부터 버렸을 때, 너희들은 오
로지 나의 법전을 내는 한 길을 위해
달려가는 자가 되어 있을 것이니, 그
때 모두는 이루어질 것이니 그리 알라.
27 나의 아들이 모두를 너희들에게 내려
주려고 하나, 내가 그 모두를 다 정지
시키고 있음이니라.
28 나의 아들은 너희들의 어렵고 힘든 그
모두를 풀어 주려 하나, 너희 마음의
깊이를 나의 아들은 모르기 때문이니,
29 흔들리고 하나의 마음이 되지 아니한
자에게 내가 상을 내리지 못하도록 하
고 있음이니, 이와 같은 이치를 너희
들은 알아야 될 것이니라.
30 '오른뺨을 맞으면 왼뺨도 내놓으라.'
는 것이 무엇인 줄 알겠느냐?
31 그게 마음이 변하지 않는 것이요, 두
마음을 갖지 않는 것이요, 두 가지 생
각을 갖지 아니하는 것이니라.
32 오른뺨을 맞고 흥분하는 자, 그리고
적대시하는 자, 공격하고자 하는 자,
그가 아무리 평소에 한마음이 되며 천
사 같다 해도 그 마음이 유사시에 나
오는 것은 한마음이 되지 아니한 것이
기 때문에,
33 그 한마음의 이치를 깨우치는 것이 오
른뺨을 때리면 왼뺨도 내놓으라 하는
것이니,
34 그와 같이 되었을 때만이 너희들이 하
나의 마음이 되었음이니 그리 알라.
35 너희들이 오른뺨을 맞고 왼뺨을 내밀
지 아니하며, 오른뺨을 맞은 것이 아
파 손으로 문지르는 것, 그 자체도 잘
못된 것이라 나의 법전에 일찍이 깨우
친 것이 있으니,
36 그와 같이 하나의 마음이 되었을 때
왼뺨도 내 놓으라 함이니, 그것이 무
엇인 줄 알겠느냐?
37 그것이 너희들의 마음이 동요되지 아
니하며 변화되지 않는 마음의 기본이
요, 기초이니라.
38 너희들이 오른뺨을 맞을 때 만지는 것
도 잘못된 것이라 내가 일찍이 너희들
에게 전했듯이, 그와 같은 이치가 거
기에 있음을 너희들은 알아야 될 것이
니라, 사랑하는 나의 아들딸들아!

8,481 번째 하나님 말씀

2003년 11월 19일 08시 48분

1 사랑하는 나의 아들아!
2 "네, 아버님! 말씀하옵소서."
3 너희가 지금 나의 아들 예수를 찾으
며, 교회라는 곳이요, 성막이요, 성당
이요, 그곳에 나가 설교를 듣고 재물
을 바치고, 울고불고 너희들이 말하는
회개를 하게 되면 구원을 받는다 그리
말함이니라.
4 정녕 그렇다면 너희들이 가고 있는 길
이 나 여호와의 뜻이요, 진정한 길이
라면, 너희들이 죽어 와 지옥으로 가
는 백성이 없어야 되지 않겠는가?
5 그러나 지금 너희들이 어떠한 곳으로

가고 있단 말이던가?
6 내가 보는 너희들은 지옥문에 가서 몸
부림치며 그곳을 들어가지 아니하려
애걸복걸하는 백성들밖에는 없음이
니, 그렇다면 너희들은 무엇인가를 다
시 한 번 생각해 보며 깨우쳐 뒤돌아
보지 아니하면 아니 됨을 알아야 될
것이니라.
7 지금의 믿음의 길을 가는 백성 너희들
이 재물을 바치고 울고불고 광란의 짓
을 하며 회개하는 백성은 구원을 받는
다면, 너희들이 지옥으로 가는 백성이
정녕 없어야 될 것이니라.
8 그러나 너희들은 떨어지는 낙엽처럼
수없이 지금 타락되어 지옥으로 그대
로 떨어지고 있음을 알아야 될 것이니
라.
9 정녕 너희들이 지금 지옥으로 가는 백
성들이 있다 하면, 과연 어찌할 것인
가?
10 너희들의 모두가 잘못되었음을 알아
야 될 것이니라.
11 너희들은 나의 아들 예수의 죽음의 고
통이요, 그 보혈로써 구원을 받았다
말하나,
12 너희들이 정녕 나의 아들 예수의 보혈
로써 구원을 받았다면 천국이요, 나에
게 오는 백성이 돼야 될 것이며,
13 그렇지 못하고 지금 지옥으로 떨어지
는 그 길만 가고 있다면, 너희들은 나
의 아들 예수의 보혈이요, 그 죽음을
헛되게 한 일이요, 헛된 짓만 하고 있
다는 것을 알아야 될 것이니라.
14 이 무서운 사실을 내가 나의 아들을
통하여 법전에 기록하여 너희들에게
전함이니, 이는 누구도 전할 수 없으
며 너희들을 깨우쳐 줄 수 없음이니,
15 그리하여 이는 나 여호와의 성령이요,
새로운 법전이라 함을 너희들은 알아
야 될 것이니라.
16 너희들이 구원을 받았다는 나의 아들
예수의 고통스러운 죽음이요, 그 고귀
한 보혈을 헛되게 하고 있으며, 가치
없이 만들고 있는 것이 지금 너희들의
행동이라는 걸 알라.
17 너희들이 정녕 나의 아들 예수의 죽음
을 귀하게 생각하며, 그리고 보혈로써
구원을 받는 자라 말한다면,
18 너희들은 구원의 길에 지금 들어와 나
에게 오는 백성들이 줄줄이 줄을 이어
끝이 보이지 아니해야 될 것이니라.
19 그러나 너희들은 다 헛된 짓을 하고
있음을 알라.
20 너희들이 나에게 구원을 받으며 나에
게 오고자 하며, 나의 아들 예수의 고
통스러운 그 죽음이요, 너희들이 말하
는 구원의 보혈이라는 것의 그 은혜를
안다면,
21 천사와 같이 변화되는 삶을 살아가는
그것밖에 없다는 것을 너희들은 알아
야 될 것이니라.
22 이제 내가 너희들에게 간곡히 부탁하
나니, 나의 아들 예수의 그 죽음이요,
그 피를 헛되게 하는 짓을 하지 말라
전하라.
23 너희들이 나 여호와의 가슴을 얼마나
아프게 하고 있는지 아는가?
24 너희들이 지금 가고 있는 길이 잘못된
길이며 너희들이 하고 있는 행위가 잘
못된 것이요,

25 그 모두는 나의 뜻을 거역하는 짓만
골라서 하고 있는 것이요, 그 길을 위
하여 너희들이 존재하는 자들이니,
26 너희들이 지금 사탄으로 전락된 자들
이라는 것을 알아야 될 것이니라.
27 사랑하는 나의 아들딸이 나를 따름이
아니요, 사탄의 자식이 되어 지옥 불
로 낙엽처럼 떨어지는 그와 같은 형국
을 더 볼 수가 없어 내가 오늘의 그 역
사를 이룬다 나의 법전에 수없이 전했
느니라.
28 내가 여기서 너희들에게 다시 한 번
말하느니라.
29 지금 정녕 구원의 길이라면 너희들이
천국에 오르는 길을 와야 되나,
30 천국에 오르는 길에 오는 자 없으며
지옥 불로 떨어져 가는 자만이 지금
역사하고 있음이니,
31 이를 너희들이 어찌 생각하며 어찌 깨
달아야 되는 것인가?
32 오늘의 육의 세상의 삶에서 바로잡지
아니하면 너희들은 정녕 영원히 사는
은혜요, 영광이요, 그 축복을 결코 얻
을 수 없다는 것을 알라.

8,482 번째 하나님 말씀

2003년 11월 19일 08시 54분

1 사랑하는 나의 아들아!
2 "네, 아버님! 말씀하옵소서."
3 너를 따르는 제자들이요, 법전을 읽고
지금 깨우치고자 하는 그 백성들, 그
리고 또 법전을 만들어 만백성에게 전
하고자 하는 자, 그리고 깨우친 백성,
4 너희는 자신의 마음의 문을 활짝 열
고, 나의 성령이 너희들 가슴에 충만
하도록 그리해야 됨을 절대 잊지 말
며, 마음의 문을 모두 열라 그리하라.
5 그 마음의 문을 열지 아니하면 아니
됨이니라.
6 너희들이 마음의 문을 열어 그 마음의
문에 모두가 다 스쳐 가며, 거치는 것
이 없으며 걸리는 것이 없으며, 모두
가 바람이 스쳐 가듯이 세상사 그 모
두를 너희 가슴으로 안는 마음의 문을
활짝 열지 아니하면 절대 아니 됨이니
라.
7 너희들이 마음의 문을 활짝 열었을 때
만 나의 성령이 임할 수 있으며, 충만
된 백성으로서 너희들이 내 뜻을 역사
할 수 있음을 알라.
8 내가 나의 아들을 통하여 너희들에게
삼위일체가 무엇이라 말하였느냐?
9 큰 호수에 물이 담겨 있는 것이 나 여
호와요, 그리고 그 물이 흘러내려 가
너희들에게 접하여, 너희들이 문을 활
짝 열고 만백성을 구하는 것이 성령이
흘러내려 가는 성자라 하여, 그 모두
가 그와 같이 삼위일체요, 하나라 하
였음이니,
10 너희들이 마음을 활짝 열고, 바람이
스쳐 가는 것처럼 모두가 스쳐 가도
걸리는 것이 없으며 잡히는 것이 없게
그와 같이 너희들의 문을 열어야만 나
의 성령이 임함이니 그리 알도록 하
라, 사랑하는 나의 아들딸들아!
11 나에게 오르는 길이 아니요, 지금 지
옥으로 가고 지옥의 길을 찾아가며,
그 지옥의 길을 가며 헤매고 있는 그
백성들, 그들을 과연 너희들이 어찌

구해야 되겠느냐?
12 나의 법전과 너희들만이 그들을 구할
수 있으며, 결코 그 누구도 그들을 구
할 수 없음이니, 오로지 이것은 너희
들의 책무임을 알아야 될 것이니라.
13 나에게 오르는 길을 간다면서, 행동은
나의 뜻을 거역하며 나를 능멸하는 짓
만 하고 있으며, 내가 저주하는 일, 내
가 보기 싫어하는 일, 내가 볼 수도 없
는 일, 그와 같은 일만을 역사하고 있
는 것이 그들이니라, 사랑하는 나의
아들딸들아!
14 그러니 그들은 인간의 마음이요, 본성
의 마음이 이미 다 무너져, 그들의 마
음속에는 사악한 악마가 도사리고 있
으며,
15 그 사악한 악마가 나의 백성들을 다스
리고 있다는 것을 너희들은 봐야 될
것이며 알아야 될 것이니라.
16 나의 법전을 접하는 자, 찢어 버리고
태워 버리는 자, 너희들에게 욕하며
공격하는 자, 그들이 악마의 행동이
아니면 과연 그리할 수 있겠느냐?
17 이 세상에 존재하는 것은 나 여호와의
뜻이요, 다 필요한 것이 세상에 내려
왔다는 그 이치 하나만 알고 깨닫는
백성이라도 그리하지는 못하지 아니
하겠느냐?
18 그 모두를 접어 두고 악을 쓰며 너희
들을 핍박하는 자, 그들이 바로 무엇
이더냐?
19 악마의 자식이요, 악마가 나의 사랑하
는 백성들의 마음에 도사리고 앉아 악
을 행하는 것이며, 그들에게 다스림을
받는 백성들이 그와 같이 와서 행함이
니, 그 형상과 그 몰골을 한번 보라.
20 어떠한 것도 타협이 없으며, 대화를
이룰 수 없으며, 너희들이 손을 잡을
수 없음이니,
21 너희들이 무릎 꿇고 절을 백 번 천 번
해도 용서하지 않는 자들이 그들이요,
그와 같이 인내하지 아니하고 받아들
이지 아니하는 것이 그들임을 너희들
은 알아야 될 것이니라.
22 부모를 죽인 원수가 와 생명을 내밀며
죽여 달라 천 번 만 번 절할 때, 인간
의 마음은 돌아설 수 있으며 그를 깨
닫고 용서할 수 있으나, 절대로 그와
같은 마음이 없는 것이 그들이니라.
23 이는 무엇인 줄 알겠느냐?
24 악마의 시대요, 사탄이 제 생명이 얼
마 남지 않았으며 사탄의 시대가 얼마
남지 않았기에 때문에, 그 악마의 악
한 마음으로써 절대 양보하지 아니하
며 손을 잡지 아니하며 타협을 하지
못하며 타협하지 아니하는 것이 그들
임을 너희들은 알아야 될 것이니라.
25 그러니 그들은 나의 백성이 아니니라.
26 그러니 그들은 지금 무엇을 하고 있느
냐?
27 사탄의 소유물이 되어 죄인들이 캄캄
한 길을 헤매고 있으며, 광명의 빛을
못 찾는 자들이 바로 나의 피조물 만
백성을 끌어들여 하늘에 오르는 길이
라 하여 지금 지옥 불로 인도하고 있
음을 너희들은 절대 잊어서는 아니 되
며,
28 여기서 현혹되어 쓰러지고 넘어지는
백성이 되어서는 아니 되니, 나의 법
전을 만들어 그들에게 전하여 깨우치

도록 그리하라.
29 나의 법전이 세상을 다 덮어, 이를 보
지 아니하면 결코 살아갈 수 없으며
보지 아니하고는 살아갈 수 없을 만큼
법전이 세상에 뿌려졌을 때만이 그들
이 이를 보고 깨우치게 될 것이니,
30 그 길이 얼마나 힘들고 어려운 길이더
냐, 사랑하는 나의 아들딸들아!

8,483 번째 하나님 말씀

2003년 11월 19일 08시 57분

1 사랑하는 나의 아들아!
2 수많은 종교 집단이요, 믿음의 길을
가는 그 백성들이 너희들을 찾아와 나
의 법전이 세상에 나오는 것을 탓하
며, 이를 저주하며, 이를 막고자 하는
것이 너희들이 감히 감당키 어려울 만
큼 밀려들 것이니라.
3 태풍이라는 것이 불어와 반듯이 서 있
는 나무의 뿌리를 뽑아내는 것보다도
더 무서운 형국으로 너희들에게 다가
올 것이니라.
4 그러니 너희들이 할 수 있는 말은 무
엇인 줄 알겠느냐?
5 내가 나의 아들 예수를 통하여 모두
이루고자 했던 것, 그리고 모세를 통
하여 이루고자 했던 것, 그 모두가 잘
못된 그것만을 말하라 하였음이니,
6 모든 종교 집단과 지도자들이 핍박할
때, 저희 자신을 돌아다보라 그리 말
하라.
7 저희 조상들의 과거요, 오늘의 저희들
의 삶이요, 이와 같은 것을 한번 돌아
다보도록 하라 그리 전하라.
8 그것만이 그래도 그들을 깨우칠 수 있
는 이야기가 되지 않는가?
9 저희 자신을 돌아다보라, 과거 조상의
삶과 저희들의 삶을, 그래도 할 말이
있거든 나의 법전을 탓하며 나의 뺨을
때려도 내가 말하지 아니할 것이라 그
리 전하라.
10 저희 조상의 뿌리가 살아온 오늘의 삶
의 현장이 어떠한가?
11 그러고도 그들이 정녕 만백성을 구하
는 길이요, 이 세상의 백성들을 천사
와 같이 만들었으며 의인으로 인도하
고 만들었는가?
12 그들이 깨우칠 수 있도록 그와 같이
조용히 타이르도록 그리하라, 사랑하
는 나의 아들딸들아!
13 너희들이 유하고 부드럽게 그저 다스
리는 것밖에 없음이니라.
14 바다는 모든 적은 물들이 모여서 쓸어
오는 그 모두를 다 받아들이면서도 말
이 없으며, 그 깊은 속에서는 어떠한
것이 있어도 동요함이 없다 하였음이
니라.
15 깊고 깊은 그 바닷속과 같이, 파도 치
고 흔들리나 그 깊은 물속은 흔들리지
아니함이니,
16 겉의 요동과 파동에 두려워하지 말며,
뿌리 깊은 마음 자세로써 너희 자신을
지키고 견디고 조용히 가면,
17 파도는 조용히 시들어져 멈추듯이, 파
도보다도 더 사악한 것이요, 태풍보다
도 더한 것이 지나간 다음에 그들은
그 힘을 잃게 되는 것이니라, 사랑하
는 나의 아들아!
18 중심점을 잃게 되면 힘을 잃고 쓰러지

며 무너지며 부서짐이니, 그와 같은
형국일 것이니,
19 너희들은 겁내지 말며 두려워하지 말
며 물러서지 말라, 사랑하는 나의 아
들딸들아!

8,484 번째 하나님 말씀

2003년 11월 19일 09시 02분

1 사랑하는 나의 아들아!
2 "네, 아버님! 말씀하옵소서."
3 나의 백성 너희들은 제한된 속에서 살
며 제한된 그 한계를 벗어나지 못하는
것이 너희들이라는 것을 알라 그리 전
하라.
4 저희들이 제왕적인 행위를 하며 신과
같은 대우를 받고 사는 종교 집단 지
도자, 그들에게 깨우쳐 주어야 될 것
이 있느니라.
5 그리고 구원을 받았다며 울고불고 광
란의 짓을 하며, 제 것만이 최고라 부
르짖는 그들에게 너희들은 깨우쳐 주
라.
6 너희가 아무리 제왕적인 대우를 받으
며 너희가 아무리 구원을 받은 백성이
라 해도, 나 여호와가 만들어 놓은 그
제한된 세상을 벗어날 수 없으며, 그
시간을 벗어날 수 없는 것이 너희들이
라 그리 전하라.
7 지금 육을 가지고 사는 나의 백성 그
들 또한 저희가 천년만년 존재할 것같
이 사나,
8 저희들의 생명이요, 죽고 사는 그것부
터 시간의 제한을 받는 것이 그들이
며, 절대 내가 정해 놓은 그 제한된 시
간을 벗어날 수 없는 것이 그들이라는
걸 알라.
9 제한된 그 시간은 아무도 모름이니,
제한된 시간 속에 살아가는 데 오만하
지 말며, 저만이 구원을 받았으며 제
것만이 최고라며 그리 악쓰지 말라 그
리 전하라, 그 불쌍한 백성들에게.
10 너희들에게 제한되지 않은 것이 이 세
상에 하나도 없음을 알라.
11 내가 너희들에게 모두 관리하고 먹고
살라 내려 준 대자연의 자원이요, 그
위대함도 너희들이 그 제한된 속에서
만 사용하고 활용할 수 있는 것을 알
지 않는가?
12 너희들이 살다 죽는 그 순간까지만 이
대자연의 위대함을 사용하고 활용하
는 것으로 제한된 것이니, 이 대자연
속에 사는 것도 제한된 것이니,
13 너희들이 죽음의 길을 떠날 때까지만
사용하게 되어 있는 것이니, 제한된
삶이니라.
14 그러니 너희들에게 제한되지 아니하
는 것이 없으며, 한계가 정해지지 아
니한 것이 없다는 것을 알라.
15 그 벽을 넘지 못하는 것이 너희들이거
늘, 어찌하여 그리 오만하고 방자하
며, 제왕적으로 하며, 나의 사랑하는
백성들을 사랑하지 아니하고 종과 같
이, 재물을 긁어모으는 저희들의 머슴
과 같이, 그리고 저희들에게 소유된
물건처럼 함부로 대하는가?
16 저희가 아무리 잘났고 아무리 똑똑해
도 제한된 그 생명의 시간이요, 나 여
호와가 제한해 만든 것을 하나도 넘지
도 못하는 것이 그들이라 전하라.

17 너희들은 세상에 사랑하는 것도 제한
된 사랑이요, 너희들이 많은 지혜를
가지며 생각을 가지고 이 세상을 지배
하고자 하나 그것도 다 제한되어 있음
을 알라.
18 너희들이 아무리 능력이 위대하다 해
도 그 능력 또한 제한된 것이며, 너희
들이 힘을 발휘하는 것도 모두가 다
제한되어 있음이니라.
19 이 모두는 너희들이 초월할 수 없는
것이며 넘을 수 없는 것이며, 모두가
나 여호와로부터 제한된 속에서 산다
는 것을 안다면, 겸손하고 겸허한 자
세로 너희들이 살지 아니하면 아니 될
것이니라.
20 너희들이 제한된 속에서 살기에 결핍
을 알며, 공포를 알고 좌절하며, 두려
움을 알며, 공허함에서 초월하지 못하
며 벗어나지 못하고 사는 것이니,
21 너희들이 제한된 삶에서 살아가기에
그를 넘지 못하기 때문이니라.
22 그리하여 내가 너희들을 사랑하기에,
마지막으로 내가 그 모두를 초월할 수
있는 삶을 살게 하기 위하여, 육의 세
상에서 너희들이 제한에 대한 그 불안
함을 벗어날 수 있도록 그 길을 안내
하고 가르쳐 주고자 하는 것이 내 아
들을 통하여 내리는 나의 법전이요,
23 이를 읽고 깨우쳐 정독하지 아니하는
자는 모든 제한된 속에 그 불안과 공
포에서 절대 벗어날 수 없다는 걸 알
라.
24 이제 너희들은 그들에게 말하라.
25 제한된 속에서 사는 자, 제가 언제 모
두가 제한될지 모르면서, 너희 앞에
와 나 여호와의 뜻이요, 하나님의 말
씀이 옳고 그르며, 이것이 진리요, 비
진리라는 것을 말하지 말라,
26 제가 돌아가면서 이 대자연의 위대함
과 모두를 다 끝내는 시간이 될지도
모르거늘, 제한된 속에서 사는 자, 제
가 그 시간을 아름답게 살며 남을 위
한 삶을 사는 것부터 먼저 터득하라,
27 그리고 나의 법전을 시시비비하는 어
리석은 행위를 하지 말라,
28 그리 조용히 그를 다스리고 깨우쳐 주
도록 그리하라, 사랑하는 나의 아들딸
들아!
29 그들이 와 무어라 하거든, 제 모두의
그 제한된 한계를 모르거든 나의 법전
을 탓하지 말라 그리 전하라.

8,485 번째 하나님 말씀

2003년 11월 19일 09시 07분

1 사랑하는 나의 아들아!
2 "네, 아버님! 말씀하옵소서."
3 지금의 종교 집단과 그리고 신앙생활
을 하는 모든 그들이 영원한 나의 뜻
을 따르지 아니하며 내 뜻을 거역하고
사느니라.
4 나의 뜻을 거역하고 사는 것이 무엇인
줄 알겠느냐?
5 그들은 한계를 벗어날 수 없음이니라.
6 사탄과 사탄이요, 마귀요, 사악한 자
의 종이 된 그 백성 너희들은 한계를
넘을 수 없음이니라.
7 너희의 그 한계는 곧 무엇이더냐?
8 뿌리가 없는 믿음의 길을 가는 모든
너희들은 끝남이 있으며 곧 무너짐이

있음을 알아야 될 것이니라.

9 깊은 뿌리가 없는 것이 오늘의 믿음이니, 너희들은 결코 견딜 수 없으며 그 한계가 있음을 알아야 될 것이니라.

10 너희들이 뿌리가 없음이 무엇이더냐?

11 지금 사탄과 아름다운 자연의 진리요, 나 여호와의 뜻이 무엇인가를 알겠는가?

12 사탄이 심은 나무는 큰 그릇 안에 나무를 심었음이니, 그 나무가 그릇에 담겨 있기에 지상으로부터 수분을 빨아들이지 못함이니,

13 그 통 안에 있는 것이 마르고 그것이 다 끝났을 때, 그것은 다 시들며 낙엽은 떨어지고 그 나무의 몸통은 죽게 되어 있는 것이니, 그것이 사탄이니라.

14 그러나 나 여호와가 심은 참진리의 나무는 자연의 땅 위에 심어졌으니, 그 뿌리는 끝없이 내리는 것이 나 여호와의 뜻이니라.

15 지금 모든 종교 집단 지도자들이 무어라 말하느냐?

16 저희들이 사탄의 앞잡이가 되어 부르짖는 것은 무엇이던가?

17 큰 그릇에 나무를 심었음이니, 그 물과 양분이 다할 때까지 그 나무는 무성하게 자랄 것이니라.

18 그렇게 무성하게 자라는 나무가 하늘의 진리요, 나 여호와가 심은 나무라 그리 말하나, 그들은 그릇 안에 있는 수분이요, 양분이 다 마르고 끝났을 때, 죽음을 맞게 될 것이니라.

19 이파리는 떨어질 것이며 가지는 시들 것이며 뿌리는 마를 것이니라.

20 그러나 땅에 심은 내 진리요, 나무는 영원히 존재하느니라.

21 이를 견주어 보면서, 땅에 심은 나무는 나 여호와의 뜻이 아니요, 그저 큰 그릇에서 임시로 견디는 그 나무가 나 여호와가 심은 것이며 나의 뜻이라 그리 지금까지 나의 피조물 만백성을 우롱했으니, 그들이 나의 피조물 만백성을 다 죽게 한 자들이라는 것을 너희들은 알겠느냐?

22 그리니 지금 그때가 왔음을 알라.

23 2천 년이라는 그 세월의 한계가 이제 다 되었음이니라.

24 그 나무가 수분을 빨았으며 양분을 다 빨아, 이제 자력을 잃었으며 스스로 설 수 없는 그와 같은 한계요, 힘의 한계에 도달했음을 너희들은 알아야 될 것이니라.

25 다시 내가 너희들에게 말함이니 그 의미를 알겠는가?

26 너희들은 그와 같은 형국으로써 감이니라.

27 정녕 진정한 뿌리를 내릴 수 있는 참진리의 뜻이 무엇인가 너희들은 그를 찾아가야만 되는 것이니 그리 알라.

28 그리하여 내가 너희들에게 그릇에 심어 놓은 지금의 무성한 나무와 자연 속에 심어 있는 그 나무를 보라 함이니라.

29 큰 그릇에 심어 있는 나무는 수분을 주었으며 양분을 주었기 때문에, 그것이 빠르게 성장하기에 푸른 잎을 보일 수 있으나, 그는 한계가 있으며 서서히 말라죽게 되어 있는 것이니,

30 2천 년 동안 지금까지 살아온 그 나무의 뿌리를 내가 자름이니, 빨 수 있는

수분이요, 양분이 다 끝난 것이 2천
년의 오늘이니라.
31 그리하여 이제는 내가 심은 나무들이
서서히 자라며 늦게 자라나, 그들은
뽑을 수가 없으며 뽑히지 아니하며,
만백성에게 그늘이 되는 그와 같은 나
무의 시대가 열림이니,
32 바로 나의 성령이요, 새로운 책이요,
이 법전이라는 것을 너희들은 잊지 말
라.
33 바로 그 나무가 성장했기에 그 나무에
게 은혜를 입도록, 내가 너희들에게
그늘에 와 쉬도록 하는 것이 새로운
성경이요, 나의 법전이 세상에 내려감
이니 그리 알도록 전하라.

8,486 번째 하나님 말씀

2003년 11월 19일 09시 10분

1 사랑하는 나의 아들아!
2 "네, 아버님! 말씀하옵소서."
3 나 여호와는 너희가 영원히 죽지 않으
며, 고통이 없으며, 너희들이 불변으
로 살아갈 수 있는 그 양식을 세상에
내려보냈으며, 내가 너희들에게 다 주
었음이니라.
4 그러나 너희들은 그 양식을 먹지 아니
하며 그 양식을 버리고 사는 것이 아
니더냐?
5 내가 내려 준 영원히 사는 양식을 먹
지 않고, '악'을 먹고사는 백성이 되었
으니, 고통이요, 죽음의 시련이요, 병
마의 고통에서 너희들이 헤어나지 못
하며 그와 같은 삶을 사는 것이 아니
던가?
6 내가 너희들에게 영원히 죽지 않고 살
수 있는 양식을 내렸음이니, 그건 무
엇인 줄 아느냐?
7 '사랑'이라는 양식이니라.
8 너희들이 사랑을 먹고 살며 사랑으로
써 살아가는 백성이라면, 너희들은 죽
지 아니하며 영원히 살 수 있는 것이
거늘,
9 내가 너희들을 사랑하여 영원히 사는
'사랑의 양식'을 내려 준 것을 너희들
은 알겠는가?
10 내가 내려 준 사랑의 양식을 먹고 살
면 되는 것을, 너희들은 이를 먹지 아
니하며 이를 저버리며 이를 거부하며,
11 이를 쓰러트리고자 하는 악을 먹고 사
는 것이 너희들이기에, 오늘의 너희들
이 죽음이요, 고통이요, 병마요, 시련
속에 살아가는 것이라는 것을 알라.
12 이제 나의 아들을 따르는 제자들이요,
이 법전을 읽고 깨우친 만백성 너희들
은 내가 내리는 사랑의 양식만을 먹고
살도록 그리하라.
13 그와 같이 사는 자 영원히 죽지 않는
삶을 살 것이니 그리 전하라.
14 이것이 얼마나 무서운 것인가를 아는
가?
15 사랑의 양식을 먹는 자는 내 품에서
영원히 죽지 않고 존재할 것이요, 사
랑을 먹지 않는 자는 죽음이라는 것을
알도록 그리 전하라.

8,487 번째 하나님 말씀

2003년 11월 19일 11시 26분

1 사랑하는 나의 아들아!

2 "네, 아버님! 말씀하옵소서."
3 내가 너희들에게 일찍이 깨우치고 가
르친 것이 무엇이더냐?
4 하얀 백지 위에 너희들이 섰을 때, 너
희 마음과 몸이 하얀 백지처럼 똑같이
승화된 자, 그와 같은 백성이 나의 음
성을 들을 수 있으며 나를 볼 수 있으
며 하늘에 오를 수 있다 그리하지 아
니하였던가?
5 그러니 너희들의 삶이 과연 어떠하더
냐?
6 나에게 오르고자 하며 구원을 받고자
갈구하는 백성 너희들은 들어야 될 것
이니라.
7 너희들은 내가 명한 것, 내가 너희들
에게 역사한 것, 그것을 그대로 행하
고 지키고 사는 것이 곧 나에게 오르
는 길이요, 너희들이 그리 갈구하는
구원을 받게 되는 그 역사라는 것을
알아야 될 것이니라.
8 그러니 나의 아들을 따르는 제자 너희
들은 어찌 살아가는가?
9 너희들이 과연 하얀 종이 위에 섰을
때, 그 종이처럼 하얗고 깨끗한 네 몸
과 마음이 과연 됐는가?
10 그를 너희들이 나로부터 들었으며, 나
의 아들의 강론으로 들었으며, 나의
법전에 기록한 내용을 들었거늘,
11 너희들이 그와 같이 살지 아니하며 변
화되지 아니한다면, 과연 너희들은 어
떠한 백성이던가?
12 나와 아무런 관계도 없는 백성임을 너
희들은 알아야 될 것이니라.
13 내가 너희들에게 처음에 깨우쳐 이르
기를 무어라 말했더냐?
14 작은 거짓말도 하지 말라 했으며, 농
담의 거짓말도 하지 말라 하였음이니
라.
15 거짓말하는 것은 살인과 같다 내가 너
희들에게 그리 명하였음이니, 과연 너
희들이 작은 거짓말이요, 작은 농담을
하지 아니하고 사는가?
16 너희들은 너희 자신을 돌아다봐야 될
것이니라.
17 나의 법전을 읽고 깨우치며 나의 강론
을 듣는 선택된 제자요, 그 백성들이
내가 명한 작고 큰 것을 지키지 아니
한다면, 나는 결코 너희를 용서치 아
니할 것이며, 너희를 거둬들이지 아니
할 것을 알아야 될 것이니라.
18 너희들이 천 번 만 번 무어라 말해도,
육의 세상에 살아 있을 때만 구원의
길을 볼 수 있으며 나를 아버지라 부
를 수 있다 내가 너희들에게 그리하지
아니하였던가?
19 너희들이 어떠한 삶을 살든 간에, 죽
어 나에게 왔을 때, 그때는 나를 아버
지라 부를 수 없으며, 용서를 빌 수도
없으며, 용서를 받을 수 없는 것이 너
희들이라 내가 그리 말하지 아니하였
더냐?
20 이제 너희들은 깨우쳐야 될 것이니라.
21 너희들이 왜 겸손하며 겸허한 자세로
세상을 살아가야 되는지를 내가 법전
에 기록하여 너희들에게 전했음이니,
그를 다시 한 번 상기하지 아니하면
아니 될 것이니라.
22 너희들은 어떠한 생을 산다고 했더냐?
23 너희들은 정해진 삶을 살며, 넘지 못
하는 한계가 있음이니라.

24 너희들에게는 절대 영원한 것이 없으
며, 제한된 그 삶에서 사는 것이 나의
피조물 만백성 너희들이라 그리하였
음이니라.
25 너희들이 살아가면서 죽음을 면치 못
하는 자 없듯이, 너희들이 이 대자연
의 모두를 섭취하고 관리하고, 모든
동식물의 제왕이라 하나,
26 너희들은 백 년을 살지 못하며 생명의
한계가 있으니, 그 제한된 것을 넘지
못함이니라.
27 너희들이 아무리 힘이 센 항우장사라
도 그 힘은 한계가 있으며, 넘지 못하
는 기준이 있으며, 정해진 것을 넘지
못하는 것이며, 정해진 그 선에서 넘
지 못하는 것이 너희들의 삶이라는 것
을 알아야 될 것이니,
28 그러니 겸허하고 겸손한 마음 자세로
써 내가 명한 그 모두를 실천하고 행
하는 것이 너희들이 나에게 오르는 진
정한 깨달음이요, 하늘에 오르는 길이
라는 것을 너희들은 알아야 될 것이니
라.
29 이제 나의 아들을 따라 나의 법전을
읽고 강론을 들었으며 그리고 내가 직
접 내리는 가르침을 들은 너희들은,
30 나의 법전 한 장 한 장을 읽고 정독해
서 그 속에서 내가 명한 것을 그대로
행하고 실천하지 아니하면 절대로 나
에게 올 수 없으며, 구원이라는 생각
도 하지 말라.
31 그리고 내가 너희들을 절대 용서치 않
음을 알라.
32 오늘과 같이 험악한 세상의 역사는 무
엇이었더냐?
33 너희들 자신을 돌이켜 보도록 그리하
라.
34 아담과 이브가 이 세상에 신과 같은
세상을 만들었으며, 아무런 것도 없는
무공해의 상태에서 우주 공간에 살 수
있도록 만들었으나, 그들은 내가 내린
명을 지키지 아니하며 그들이 그와 같
이 전락되었음이니라.
35 그 후예가 무엇이냐?
36 바로 구약시대의 백성들이니라.
37 구약시대는 나의 모세를 통하여 너희
들이 이룰 수 없는 것, 볼 수 없는 그
모든 역사를 보여 하늘에 오르는 백성
으로서 내가 인간의 열매를 거두고자
하였으나,
38 너희들은 우상을 만들었으며 나를 욕
되게 했으며 그와 같은 광란의 짓을
하지 아니하였던가?
39 그리하여 바로 다음의 시대가 열린 것
이 무엇이더냐?
40 바로 신약시대가 열린 것이라는 것을
나의 아들을 따르는 제자 너희들은 다
알 것이니라.
41 나의 아들이 죽어 가면서 나에게 그리
말하였느니라.
42 '아버지여! 정녕 이 잔을 받지 아니하
면 아니 되겠사옵니까?' 그 애절한 기
도를 너희들은 들었는가?
43 그리고 그것을 생각해 보는가?
44 그리고 나의 아들은 죽어 가면서 뭐라
말하였느냐?
45 '아버지여! 하나님 아버지여! 정녕 저
를 버리시렵시까?' 하는 그 애절한 기
도를 하고, 그는 그래도 그 임무를 다
했으며 그를 거부하지 아니하면서 내

뜻을 따랐음이니라.
46그와 같은 고통과 시련 속에서 온 결
과가 무엇이던가?
47너희들은 어렵고 힘든 믿음의 길이 아
니요, 오로지 나의 아들 예수의 귀하
고 소중한 보혈로써 은혜를 받았다 그
리 부르짖으며,
48너희 손으로 지은 그 죄의 온상인 교
회요, 성당이요, 성막에 와 재물을 바
치고 울고불고하면 구원을 받는다는
그것으로써 지금까지 믿어 왔음이니,
49그와 같은 형국을 되돌아보며, 너희들
이 과연 구원을 받을 수 있으며 하늘
에 오를 수 있는 백성이라 생각하는가?
50지금 제3의 시대요, 나 여호와가 나의
성령을 160권의 대장정의 법전으로
세상에 내려보내 너희들을 다스리지
아니하며 깨우치지 아니하면 너희들
이 바로 설 수 없기에, 내가 오늘에 이
역사를 하는 것은 자연의 순리요,
51너희들이 흘러온 그 삶의 세계에서 과
거, 현재, 미래를 생각해 보면 이와 같
은 새로운 충격적인 요법이요, 대개혁
의 역사를 이루지 아니하고는 너희들
을 구원할 수 없다는 걸 스스로 진단
할 것이니라.
52믿음의 길을 가고 있는 백성 너희들이
타인 앞에서는 너희들만이 구원을 받
는 자요, 이방인은 죄인이라 그리 말
하나,
53스스로 저희들이 죄인이라는 부끄러
운 마음을 가지고 있는 백성들이 수없
이 있을 것이니,
54제 마음은 제가 잘 알 것이며, 너희가
자신을 평가하여 나로부터 구원을 받
을 수 있는가 없는가를 평가하라.
55하늘에 와 사는 자는 천사와 같은 자
만 사니, 천사가 되지 아니하면 나에
게 오를 수 없음이니,
56그리하여 내가 나의 법전 첫 장에 너
희들에게 기록하였느니라.
57하얀 종이 위에 너희들이 섰을 때, 하
얀 종이와 같은 너희들이 되지 아니하
면 절대 나에게 올 수 없다는 것,
58이를 명심하여, 작은 것도 목숨을 바
쳐 행하는 그와 같은 삶을 오늘 이 순
간부터 너의 제자들이 살아가도록 그
리 전하고 가르치라.

8,488 번째 하나님 말씀

2003년 11월 19일 11시 32분

1사랑하는 나의 아들아!
2 "네, 아버님! 말씀하옵소서."
3지금의 종교 집단이요, 모든 신앙생활
을 하는 그 백성들, 그리고 지도자라
는 자들이 무엇을 위해서 하는가?
4나에게 오르고자 하며, 내 품에 오르
고자 하는 것이 그들의 소망이며, 그
들이 나의 피조물 만백성들을 끌어들
여 가르치고 역사하는 것이라 너희들
은 말할 것이니라.
5그러나 너희들은 여기서 알아야 될 것
이니라.
6종교 집단이요, 지도자들이 나의 사랑
하는 아들딸들을 인간으로 보지 않으
며 사람으로 보지 아니하며 그들을 놓
고 설교하고 가르치는 현실이 되어 있
음이니,
7그를 바라보는 나 여호와의 가슴이 얼

마나 아프고 슬픈 것인가를 너는 알겠
는가?
8 "네, 아버님! 저는 그를 알고 있사옵
나이다.
9 모든 종교 집단이요, 지도자들이 단상
에 서서 설교하며 강론하나, 아버님께
서 똑같이 생명을 내려 주시며 같은
형제라는 그 소중한 아버님의 아들딸
들을 인간으로 보지 아니하며, 그들을
모두 죄인으로 보고 있으며, 죄지은
자라 그리 보고 있사옵나이다.
10 그러니 그들이 죄지은 자를 놓고 가르
치며 죄지은 자에게 행하는 그 행동을
하니,
11 거기에는 진실이 없으며 사랑이 없으
며 나눔이 없다 저는 그리 생각하며,
아버님의 뜻이 또한 그와 같은 것이라
생각되옵나이다."
12 그러니라, 사랑하는 나의 아들아!
13 인간 세속에서 죄를 지은 자를 감옥에
집어넣음이니, 거기에서 관리하는 자
들이 과연 죄수를 인간으로 생각하며
그 속에서 인간의 대우를 하던가?
14 그 관계가 어찌 벗어나는가?
15 거기는 인간관계를 벗어나서 다루는
것이 아니더냐?
16 그러니 많은 백성들에게 사랑을 베풀
며 만백성을 깨우쳐 하늘에 오르고자
하는 자들이 단상에 서서 설교하며 가
르치는 것을,
17 그들이 소원하는 것이 무엇이며 그들
이 원하는 것이 무엇이며 그들이 이루
고자 하는 것이 무엇인가, 애절한 그
들의 마음을 보살피지 아니하며, 그
마음속에 들어가 있지 아니하며, 그들
의 고통과 시련을 생각하지 아니하며,
18 그저 집합시켜 놓고 강론하고 설교할
때, 그 모두를 다 죄인으로 생각하며,
저희들의 종이요, 재물을 거두는 물건
으로 생각하는 자들이 단상에 서서 강
론하고 그를 가르침이니,
19 과연 거기에 진리가 있으며 나 여호와
의 뜻이 있다 생각하느냐?
20 절대 거기는 그것이 있지 아니함을 알
라.
21 그리하여 그들이 지금 이끄는 그 모든
종교 집단이요, 지도자, 그 백성이 바
로 하늘에 오를 수 있는 길이요, 나의
품에 올 수 있는 길을 가는 자들이 아
니라, 나의 뜻을 거역하며 내 뜻을 순
종치 않는 백성이라는 것을 알아야 될
것이니라.
22 이제는 모든 종교 집단이요, 지도자
그들이, 지금까지 저희들이 이루어 놓
은 그 모두를 다 놓고, 버릴 수 있을
때 버리고, 다시 돌아서서 거듭나는
삶이 아니면 아니 됨을 너희들은 알아
야 될 것이니라.
23 지금 나는 너희들에게 전하여 일렀느
니라.
24 이 세상이 내가 만든 자연의 아름다운
교회이니, 이곳에 손으로 짓는 두꺼비
집 같은 건축물의 교회를 짓지 말라
내가 나의 아들을 통하여 깨우치고 전
했거늘,
25 그를 거역하고 그를 짓고 거기서 가르
치고 역사하는 그 자체부터가 너희들
이 내 뜻을 거역하는 자요, 내 뜻을 순
종치 아니하는 것이니, 그것부터 다
버리지 아니하면 아니 됨을 알라.

26 너희들이 사람을 긁어모아 교회라는 곳에서 성령을 심으며 복음을 심는 것이 아니라,
27 인간 개개인을 다스리며 인간의 기초가 되어야 되기 때문에,
28 교회라는 것, 복음이라는 것은 개인의 가슴에 복음을 전해 주며, 개인의 가슴에 교회를 짓는 것이며, 가정에 교회를 짓는 것이요, 교회를 내보내 가정과 개인에게 짓는 것이시,
29 너희들이 교회를 지어 그곳에 사람을 모아 놓고 가르치는 것이 아님이니라.
30 한 사람이 한 사람의 제자를 가르칠 때와, 열 사람, 백 사람, 천 사람, 만 사람을 가르칠 때, 과연 거기에서 지도함이 있으며 가르침이 있으며 서로의 진정한 사랑이 있느냐?
31 정상적인 것이 이루어질 수 없는 것이니라.
32 지금의 모든 종교 집단은 사람을 긁어모아 복음을 전하는 데만 연연하느니라.
33 그러나 너희들은 복음을 전하는 것에 최선을 다하지 말라.
34 나의 아들을 따르는 제자 너희들은 복음을 전하며 나의 법전을 전하는 데 너희들이 모두를 다 바치는 것이 아니요,
35 나의 법전을 읽고 깨우쳐 한 사람의 의인을 만들어 내는 그것을 위해 너희들이 모두를 다 바쳐야 될 것이니라.
36 한 사람의 천사를 만들어 내는 데 모두를 다 바쳐야 될 것이며, 한 사람의 의인을 만들어 내는 데 모두를 다 바쳐야지,
37 그저 복음을 전함으로써, 복음의 소리를 지름으로써 너희들이 소명을 다했으며 대명을 다했다 하지 말라.
38 사람을 긁어모아 너희들이 복음이라 하여 말장난으로써 말품을 파는 그와 같은 것이 아니라,
39 너희들은 나의 백성을 한 사람이라도 진리요, 의인이요, 천사가 될 수 있도록 하는 그와 같은 마음을 가지고 가지 아니하면 아니 됨을 알아야 될 것이니라.
40 지금 모두가 죄인과의 관계로써 거기서 벗어나지 못하는 종교 집단 지도자들이, 그리하여 저희들이 제왕적인 자리를 가지고 있으며, 저희들 외에는 아무것도 없다 말하며,
41 감히 종교 지도자라는 자들이 저희를 잘 받들고 순종하며 저를 기쁘게 하는 것이 복을 받는다 함이니,
42 제 생일잔치를 치러 달라는 다섯 살 먹은 아이만도 못한 짓을 하고 있는 것이 그들이거늘,
43 그곳에서 '옳소, 맞습니다.' 하며 손뼉치고 찬송하며 울고불고하는 너희들이 얼마나 가련하고 불쌍한 백성들인가를 깨우치도록 그리하라.
44 너희들의 교육 방법이 틀렸으며, 믿음의 방법이 다 틀렸음이니라.
45 그러니 지도자들이 지금 가고 있는 그것이 죄를 짓는 것이요, 죄의 덩어리만 하나하나 늘려 가는 그와 같은 형국이니,
46 그들에게 재물을 바치는 자, 그들에게 손뼉 쳐 격려해 주는 자, 너희들은 사탄에게 용기를 북돋아 줌이니,

47 그들보다 너희들의 죄가 나에게 와 심
판받을 때 더 무섭고 두려운 것임을
알라, 사랑하는 나의 아들딸들아!

8,489 번째 하나님 말씀

2003년 11월 19일 11시 34분

1 사랑하는 나의 아들아!
2 "네, 아버님! 말씀하옵소서."
3 종교 지도자들이 저에게 오는 그 백성
들이 무엇을 갈구하는지 모르고 그들
이 저희들보다 모든 것이 더 높고 나
음을 모르니, 그들 중에 저희들의 스
승이 수없이 있음을 모르느니라.
4 저희들이 오만과 자만에 젖어 있기에
모든 백성을 죄의 무더기로 취급하고,
죄인 취급하는 것이 그들이니,
5 그들이 가지고 있는 속마음의 깨달음
이요, 그들이 가지고 있는 저보다 아
름다운 마음이요, 봉사하고자 하는 마
음을, 저보다 차원 높은 것을 그들은
알지 못하며 들여다보지 못함이니라.
6 그러니 너희들 말에 '자라를 잡을 때
솥뚜껑을 눌러 잡는다.' 하듯이, 그와
같은 형국으로써 그들이 다 '나는 하
나님의 목자요, 나는 하나님으로부터
선택된 일꾼이라' 하여 모두를 다 그
저 덮어 나가며 강압적으로 가고 있음
이니,
7 그와 같은 자 밑에서 깨달음이 높은
자, 믿음이 높은 자, 그 백성들까지도
구원의 길을 보지 못하며, 저희들이
거기서 헤매고 있으며, 스스로 지옥의
길을 가고 있는 것이 그들임을 알라.
8 지금 깨우침이 믿음의 한계를 벗지 못
하며 넘지 못하고 있는 것이 너희들임
을 알아야 될 것이니라.
9 너희들이 진정한 믿음이요, 하늘의 뜻
이란 무엇이더냐?
10 인간 세상에 사는 그 모두를 초월하여
넘을 수 있는 그 세상을 바라볼 수 있
는 것이 너희들의 믿음이요, 깨우침이
거늘,
11 인간 세상의 세속에서 이루어지는 것
을 하나도 벗어나지 못했음이니라.
12 그러니 내가 그와 같은 백성들은 나와
관계없다 하며,
13 오늘의 종교 집단 지도자들이 나의 피
조물 만백성들을 죄인으로 취급하며,
제 종으로 취급하며, 제 소유물처럼
그저 도매금으로 취급하여 그들을 다
지옥으로 팔아넘기는 행위를 하고 있
으니,
14 그것이 그들의 오늘의 믿음이요, 신앙
이라는 것을 들여다봐야 될 것이니 그
리 알라, 사랑하는 나의 아들딸들아!

8,490 번째 하나님 말씀

2003년 11월 19일 11시 40분

1 사랑하는 나의 아들아!
2 "네, 아버님! 말씀하옵소서."
3 너희들이 영원히 살아갈 수 있는 생명
의 양식을 내가 다 주었다 그리하였음
이니라.
4 이는 곧 무엇이더냐?
5 '사랑'이라는 것이니, 내가 내린 사랑
이라는 것을 먹고 사는 백성은 영원히
존재하는 백성으로 존재할 수 있다 내
가 그리 말하지 아니하였던가?

6 오로지 나 여호와가 내려 준 사랑의
양식을 먹고 산다면 죽고 삶이요, 병
들고 고통스러움이 없다 하였음이니
라.
7 그러나 그 사랑을 실천한다는 지금의
종교 집단과 지도자, 그리고 구원을
받았다는 그 신도들이 지금 하고 있는
것이 무엇이냐?
8 내가 그들은 잘못되었으며 그리고 나
와 관계없는 백성이라 하는 것이 무엇
인 줄 알겠느냐?
9 사랑이라는 것을 먹고 살아야 하는 그
들은 사랑을 먹고 살며 그 사랑 속에
서 꽃을 피워야 되는 것이거늘,
10 저희들이 사랑을 베푸는 것이 아니요,
남의 사랑까지도 빼앗아 먹는 삶을 사
는 것이 바로 오늘의 종교 집단이요,
구원을 받았다는 자들임을 너희들은
알아야 될 것이니라.
11 남의 사랑까지도 빼앗아 저 자신이 풍
요로운 삶을 살기 위하여 그와 같은
모든 행위를 하는 것이 그들이니라.
12 육의 세상의 모든 물질이요, 재물을
빼앗아 감은 물론이요, 사랑마저도 그
들이 하지 못하게 하며, 진정한 사랑
을 베풀고 살아가지 못하도록 하는 것
이 그들이라 하였음이니라.
13 내가 너에게 일찍이 기록하여 전하기
를 무어라 하였느냐?
14 인간 세상에 이방인도 하나를 받으면
갚을 줄을 알며 그리고 감사하는 답례
를 한다 하였음이니라.
15 남이 사업을 시작하며 역사를 시작할
때, 그곳에 와서 제 돈으로써 금화와
은화로써 그 물건을 팔아 주며, 그들
에게 격려해 주며 용기를 불어넣어 주
는 것이 이방인이요, 일반 백성들이라
는 자들이 살아가는 방법이니라.
16 무당이라는 자, 돼지머리 놓고 절을
하는 자, 서낭당에 가서 절하는 자, 그
와 같은 백성들도 남들이 어려운 곳에
가서 대가 없이 지불해 주며 남이 역
사하는 곳에 물건을 팔아 주기도 하
며, 또한 그 대가를 치러 주기도 하며,
은혜를 보답할 줄 알고 살아가느니라.
17 오늘의 종교 지도자요, 사랑을 먹고
사랑을 베풀고 산다는 자들이 과연 제
금화와 은화를 내서 남의 것을 사는
걸 보았더냐?
18 저희들은 그저 거저 받는 것, 공짜로
받는 것만을 타당한 것으로 알며,
19 제 것으로써 남에게 팔아 주지 않으
며, 남에게 은혜를 받았을 때 감사함
을 되돌려 주지 못하며, 그와 같이 하
는 것이 바로 오늘의 종교 집단 지도
자들이니,
20 오늘에 사랑이 없이 황폐하고 메마르
게 만든 자들이 그들이니라.
21 신도는 서로 제 것을 주고 사고팔며
어려운 사람을 대신하여 대납해 주며
도와주고 사나, 종교 지도자들이 제
것으로써 솔선수범하는 행위를 보았
더냐?
22 저희들은 공짜로 거둬들이며 그냥 받
아들여야 되니, 남이 파는 물건을 하
나라도 사는 것이 아니요,
23 제가 필요한 물건도 남이 사다 줄 때
까지 기다리는 자요, 남을 이용해서
거둬들이는 것이 종교 지도자요, 집단
이니, 그것이 사랑을 베푸는 자들이냐?

24 사랑을 먹고 사는 것이 영원히 사는
백성들이거늘, 저 자신이 사랑을 모르
는 자가 어찌 남의 사랑을 안단 말이
더냐?
25 열 달 동안 잉태해서 세상에 자식을
내보내며, 손발이 저리도록 자식을 키
워 보지 아니한 자는 그 자식 사랑을
모르듯이,
26 너희들이 베풀며 사고파는 그 사랑도
모르며 은혜를 갚지 못하는 자, 그저
공짜로 거둬들이려는 자,
27 그게 사랑이며 그게 베푸는 자요, 종
교 지도자라 말할 수 있느냐?
28 남들에게, 그 신도요, 백성들에게는
봉사하라 하면서, 저희들은 수입에 따
라서 저희들의 봉급이요, 급료를 더
높여 받아 가니, 그게 사랑이더냐?
29 남보다 적게 받고, 받지 않는 것이 사
랑이거늘,
30 그러니 썩고 썩어서 오늘의 너희들의
썩은 냄새가 하늘까지 진동하니, 내가
그들을 다스리고 단죄하고자 함임을
알라.
31 오늘의 종교 집단이요, 지도자들이 어
떠한 형국인 줄 알겠느냐?
32 그들이 심은 나무는 큰 그릇 안에 심
은 나무요, 나 여호와의 참진리는 자
연의 땅속에 심은 나무라 비유하여 그
리 알라 했음이니라.
33 큰 그릇에 나무를 심고 양분을 주고
물을 줌이니, 그 나무는 그 양분이 떨
어질 때까지, 그 물이 떨어질 때까지
는 왕성하게 자라느니라.
34 그러나 그게 더 이상 공급이 되지 아
니하였을 때, 그 그릇 안에 있는 나무
는 서서히 죽게 될 것이며,
35 내가 자연에 심은 나무는 비바람에 부
딪히며 서서히 자라나, 그는 영원히
존재함이니라.
36 2천 년 동안 너희들이 무슨 짓을 했는
지 알겠느냐?
37 큰 그릇에 나무를 심어 놓고 2천 년
동안 무성하게 자라게 했으며 그것이
지금 2천 년의 마지막 잎이 폈으니,
38 양분과 물을 다 빨아먹은 그 나무가
이제는 이파리가 떨어져 썩는 형국이
되었음이니,
39 바로 내가 땅에 심은 참진리요, 나의
법전이 이제 세상을 덮을 것이며, 그
와 같은 형국이 이루어지기 때문에 심
판의 시대라는 것을 알라.
40 모든 종교 집단은 거미줄을 칠 것이며
문을 닫을 것이니, 그리 알도록 하라.

8,491 번째 하나님 말씀

2003년 11월 19일 11시 48분

1 사랑하는 나의 아들아!
2 "네, 아버님! 말씀하옵소서."
3 제 뜻과 제 의지만 주장하는 백성, 제
것만이 최고라 생각하며 좌우를 보지
못하는 백성이 얼마나 어리석은 백성
들인가?
4 그들은 구원의 길이요, 나 여호와의
뜻을 본다 하나, 내 뜻을 볼 수가 없음
이니라.
5 나의 사랑이요, 내 뜻은 이 세상을 다
덮고 있느니라.
6 이 세상에 나의 사랑이요, 내 뜻이 덮
지 아니한 곳이 없으며, 나 여호와의

진리가 세상에 내려오지 아니한 곳이
없거늘,
7 어찌하여 그 백의 하나도 안 되는 것
이요, 수억 중의 하나도 안 되는 제 지
식이요, 제 깨달음을 가지고 제 주장
만 하며 제 것만이 옳다 말하는가?
8 그리 어리석은 백성이니, 너희들이 둥
근 원을 놓고 그를 보면 보이는 쪽밖
에 보지 못함이니, 10분의 1만 보며
아홉을 보지 못하는 백성들이 제 것만
옳다 주장한다 내가 일찍이 예를 들어
가르쳤거늘,
9 그를 벗어 버리지 못하는 것이 오늘의
종교 집단이요, 지도자들이니라.
10 저 자신의 생각과 의지를 내세우는 그
것은 그들이 깨우치지 못한 자들인 것
이니, 그들을 깨우치는 빛이 될 수 있
도록 나의 법전을 전해 주어야 됨을
알라.
11 이제 그와 같은 백성들과 나의 아들을
따르는 백성, 너를 따르는 제자들이
정녕 하얀 눈처럼 변하지 못하거든,
지구의 역사에 너희들의 생명을 견주
어 조용히 한번 생각해 보라 그리 가
르치라, 나의 아들아!
12 지금 살아 있는 너의 제자들이요, 너
를 따르는 그 제자들에게 너희들이 한
시간 후에, 열 시간 후에 이 세상을 죽
음으로써 매듭을 짓는다면, 너희들이
그 시간을 얼마나 소중하게 선택하고
사는 자들이 되겠는가?
13 그것부터 먼저 조용히 한번 생각해 보
라.
14 그렇다면 이 흐르는 지구의 역사에 너
희들의 생명을 비추어 볼 때, 반짝 빛
났다 꺼지는 불빛만도 못한 것이 너희
들의 생명의 삶이거늘,
15 그 속에서 어찌하여 그리도 험악한 죄
를 지으며, 용서받지 못할 죄를 지으
며, 남을 시기하고 질투하는 마음으로
살 수 있단 말이더냐?
16 창조주 나 여호와가 바라보는 너희들
은 꺼졌다 켜지고 또 켜졌다 꺼지는
잠깐 비치는 불빛만도 못한 것이 너희
들의 삶의 생명이거늘, 그 생명을 가
지고 그와 같이 험악한 모습으로 살아
가며,
17 그리고 내가 너희들에게 말했듯이, 하
늘에 오를 수 있는 길이요, 영원히 사
는 생명은 사랑이라는 것을 먹고 살면
되는 것을, 사랑은 먹지 아니하고 악
을 마시며 악만을 취하고 사는 너희들
을 바라보는 나 여호와의 아픈 가슴을
과연 너희들은 알겠느냐?
18 이제 선택된 나의 아들딸 너희들은 어
렵고 힘든 그 길이 있다 해도 나의 법
전을 세상에 전하는 데 최선을 다해야
될 것이니라.
19 내가 너희들에게 묻노라.
20 재정적인 것, 내가 금화와 은화를 내
려 주지 아니하였으며, 나의 법전을
세상에 펼 수 있는 모두를 내가 준비
하지 아니하였던가?
21 너희들이 이 지구만큼 나의 법전을 만
들어 전한다 해도 그 재물이요, 금화
와 은화는 다 준비되어 내가 너희들에
줄 것이며,
22 지금까지 너희들이 가는 길을 막지 아
니하였으며 내가 기적의 역사로써 모
두를 다 이루어 주었거늘,

23 몸으로 때우며 정신적으로 역사하는
너희들이 잠시라도 헛생각을 하며 다
른 생각을 하며 게으름을 피운다면,
그를 보지 못하는 백성들이 지옥으로
감을 알라.
24 내가 성서에 기록하여 전하기를, 너희
들이 한 사람의 생명을 구하는 것이
어떠한 죄를 지은 것도 다 용서받을
수 있는 것이라 했거늘,
25 너희들이 법전을 일찍 전하여 만백성
이 이를 보고 깨우치는 것은 너희들이
생명을 구함이요,
26 너희들이 일찍이 전하지 아니하고 태
만하여 법전이 세상을 덮지 못하여 그
를 보지 못한다면, 너희들은 살인자와
같다는 그 무서움을 알라.
27 너희들이 나로부터 초청받은 자요, 나
로부터 명받은 자의 영광이 있기 전
에, 너희들이 잘못 갔을 때는 그 반대
급부의 무서운 형벌이 기다린다는 걸
안다면, 너희들은 다시 정신을 차려야
될 것이니라.
28 다시 한 번 내가 너희들에게 이르노
니, 너희들의 그 생명의 시간은 잠깐
켜지는 촛불만도 못하다 하였음이니,
29 너희들이 한 시간, 열 시간도 못 사는
생명이라면 선한 마음을 가지고 살고
자 하지 않겠는가?
30 그보다 천배 만배 더 강한 마음으로
오늘의 짧은 인생이라 생각하여, 하늘
을 향하여 한 점의 부끄럼이 없는 삶
을 살아가도록 그리하라.
31 그것만이 너희들이 나에게 오를 수 있
는 길임을 알라.

8,492 번째 하나님 말씀

2003년 12월 19일 20시 42분

1 사랑하는 나의 아들아!
2 "네, 아버님! 말씀하옵소서."
3 내가 선택한 백성들이요, 그들을 내가
잔치에 초청하여, 너를 통하여 내리는
그 강론을 듣게 하며, 나의 법전의 강
론을 듣게 하여 그들을 깨우치고자 하
며, 법전을 읽고 또 깨우치는 그와 같
은 역사를 이룸이 어디 있는 줄 알겠
느냐?
4 이 세상에 진정한 생수요, 너희들이
영원히 살 수 있는 생수의 샘이 없음
이니라.
5 그러니 내가 초청하고 내가 부른 그
제자들이요, 그리고 나의 법전을 읽고
선택된 백성 너희들은 사람의 생명을
살릴 수 있으며 모든 동식물의 생명수
가 될 수 있는 생수가 되어야만 되는
것이라는 것을 절대 잊어서는 아니 됨
이니라.
6 나 여호와가 너희들을 부르며 내가 이
리 쓰고자 하는 것은 만백성의 생명수
가 될 수 있도록 그리 변하는 모습으
로써 살아가기를 원하는 것이니라.
7 너희들은 생명수가 되어 만백성의 삶
이요, 이 지상의 모든 생명체를 살리
도록 변화되어야 하는 너희들이기 때
문에 내가 부른 것이며, 또한 그와 같
이 갈 수 있음을 너희들은 알아야 될
것이니라.
8 내가 한 장의 그림을 너희들에게 제시
하느니라.
9 한 곳의 높은 산에서 흐르는 그 생수

만이 생명을 구한다면, 한 곳에서 흐
르는 그 물을 가지고 얼마나 많은 동
식물이 살며, 나의 백성들이 그를 마
시고 살 수 있겠느냐?
10 그러나 각 산봉우리마다 나의 선택된
백성이요, 나의 아들의 제자들이 서는
곳에서 생명수요, 생수가 흘러나오는
샘이 자연적으로 만들어져, 그 물이
흘러내리는 그림을 너희들이 한 번 그
려 보도록 그리하라.
11 너희들이 바로 나의 법전을 읽고 깨우
치며 나의 아들의 강론을 듣고 가는
것은 그러한 곳에 너희들을 쓰고자 함
이니라.
12 너희들에게 성령이 임해 조금만 더 변
한다면, 너희들이 서 있는 곳은 생수
가 나는 샘이 될 것이며, 높고 낮음이
없이 그와 같이 생수가 된다는 것을
너희들은 알아야 될 것이니라.
13 그러니 그 생수는 무엇이더냐?
14 생명수의 물이 흐름으로써 만백성을
구하는 것이 아니요,
15 나 여호와의 뜻이요, 내 성령이요, 내
마음을 가지고 너희들이 가르치고 존
재하는 것이 영원히 사는 생명의 생수
임을 알아야 될 것이니라.
16 내가 일찍이 나의 아들을 통하여 너희
들에게 전하였음이니라.
17 너희들이 숨을 쉬지 못하면 죽는 공기
와, 마시지 아니하면 죽는 물보다도
더 소중한 것이 무엇이라 말하였더냐?
18 곧 너희들이 말하는 생명수요, 나 여
호와의 뜻이요, 내가 너희들에게 전하
는 내 뜻이니, 그것이 더 소중하고 더
귀한 것이라는 것을 너희들은 알아야
될 것이며, 이를 만백성에게 전해야
됨을 알라.
19 지금 내가 나의 아들을 통하여 너희들
에게 그림으로 그려 줌이니, 여기서
바로 깨우친 제자들과 또 법전을 읽고
깨우친 백성 너희들이 산봉우리 봉우
리마다 자리하고 앉음이니, 너희들이
자리하고 앉은 그곳에서 생수가 흘러
동식물이요, 만백성을 구하는 그와 같
은 역사를 이루고자 하는 것이 나의
뜻이며, 너희들을 그리 쓰고자 하는
것이 나의 뜻임을 알라.
20 너희들이 그 그림을 생각하며, 너희들
이 한 봉우리씩 차고앉아 생수를 끝없
이 흘러내려 만백성과 동식물들이 살
아갈 수 있게 하는 것이 너희들이라는
것을 알라.
21 그러니 내가 너희들을 소중하고 귀한
백성이라 함이니라.
22 너희들이 생명수를 뿜어내는 샘물이
되어 만백성을 구하는 자가 되겠는가,
23 그렇지 않으면 언제까지라도 그 생수
를 찾아 생수를 받아먹기 위하여 헤매
는 백성으로서 남아, 그를 마시지 못
하며 먹지 못해 죽어 나에게 오는 그
와 같은 모습으로써 나에게 올 것인가?
24 이것은 너희들이 역사할 것이며, 네
손으로 만들 것이며, 네 마음으로 이
루고 못 이루는 것이니 그리 전하라,
사랑하는 나의 아들아!

8,493 번째 하나님 말씀

2003년 11월 20일 07시 40분

1 사랑하는 나의 아들아!

2 "네, 아버님! 말씀하옵소서."
3 지금의 모든 동식물이요, 그 모두가
다 나의 성령이요 나의 뜻이 세상에
내려오는 것을 경축하며, 그를 위하여
자신을 다스려 나가는 삶을 살고 있는
것이거늘,
4 인간들은 내가 가장 아름답게 만들어
나로부터 이 세상의 지배의 권한을 넘
겨주었거늘, 과연 지금 어떠한 마음으
로 살아가는지 너는 알고 있는가?
5 "네, 아버님! 알고 있사옵나이다.
6 제가 이 성전에서 존재하는 것, 이 성
전에서 생활하는 것, 그리고 저의 제
자들과 더불어 강론하는 것, 그 자체
도 부끄러우며 저 자신이 몸을 둘 수
없는 그와 같은 마음에서 하루하루 살
아가는 것이 고통이옵나이다."
7 네가 어찌 그와 같은 생각을 하고 있
는가?
8 "네, 아버님!
9 성전의 화분에 담겨 있는 그 난(蘭)들
도 성전에 선택되어 와 있는 것을 생
각하여, 그들이 깨끗한 자세로 견디며
깨끗한 자세로 변하여야 된다 하여
그 난들이 하얀 모습과 같이 변하고자
노력을 하며, 그들은 그와 같은 생각
을 하며 그와 같은 말을 하고 있사옵
나이다.
10 성전에 와 선택된 것이 얼마나 영광이
요, 큰 은혜인 줄 모른다 하여, 그들은
한 점의 부끄럼이 없이 지금 그와 같
은 모습으로 변하고 있으며 그들은 그
리 생각하고 있사옵나이다.
11 그리고 그들은 그리되어 가고 있습니
다.
12 그중에 한 그루의 난은 그 모습이 되
어 있으며, 그와 같은 은혜와 감사함
을 생각하여 한 점의 부끄럼이 없는
난으로서 지금 자리를 지키고 있는
것을 저는 보고 알고 있사옵나이다.
13 그러나 저의 제자들이나 저 또한 그
들만도 못하며 그들만큼도 따라가지
못하고 있는 마음이 부끄러워 제가 성
전에 앉아 있기가 부끄러우며, 저 자
신이 강론하기도 부끄러우며,
14 제 제자들이 또한 아버님이 내리신 그
말씀을 듣고 법전을 만들고 읽고 하는
것 그 자체도 부끄러운 마음이 앞을
가리고 있사옵나이다.
15 그것이 제가 느끼고 있는 마음이요,
제 마음이옵나이다."
16 그러하니라. 남들도 그리 생각하며 그
화분에 있는 꽃들도 그리 생각하고 있
거늘,
17 어찌하여 생각하는 지혜가 높으며 판
단력이 있으며 그리고 그 많은 세월
속에 나의 강론을 들었으며 나의 법전
을 읽고 깨우친 너희들이 그 굳은 결
의가 그만큼도 못하단 말이더냐?
18 말없이 서 있는 식물이요, 그저 너희
들이 주는 대로 생명을 유지하는 그
난도 성전에 와 있는 것을 영광이요,
그 은혜에 보답하기 위하여 하얗게 마
음이 변하고 있으며,
19 또 한 그루의 난은 그리 변해져 있으
며 당당하게 자신의 모습을 보이거늘,
20 어찌하여 너희들은 나의 아들딸로서,
그리고 나로부터 선택된 백성들로서
그와 같은 각오를 가진 자가 세상에
태어나지 못하고, 그와 같은 백성이

지금 네 제자들 중에 없단 말이던가?
21 "아버님! 저 자신이 그렇사옵나이다.
22 그와 같이 하얀 마음이 되지 못했으
며, 저도 지금 저 자신을 다스리지 못
하고 방황하는 그와 같은 속에 있사
옵나이다.
23 이를 어찌해야 하겠사옵나이까."
24 인간 속성의 마음이 어떠하더냐?
25 "네, 그렇사옵나이다.
26 난들도 그와 같이 변하고자 하거늘,
자리가 두 사람이 앉을 곳이 있으니,
조금 더 몸집이 뚱뚱한 사람이 그 자
리를 앉아, 다른 사람이 와서 앉으려
할 때, '나 자신이 너무 뚱뚱하여 둘이
앉을 수는 없으니 다른 자리를 찾아보
라.' 하는 것이 인간의 마음이옵나이
다.
27 다른 자리는 비어 있지 않으며 앉을
자리가 없다 해도, 자신이 버티고 앉
아서 '내가 뚱뚱하고 당신도 뚱뚱하
니, 두 사람이 여기는 앉을 곳이 없
다.' 하여 저 혼자 편하게 앉고자 하는
것이 인간의 마음이요, 대부분의 인간
의 속성이라는 것을 저는 그림으로 보
고, 또 그와 같이 보여 주심을 알고 있
사옵나이다."
28 그러니라, 인간들의 마음이 그러하니
라. 너희들의 마음이 그러하니, 그들
을 보는 나 여호와가 과연 어떠하겠는
가?
29 너의 제자들은 그래도 거기서 그리하
지는 아니할 것이니라.
30 너의 제자들은 그래도 그 자리를 양보
할 것이며, 정녕 양보를 할 수 없다면
일어나 그 자리를 남에게 내줄 것이
니, 이것이 지금 너희들과 그 백성들
과의 차이점이거늘,
31 감히 이 세상에 있는 백성들이 지금
나의 법전과 너희들을 보고 사탄이요,
이단이라 말하며, 나의 아들을 그리
핍박하는 자들이 있음이니,
32 이것이 인간 세상의 마음이요, 그 마
음을 돌려놓고자 하는 것이 나 여호와
의 뜻이거늘, 어찌하여 이리도 너희들
이 사악해졌으며 그리 사랑을 모르는
백성들이란 말이더냐?
33 믿음의 길을 간다는 자들, 그리고 염
주 알을 굴리는 자요, 그리고 새벽기
도를 가서 기도하고 오는 자가 그 자
리를 제가 다 차지하고, 다른 사람이
앉으면 조금 불편하다 하여 양보하지
않는 그와 같은 자들이 인간의 마음이
요, 너희들의 마음이니,
34 그와 같은 마음을 네가 양보하는 마음
이요, 자리에서 일어나 남을 앉게 하
는 그와 같은 백성이 정상적인 백성이
요, 나를 따를 수 있는 백성이니, 내가
그것을 이루고자 하는 것이거늘,
35 나 여호와가 무엇이 그리도 욕심이 많
으며 내가 너희들에게 무엇을 더 요구
하는가?
36 이것이 나 여호와의 사랑이거늘, 지금
믿고 가는 자들이 광란의 짓이요, 재
물이나 원하는 나 여호와라 그리 말하
며, 나를 찾지 아니하며 나를 경배하
지 아니하며, 주일이라는 날 하루라도
저희들의 강론과 설교를 듣지 아니하
면 내가 벌을 내리는 것처럼 말하니,
37 너희들이 나를 얼마나 사악하고 못된
하나님이라 하는 것인가?

38 마귀할멈도 그리하지 아니할 것이며,
심술꾸러기도 그리하지 아니할 것을,
모든 종교 집단이요, 지도자들이 나를
마귀할멈이요, 가장 심술꾸러기요, 가
장 못된 자로 만들고 있느니라.
39 인간 세상에 살아가기 위해 얽히고설
킨 그 세월 속에 너희들이 강론을 안
들으면 어떠하며, 설교를 안 들으면
어떠하며, 교회라는 곳을 빠지면 어떨
단 말이더냐?
40 거기에 오지 않으면 너희들은 무어라
말하느냐?
41 나로부터 벌을 받으며, 나로부터 그
죄의 대가를 받으며, 너희들이 걸어가
다 그저 돌부리에 넘어지는 것도 내가
벌을 준 것이라 하니, 나를 얼마나 사
악하고 모질며 사랑이 없는 여호와라
가르치더냐?
42 그러면서도 나의 사랑을 베풀며 나의
뜻이요, 나에게 오른다 말하는 것이
지금의 믿음의 길을 가는 백성들이니
그것이 얼마나 잘못되었느냐, 나의 아
들아!
43 그리하여 내가 너를 통하여 지금의 이
역사를 함을 잊지 말라, 사랑하는 나
의 아들아!

8,494 번째 하나님 말씀

2003년 11월 20일 07시 46분

1 사랑하는 나의 아들아!
2 "네, 아버님! 말씀하옵소서."
3 인간 세상에 살아가면서 자식이 그 부
모의 마음을 느낀다면, 너희들은 나
여호와의 마음을 알 것이니라.
4 그보다 더한 것이 나 여호와의 마음이
라 하였음이니, 내가 잘못 가는 자식,
모자란 자식, 부족한 자식, 그 백성들
을 다 너희 육의 부모가 사랑하듯이
나도 너희들을 사랑하며,
5 또한 너희들이 바른 마음으로써 돌아
오기를 항상 기다리고 있는 것이 나
여호와요, 내 사랑인 것이니라.
6 그러나 지금의 모든 종교 집단의 지도
자들이 과연 어찌 가르치느냐?
7 저희들이 조금만 실수를 했을 때, 육
의 실수로써 한 것도 나 여호와가 체
벌하며 내가 너희들에게 벌을 준다 그
리 생각하며, 그것이 오늘의 종교 집
단이요, 지도자들이 가르치는 방법이
아니더냐?
8 그러니 그들은 무어라 말하였느냐?
9 나의 백성들에게 나를 경배하며 나를
따르라 말은 그리하나, 한쪽에서는 나
를 어찌 가르치는가?
10 재수 없는 하나님이요, 만나면 기분
나쁜 하나님이요, 만나면 손해만 보는
하나님이요, 잘못 걸리면 낚싯밥에 걸
린 붕어와 같은 신세가 되는 하나님이
라 그리 가르치는 것이 오늘의 종교
집단의 지도자들이 가는 방법이요, 가
르치는 길이라면 너희들은 믿겠는가?
11 너희들은 나보고 잘못된 자라 그리 말
하며 사탄이라 그리 말할 것이니라.
12 그러나 모든 종교 집단이요, 지도자들
이 얼마나 나의 사랑하는 백성들을 공
포 속에 몰고 가는 줄 알겠느냐?
13 무엇 하나 잘못하며 저희들의 명에 따
르지 아니하여도 반드시 그 죄의 대가
가 따르며, 그 죄로 하여금 네가 당했

다 그리하느니라.
14 제가 실수하여 그저 신고 가던 신발이
벗겨지는 것도, 제가 넘어져 코가 깨
지는 것도, 나 여호와를 따르지 아니
하였으며 나를 경배하지 아니하였기
때문에 그와 같은 불행한 일을 당하며
그것이 죄라 그리 말하니,
15 그가 생각할 때 얼마나 나 여호와가
재수 없는 하나님이요, 얼마나 기분
나쁜 하나님이겠는가?
16 두 번 다시 보고 싶지 않은 하나님이
라 그리 말할 것이니라.
17 저희들이 아름다운 일을 하는 것보다
는 잘못된 것이 더 많음이니, 나로부
터 벌을 받는 게 많으며, 나로부터 은
혜 받는 게 없는 것이라는 것을 너희
들은 사랑하는 나의 백성들에게 심어
주고 있으며 그리 가르치고 있다는 것
을 지금 모르고 있는 자들이니라.
18 나 여호와는 너희들이 잘못했을 때 기
다리고 또 기다림이니라.
19 모세의 시대에 그와 같은 사악한 짓을
했음이니, 내가 4천 년을 기다렸으며,
20 그리고 나의 아들 예수를 또 세상에
내보내 내가 2천 년을 기다렸으며,
21 지금 나의 아들을 통하여 나의 뜻을
세상에 글로 책으로 내려보내며, 천
년 후에 또한 기다리는 그 약속을 하
며 언약을 한 것이니, 그보다 기다리
면 더 이상 무엇을 얼마나 기다리란
말이더냐?
22 이와 같이 너희들을 기다리고 용서하
며 너희들이 돌아오기를 바라는 것이
나 여호와거늘,
23 어찌하여 너희들은 내가 조금만 잘못
해도 체벌을 하며 벌을 내리는 하나님
이라 하며, 은혜와 상이 충만한 나의
축복 속에서 산다는 것은 생각하지 않
는가?
24 그러니 모든 백성들이 생각할 때마다
사람에 따라 생각 자체가 다르듯이,
25 모든 백성들에게 나는 재수 없는 하
나님이요, 알기만 해도 기분 나쁜 자
요, 잘못하면 벌을 주는 자요, 못된 마
귀요,
26 그리고 사악한 자요, 욕심쟁이요, 심
술꾸러기인 나 여호와라 지금 가르치
고 심어 주고 있는 것이 오늘의 종교
집단의 지도자들이 시키고 있는 교육
방법이라는 것을 잊지 말라.

8,495 번째 하나님 말씀

2003년 11월 20일 11시 30분

1 사랑하는 나의 아들아!
2 "네, 아버님! 말씀하옵소서."
3 너희들이 썩은 곳에 가거나 또 냄새가
나는 곳에 가면 너희 몸에서도 그와
같은 냄새가 남이니라.
4 그러나 향기로운 곳에 가면 향기로움
이 너희들의 몸에서 나는 것이니라.
5 너희들은 육의 세상에서 살면서 썩은
곳에 가면 썩은 냄새가 나며 향기로운
곳에 가거나 꽃밭에 갔을 때 꽃의 향
기를 맡는 것처럼, 너희들이 맡고 볼
수 있는 세계에서만 그와 같이 이루어
진다 생각하나, 너희들은 알아야 될
것이니라.
6 너희들이 아름다운 뜻이요, 아름다운
가르침을 듣는 것은 향기 나는 꽃 속

에 있는 것이요, 잘못된 자의 가르침
을 받는 것은 너희들이 썩은 자 속에
서 썩은 냄새 속에 있는 것이니, 너희
들이 살아가면서 어찌 사느냐에 따라
서 그와 같이 너희들의 삶이 달라진다
는 것을 알아야 될 것이니라.
7 그러니 너희들이 남을 시기하고 욕하
며 질투하며 욕심을 버리지 못하고 사
는 것은 썩은 자 속에서 너희들이 사
는 것이요,
8 너희들이 아름다운 마음이요, 천사와
같은 마음으로 변화되는 삶을 사는 것
은 향기로운 꽃밭에 사는 것과 같으니
그리 알아야 될 것이니라.
9 썩은 냄새가 나는 곳에 너희들이 그를
만지면, 그는 너희들의 옷에 스며들며
네 몸에 스며들고 너희 몸을 더럽히는
것이니, 너희들을 계속 더럽히는 형국
이 되는 것이니라.
10 너희들은 여기서 알아야 될 것이니라.
11 지금의 모든 종교 집단이요, 그들의
가는 것이 진정한 나 여호와의 뜻에
의하여 역사하는 것이 아니라 나의 뜻
을 거역함이니, 그건 바로 무엇이더냐?
12 곧 너희들이 위로 생각하면 죽음이요,
밑으로 생각하면 썩은 자들이니라.
13 나와 관계없는 자들이 내가 역사하는
곳에서 살고 있는 것이며, 너희들은
얽혀 있다는 사실을 알아야 될 것이니
라.
14 그러면서도 그들이 점점 썩어져 가는
것이니, 그 썩어져 가는 것은 썩어 갈
수록 그 냄새가 더 풍기며, 주변의 모
든 사람들에게 오물이 튀게 되며, 그
오물이 만백성의 몸에 묻게 되는 것이
니라.
15 그러니 너희들이 썩어지는 것을 놔둬
도 그대로 썩는 것은 더 썩으며, 거기
에 같이 있는 자 너희들의 몸에도 오
물은 묻어나며 그와 같이 썩은 냄새가
너희 몸을 감싸게 되어 있음이니라.
16 그러나 지금의 종교 집단이요, 지도자
들은 어찌 가는가?
17 썩은 곳에 계속 부어 대며 썩은 곳에
계속 밀어 넣고 있는 것이 그들이 아
니더냐?
18 썩어서 그 썩은 것이 말라 흔적이 없
을 때 그래도 그 냄새는 가실 것이며
너희 몸에 묻은 그 오물도 떨어질 수
있거늘,
19 그것을 멈추지 아니하며 계속 그곳에
밀어붙이는 그와 같은 형국이 되니,
이 세상에 썩은 냄새가 진동하는 것이
그치지 아니하는 것임을 너희들은 알
라.
20 지금 모든 종교 집단이요, 지도자들이
신도라 하여 끌어들이며 계속 불러들
임이니, 그와 같이 썩은 곳에 나의 백
성들을 몰아넣는 그와 같은 형국의 역
사를 하고 있다는 것을 알아야 될 것
이니라.
21 썩은 자 주변에 갈 때 그 모두가 너희
들도 같이 거기에 빠져드는 것처럼,
오늘의 모든 종교 집단이요, 믿음의
길을 가는 것이 그와 같은 형국이 되
어 있음이니,
22 이를 어찌 바로잡고 바로 세워야 될
것인가 생각해 보지 아니하면 아니 되
는 것이 지금 나로부터 선택된 백성
너희들이 처해 있는 입장임을 알아야

될 것이니라.
23 썩어진 것이 그 뿌리가 마르며 그 모
두가 말라 없어졌을 때 너희들의 발은
그래도 제 위치로 돌아올 수 있으며,
썩은 곳에 날아드는 파리나 모기가 모
여들지 아니할 것이니라.
24 그러나 그 먹이를 계속 부어 넣는 형
국이 되니 썩은 것이 그치지 아니하
니, 거기에 모여드는 것은 무엇이겠느
냐?
25 그것이 필요한 그 미물들만이 날아들
고 모여들고 있는 그와 같은 형국이
아니던가?
26 그러니 지금의 믿음의 길을 가고 있는
그 형국이 바로 그와 같은 형태라는
걸 절대 너희들은 잊어서는 아니 될
것이니라.
27 그리하여 지금 160권이라는 법전을
내려 그 모두를 수술하며 그 모두를
다스리고자 하는 것이 나 여호와의 뜻
이요, 내가 역사한다는 것을 너희들은
잊어서는 아니 됨을 그리 알라.

8,496 번째 하나님 말씀

2003년 11월 20일 11시 35분

1 사랑하는 나의 아들아!
2 "네, 아버님! 말씀하옵소서."
3 내가 너에게 깨우쳐 만백성에게 전하
라 하지 아니하였더냐?
4 너희들이 단 몇 분의 삶을 사는 사람
이라면 얼마나 아름답게 살겠는가?
5 아름답게 사는 그 마음의 자세가 곧
너희들이 하늘에 오를 수 있는 마음이
라 하였음이니, 너희들이 죽음의 세상
이요, 나에게 오를 때까지 그와 같은
마음을 잠시도 잊지 아니하고 버리지
아니하고 살면 된다 그리하였음이니
라.
6 또한 너희들은 하나 더 깊이 깨우쳐야
될 것이니라.
7 그와 같이 내가 내려 준 짧은 생명의
시간을 너희들이 어찌 살아야 되느냐
하는 그 긴장 속에서 살며 죽을 때까
지 나에게 그와 같은 마음으로 사는
자는 결코 지옥 불로 가는 그 고통을
겪지는 않을 것이라 했느니라.
8 그러나 그 모든 것, 이 지상의 어떠한
것도 나의 주관하에 존재하지 아니하
며 이루어지지 아니하는 것이 없다는
것을 너희들은 알아야 될 것이니,
9 그와 같이 생각한다면 너희들이 남은
시간을 소중히 생각하며, 이 세상의
그 모두는 나 여호와가 역사한 것이기
때문에 너희들이 얼마나 소중하게 다
루고 관리해야 되는 것인가를 깨달을
수 있을 것이니 그리 알라.
10 그 이치를 정녕 안다면 그와 같은 것
에 감사하고 살면 그것이 곧 나에게
오를 수 있는 길이요, 너희들이 구원
을 받는 길이라는 것을 생각하라.
11 그러나 너희들은 어찌하여 그리 생각
하지 아니하며, 인간의 생각대로, 너
희들의 육신의 생각대로 이해관계에
따라서 생각하고 행하고 살아가는 자
가 되었는가?
12 그를 보는 내 마음이 그래서 아프다
함이니라.
13 너희들은 깊이 새겨들으라.
14 이 세상의 모든 이치는 나의 품에서

절대 벗어날 수가 없는 것이며, 나의
품을 벗어나서는 존재할 수도 없으며
모두가 역사할 수 없다는 것,
15 너희들이 존재할 가치도 없으며 생각
하는 그 지혜마저도, 내 품을 떠나서
나의 품에 존재하지 아니하며 인정하
지 아니하며 내 품에 산다는 생각을
하지 아니하는 그와 같은 순간에 그
모두는 다 너희들에게서 멀어지며 버
려진다는 것을 알아야 될 것이니라.
16 그러니 작은 것부터 큰 것까지 그 모
두가 나의 품을 벗어날 수가 없으며,
나의 품 안에서 존재한다는 것을 너희
들은 의식하고 살라 그리 강조함이니
라.
17 너희들이 가장 적대시하는 믿음까지
도 종파가 다르다 하여 또 가는 것이
다르다 하여 적대시하는 그와 같은 모
든 관계도 다 초월하여,
18 그 모두는 나 여호와의 품 안에서 내
가 역사하기에 존재한다는 그와 같은
생각의 의미를 버려서는 안 된다 그리
하였으며 그리 가르치라 내가 전하지
아니하였더냐?
19 내가 나의 아들을 통하여 너희들에게
가르쳤느니라.
20 이 세상에 너희들이 내 품에서 역사한
다는 것을 절대 잊어서는 아니 되며,
21 너희들이 악한 것이요, 선한 것이라
생각하는 것도 그 모두가 다 내 품이
요, 내 생각의 범주에서 절대 벗어나
지 못한다는 것을 알라.
22 내가 나의 아들을 통하여 너희들에게
말했듯이, 인간적인 너희들에게도 적
의 공격이 없으면 방어 수단이 약해진
다 하지 아니하였더냐?
23 적이 공격을 하면 너희들이 스스로 방
어 계획을 세우며 방어 능력이 향상되
어서 그와 같이 견딜 수 있는 길이 있
다 하지 않았던가?
24 그와 같은 이치로써 사탄이 필요한 것
이라 내가 일찍이 몇 번 나의 법전에
기록하여 전했느니라.
25 사탄이 너희들을 무너트리고자 할 때
너희들에게는 방어하는 능력이 생기
며, 그리하여 사탄이 어떤 수단과 방
법을 해도 지킬 수 있는 강도 높은 훈
련과 살아가는 삶이 아니면 절대 너희
들은 견딜 수 없다 하였음이니라.
26 그리하여 너희들을 무너트리고자 하
는 사탄이 있으며 너희들을 공격하는
적이 있듯이, 그와 같이 이 세상의 이
치가 다 이루어짐이니,
27 그와 같이 모두 이루어지는 그것도 다
내 뜻과 내 품 안에서 벗어나서는 아
무것도 이루어질 수 없으며, 역사할
수 없다는 것을 너희들은 알아야 될
것이니라.
28 그러니 이 세상을 덮고 있는 것은 나
의 사랑이요, 나의 진리이니,
29 내가 모두를 태워 내려보내는 나의 법
전을 읽고 깨우친 나의 아들을 따르는
제자 너희들이야말로 이 세상의 모두
를 다 덮는 그와 같은 너그러운 마음
이요, 이 세상에 너희들의 마음으로써
모두를 안을 수 있는,
30 나 여호와를 대신하여 사랑하며 베풀
며 용서하며, 가슴에 끌어안을 수 있
는 그와 같은 마음으로 너희들이 모든
백성들을 상대하고 사랑하지 아니하

면 아니 된다는 것을 잊어서는 아니 될 것이니라.

8,497 번째 하나님 말씀

2003년 11월 20일 11시 39분

1 사랑하는 나의 아들아!
2 "네, 아버님! 말씀하옵소서."
3 너를 통하여 너를 따르는 제자들에게
강조하고 또 한 번 너희들에게 강조하
느니라.
4 내가 너희들에게 나의 법전에서 무어
라 깨우쳐 전했느냐?
5 하얀 종이 위에 너희들이 섰을 때, 네
마음이 종이처럼 하얀 마음이요, 네
자세가 그리되지 아니하면 절대 아니
된다 그리 가르쳤으며, 그와 같은 삶
을 살라 내가 그리 강조하지 아니하였
더냐?
6 이제 나의 법전을 읽고 그 많은 강론
을 듣고 깨우친 너의 제자들이 지금
저희들의 모습이요, 저희들의 마음이
과연 어디에 와 있는가, 저희들의 경
지가 얼마나 올라와 있는가, 스스로
한번 점검하고 한번 두드려 보라 그리
전하라.
7 그렇지 아니하면 아니 됨이니라.
8 너희들이 지금 얼마나 높이 와 있으며
얼마나 역사하고 있는가?
9 내가 수없이 기록하여 전하는 이 소중
한 뜻, 하얀 종이 위에 너희들이 수직
으로 섰을 때, 네 모습이요, 네 마음이
그 하얀 종이와 같이 되는 그와 같은
역사가 되지 아니하였을 때는 아무것
도 이룰 수 없다 내가 그리하지 아니
하였더냐?
10 너희들이 지금쯤 그와 같이 변해지지
아니하였다면 너희들의 이름을 나의
천국에 걸어 놓았으나, 나의 나라에
너희들이 올 수 없음을 알아야 될 것
이니라.
11 그것이 너희들의 운명이요, 그것이 무
서운 사실이요, 엄연한 하늘의 법도라
는 것을 너희들이 잊어서는 아니 될
것이니라.
12 너희들이 내가 나의 법전에 명하고 기
록한 것을 그저 듣고 읽고 지나간다
면, 수천 년 동안 흘러온 구약시대요,
신약시대의 백성들이 무엇인 줄 알겠
느냐?
13 어렵고 힘들기 때문에 그를 행하지 아
니하고 지키지 아니하고, 그저 저희들
이 편한 대로 유리한 쪽으로 모두를
다 속이고 역사해 왔기 때문이니라.
14 그리하여 나의 진리는 뿌리를 내리지
못했으며, 사악한 생각의 인간의 교리
가 세상을 덮었다 함을 너희들은 알아
야 될 것이니라.
15 그러니 마지막 시대에 그 누구보다도
소중한 나의 아들을 따르는 제자들이
요, 내가 선택한 너희들, 마지막 시대
에 나 여호와가 역사하는 것을 너희들
로 하여금 역사하고자 함이니,
16 너희들은 정녕 내가 명한 작은 것도
그대로 행하기 위하여 목숨을 바치는
그와 같은 삶으로써 가지 아니하면 너
희들은 존재 가치가 없으며,
17 나의 법전은 천 년에 걸쳐서 하늘에서
이루어진 것같이 이 땅에서 이루어져
하늘의 천사와 같은 백성들만이 이 세

상에 사는, 나 여호와가 인간의 열매
를 거두기 시작하는 그 역사를 접어
둘 것이며, 그는 이루어질 수 없다는
것을 너희들은 알라.
18 그러니 너희들이 작은 것도 지키지 아
니하고 그와 같은 역사를 이루지 못했
을 때, 너희들에게 그 대가의 벌이 얼
마나 무서운 것인가, 그리고 내가 결
코 너희들을 용서하지 아니한다는 것,
19 내가 기대한 만큼 너희들이 이루지 아
니하였을 때, 나의 실망이 큼이니, 나
의 실망은 분노함이니 그리 알라, 사
랑하는 나의 아들딸들아!

8,498 번째 하나님 말씀

2003년 11월 20일 11시 44분

1 사랑하는 나의 아들아!
2 "네, 아버님! 말씀하옵소서."
3 너희들이 썩어 가는 그 속에 같이 있
을 때, 그를 만지고 있을 때, 무어라
말하였느냐?
4 그 썩은 것이요, 그 오물은 너희 몸에
묻어나는 그와 같은 역사를 이룬다 하
였음이니, 결국 묻어나기 시작하면 그
냄새에 견디지 못하게 될 것이니라.
5 그러니 모든 종교 집단 지도자들이 지
금 그와 같은 형국으로 가기에, 그들
이 구원을 할 수 없으며, 나로부터 선
택된 백성으로서 나에게 올 수 없다는
그 이치를 가르쳐 주었음이니라.
6 나의 아들을 따르는 제자들이요, 나의
법전을 읽고 깨우친 백성 너희들은,
썩어져 간 곳을 주무르는 자들이 그리
하여 그 오물이 묻어나 저 자신이 벗
어날 수 없는 그와 같은 형국이 되는
그 속에서 너희들은 벗어난 자요, 내
가 구원한 자요, 참진리의 길을 오는
자들이 아니더냐?
7 그러면서 내가 그와 같은 백성이 살아
가는 길은 무엇이라 말하였더냐?
8 일찍이 내가 너희들에게 전한 것을 과
연 너희는 얼마나 지키고 사는가?
9 너를 미워하는 자를 스승처럼 생각하
며, 너희들을 따르는 제자를 스승처럼
받들고 생각하며 가라 그리하였음이
니라.
10 그리하여 너희들을 꾸짖는 자, 너에게
매질을 하는 자, 너를 비방하는 자를
존경하는 마음을 갖고 살아가는 것이
나로부터 선택된 백성들이 가야 할 길
이며 나의 아들의 제자들이 가는 길이
라 내가 법전에 일찍이 기록하여 그리
전했느니라.
11 그러나 지금 나의 아들을 따르는 제자
너희들이 과연 그러한 마음으로 살고
있는가?
12 너희들이 그와 같이 살지 아니한다면
그것은 무엇을 의미하는가?
13 나 여호와가 존재함을 너희들이 아직
도 믿지 못함이니 그리 알라.
14 작은 거짓말이나 농담의 거짓말도 하
지 말라 내가 너희들에게 강하게 가르
쳤음이니라.
15 그것이 살인과 같은 행위요, 살인자는
그 죄를 면치 못한다는 것을 내가 깨
우쳐 주었거늘, 너희들은 나의 가르침
을 과연 얼마나 지금 행하고 지키는가?
16 그와 같이 너희들이 지키고 행하지 못
할 때, 너 자신이 못 지키는 것이 아니

요, 그를 돌려 생각하면 너희들이 나
여호와를 우습게 생각하며, 나의 법전
을 지나가는 스승이요, 일반인들이 하
는 이야기만큼도 중히 듣지 아니하고,
행하지 아니하고 사는 삶이라는 것을
너희들은 알아야 될 것이니라.
17 얼마나 나 여호와의 뜻을 너희들이 우
습게 생각하면 지금 실천하지 못하고
사는 백성들로서 나의 성전을 찾는다
말할 수 있겠는가?
18 몇 년이라는 세월이 흐른 지금, 너희
들은 그 모두를 지킬 수 있는 백성이
되어 있어야 할 것이니라.
19 그러나 그를 지키지 아니한 자는 너희
들이 변하지 못하기 전에, 나 여호와
의 성령이요, 나 여호와의 뜻이요, 나
의 법전이요, 그 모두를 우습게 생각
하는 자들이니, 나를 우습게 생각하는
자, 그 모습을 한번 돌이켜 보라.
20 정녕 창조주 나 여호와가 지키고 행하
여 하늘에 오르라는 그것을 너희들이
지키지 않을 때, 그 행동은 나를 우습
게 보는 것이라 내가 그리 말했음이니,
21 너희들이 나를 비웃는 그 모습을 상상
하며 그 한 폭의 그림을 그려 보라.
22 그러고도 과연 너희들이 구원을 받으
며, 하늘에 오를 수 있으며, 나의 뜻을
전하여 만백성을 구할 수 있는 자들이
라 그리 말할 수 있는가?
23 그리 지키지 아니하는 너의 제자들,
그리고 법전을 읽고 깨우친 백성들을,
나 여호와는 너희들에게 기대하고 믿
었던 만큼, 내가 절대 너희들을 용서
하지 아니함을 알라 다시 한 번 내가
여기에 못을 박아 전하니 그리 알라.
24 이제 너희들이 선택을 할 때가 왔음이
니라.
25 정녕 너희들이 나의 법전의 한 구절
한 구절을 읽고 깨우쳐 거기에 위배됨
이 없으며 거역함이 없는 삶을 살아갈
것인가, 그렇지 않으면 너희들이 인간
세상의 생각대로 살아갈 것인가, 정녕
이제는 선택을 해야 될 것이니라.
26 너희들은 나의 법전의 흐름을 이제 알
며, 그 내용을 알며, 내가 역사하는 것
을 아니,
27 너희들이 하나하나 정독하여 다시 한
번 가슴 깊이 새겨, 그를 실천하지 아
니하면 내가 너희들을 절대 용서치 않
는다는 것,
28 내가 너희들을 그만큼 믿었으며 그만
큼 기대했으며, 내가 너희들에게 모두
를 다 역사하고자 함이니,
29 내 뜻을 그리 거역하는 자는 나를 우
습게 보는 자요, 나를 경배하지 않는
마음이요, 나를 믿지 않는 자들이기
에, 너희들이 나를 기만한 것이니라.
30 너희들은 기만하지 아니했다 하더라
도, 끝까지 나를 기만하며 나에게 와
심판을 받고자 하는 자들이니,
31 그때 내가 너희들을 절대 용서치 아니
한다는 이 무서운 사실을, 이제 너희
들이 선택을 해야 할 때가 왔다는 것
을 전해 주도록 그리하라.

8,499 번째 하나님 말씀

2003년 11월 20일 11시 48분

1 사랑하는 나의 아들아!
2 "네, 아버님! 말씀하옵소서."

3 너희들은 나 여호와가 기억해 주며 내
가 너희들을 생각하며 너희들을 기다
리며 그리고 내가 내린 모든 은혜와
영광을 받을 수 있는 삶을 살겠는가,
그렇지 않으면 그 모두를 저버리고 살
아가겠는가?
4 내가 너희들에게 살아오는 그 길을 간
단히 깨우쳐 주었거늘, 어찌하여 너의
제자들이요, 나의 법전을 읽은 백성,
너희들도 완벽하게 그 겉옷을 벗지 못
하며, 지금 우왕좌왕하는 그와 같은
삶을 살고 가느냐?
5 너희들에게 내가 무어라 말하였느냐?
6 오늘의 육이 사는 이 세상에서만 너희
들이 그 모두를 역사할 수 있기 때문
에, 오늘의 삶을 한 점의 부끄럼이 없
이 살라 하여 가훈까지 내려 주었으
며, 그와 같은 삶을 살라 내가 명하지
아니하였더냐?
7 이 세상에 육이 존재하는 이 속에서만
너희들이 구원의 길이요, 구원받지 못
하는 길이요,
8 사랑을 베풀고 나누며 실천하는 것,
사랑의 씨를 먹고 사는 것, 그리고 악
의 씨를 먹고 사는 것, 그 모두는 너희
들의 선택이요, 여기에서만 할 수 있
는 것이라 내가 그리하지 않았는가?
9 구원을 받고 못 받는 그 모든 조건도
다 여기에서만 이루어지고 안 이루어
지는 것이니,
10 오늘의 삶이 얼마나 소중하고 귀한 것
인가를 내가 그리 전했으며, 육의 삶
에 있어서 한 점의 부끄럼이 없는 삶
을 살라 내가 전했거늘, 과연 너희들
이 그리 사는가?
11 너희 육의 생명이 존재하는 이곳에서
만 거듭나고 거듭나지 못하는 그와 같
은 삶이 있다 하여,
12 너희들이 하나하나 행동하는 것, 하루
하루 사는 것을 생각하고 또 생각하고
다지고 다져 삶을 살라 내가 그리 간
곡히 너희들에게 부탁했거늘,
13 어찌하여 너희들은 오늘의 삶을 그리
쉽게 경망하게 생활하며 살아가는가?
14 나의 율법이요, 나의 계명이요, 성경
대로, 그리고 내가 지금 내린 마지막
나의 법전대로 살면 무엇이 걱정인가,
육에서 벗어나는 그 삶은 자연히 얻게
될 것을.
15 너희들의 육의 삶에서 벗어나는 자만
이 내가 무엇이라 말하였느냐?
16 욕심을 저버리고 진리대로 살고자 하
는 자가 육을 벗어날 수 있는 자이니,
17 육을 벗어난 자를 내가 양팔을 벌려
안아 주기를 기다리며 너희들을 기억
해 주는 것이며, 내가 너희들을 기다
리고 있다는 것,
18 그리고 너희들에게 끝없는 사랑과 영
원히 사는 이 세상에 거듭나는 그와
같은 은혜를 내려 주고자 기다리고 있
는 나 여호와의 뜻을 저버리지 말고
그와 같이 살라 하는 것을 내가 상세
히 기록하여 나의 법전에 전하였거늘,
19 과연 너희들이 얼마나 행하고 실천하
는 백성인지, 너 자신에 대한 점수를
네가 매기지 아니하면 아니 될 것이니
라.

8,500 번째 하나님 말씀

2003년 11월 20일 11시 54분

1 사랑하는 나의 아들아!
2 "네, 아버님! 말씀하옵소서."
3 나의 법전이 세상에 나가 만백성을 구하고자 너희들이 그를 세상에 내놓음이니,
4 나를 욕보이며 나를 욕하는 그와 같은 자들의 내용을 기록하여 오늘의 믿음의 길을 가는 자들의 생각과 너희들이 지금 가고 있는 그것이 어떠한 것인가를 너는 가르쳐 주어야 될 것이니라.
5 이것이 지금의 믿음의 길을 가는 백성들 그들의 생각이며 수준인 것을 너희들은 알아야 될 것이니라.
6 너희들이 나의 법전을 높이 들어 '한국어'라는 이 작은 동양의 나라 말이 세상의 공통어가 된다 할 때, 그들은 무어라 말하였느냐?
7 '정녕 사기 치지 말며, 그 사기 치는 자에게 넘어가지 말며, 순진한 사람들아! 절대 그와 같은 말에 현혹되어 우왕좌왕하지 말라.' 그리 말하는 자가 있음이니라.
8 내가 몇천 년 전부터, 이 세상을 창조하면서 오늘의 동양의 작은 나라의 언어와 습관이 이 세상을 다시 다스린다는 것을 준비한 것이거늘,
9 인간으로서 저 자신이 언제 죽음으로써 어찌 갈지도 모르는 그 미약한 자가 감히 어찌하여 그와 같은 말을 한단 말이던가?
10 지금 나 여호와가 나의 아들을 통하여 내리는 이 세계 공통어의 역사를 하는 것이 정녕 계획된 것이며 준비된 역사이거늘, 제가 그를 사기 치며 거짓 하는 자요, '순진한 백성들아, 절대 속지 말라.'고 깃발을 높이 들어 그리 외치는가?
11 그와 같은 자는 결코 용서받지 못할 것이니 그리 알라.
12 제가 무엇을 알기에 감히 나 여호와가 역사하는 것이요, 160권이 세상에 내려온 한국, 너희들의 조국이요, 이 동양의 작은 나라의 그 모든 관습과 풍습을 다 담아 세상을 하나로 이루고자 하는 나의 뜻에 제가 그리한단 말이던가?
13 그것이 얼마나 잘못된 종교 집단이요, 지도자 그들이 가지고 있는 생각인 줄 알겠는가?
14 저희들이 무엇이기에 지금의 많은 역사요, 많은 물질을 가진 자, 그리고 강대국만 위대한 것이라 하며,
15 그리고 동양의 작은 나라의 너희들은 나로부터 선택된 백성이거늘, 어찌하여 그 숫자만을 가지고 지금의 강대국이라는 것, 그리고 능력 있는 것만 가지고 나 여호와가 존재하고 이끄는 이 백성들과 견주어 그들의 손발만도 못한 것이라 그리 말하는가?
16 감히 그들이 말하기를, 나의 아들 네가 정신이상자요, 그리고 골이 빈 자요, 생각하지 못하는 자요, 어리석은 자니 거기에 속지 말라 소리 지르는 자,
17 그는 나를 능멸하는 자요, 나를 욕하는 행위를 하는 것이 아니던가?
18 그러니 그와 같은 자들이 오늘의 믿음

이요, 오늘의 종교 집단이요, 거기서
배우고 깨우친 백성들이 하고 있는 짓
이며 그들이 하는 행태라는 것을 너희
들이 알아야 될 것이니라.
19 그들은 선택된 어떠한 민족의 종이 되
는 것만도 못하며 그 종이 되는 것도
영광이라 그리 말함이니,
20 내가 동양의 작은 나라의 선택한 나의
백성 너희들에게 은혜와 영광을 내려
그 모두를 역사하거늘, 여기에 존재하
는 그 백성들이 어찌하여 그리 말하는
가?
21 동양의 작은 나라에 160권의 나의 성
령을 내려 세상에 보냄이니, 그것이
축복이요, 영광이라 하여 너희들이 기
도하고 경배하며, 감사의 예배를 드려
도 아니 될 것이거늘,
22 이 동양의 선택된 나의 백성들이 '어
느 특출한 민족의 손발이요, 종 노릇
을 하는 것만으로도 만족하거늘, 어찌
하여 감히 그 사기 치는 자가 이 동양
의 작은 나라가 세상을 지배할 것이
며, 이 우주를 지배할 것이며, 하늘을
대신하여 역사한다 그리 말하는가?'
하니,
23 그러니 그리 믿음을 가져 온 백성이
요, 지금의 종교 집단에서 가르친 자,
또 배운 자들이 썩은 나무토막으로도
이 세상을 바꿀 수 있으며 모두를 다
역사할 수 있으며, 산을 물로 만들며
물을 산으로 만들 수 있는 그것을 제
가 할 수 있는가?
24 제가 개미 허리가 왜 가늘며 그리고
그들이 왜 그리 사는지, 그리고 세상
에 미물이 나와 눈을 보지 못하며 눈
없이 살아가는 그 미물이 어찌하여 그
와 같은 형국으로 나왔는지, 그 이치
하나도 알지 못하면서,
25 감히 나 여호와가 나의 아들을 통하여
내리는 이 160권의 법전에 도전하는
것이 종교 집단이요, 지도자들이요,
그들의 생각이 거기에 미침이 얼마나
어리석은 백성들인가?
26 그러니 그들 앞에 너희들은 시시비비
하지 말며, 그들을 깨우치고 그들을
다스리는 데 너희들이 얼마나 어렵고
힘든 그 고비고비를 넘겨야 되는가?
27 이는 너희들의 마음 자세와 생각을 다
시 하여 하나로 뭉치라 하여 내가 오
늘의 이 내용을 여기에 기록하여 전함
이니,
28 이것이 오늘 믿음의 길을 가는 백성들
의 생각이요, 수준임을 알라.

8,501 번째 하나님 말씀

2003년 11월 20일 11시 57분

1 사랑하는 나의 아들아!
2 "네, 아버님! 말씀하옵소서."
3 오늘의 너희들이 가는 자세가 얼마나
잘못되었으면, 나의 성전에 말없이 담
겨 있는 그 '난(蘭)'들이 그리 말하였
겠느냐?
4 '우리가 성전에서 살며 성전에서 숨을
쉬니, 우리가 천사같이 하얀 모습으로
깨끗하게 변하는 것이 우리가 할 일이
며, 우리가 먼저 그리 변하자.' 그리
그들이 나의 아들에게 말한다 하지 아
니하였더냐?
5 너희들이 하는 일이요, 너의 제자들이

변하는 모습이 얼마나 답답하고 불쌍
하면, 그 난들이 스스로 먼저 변하며
천사가 되고자 그와 같은 말을 나의
아들에게 하였겠느냐?
6 이것이 오늘의 너의 제자들이 나의 성
전에 와 배우는 자세이니, 앞에 내가
말한 대로 너희들이 한 민족의 종이
요, 손발만큼도 못 되는 역사가 되는
것도 축복이요, 영광이라는 그와 같은
말이 나오는 것이 아니더냐?
7 너희들이 어찌하는가?
8 앞에 있는 자, 믿었던 자가 잘못 갔을
때, '나라도 그 모두를 역사하겠다.'고
걷어붙이는 것이 인간의 생각이 아니
더냐?
9 오죽하면 이 성전에 있는 난들이 '여
기 오는 제자들이나 법전을 읽고 깨우
친 백성들이 절대 하얀 눈처럼 될 수
없으니, 우리라도 감사하며 은혜를 표
시하기 위하여 우리가 하얀 꽃이 되며
하얀 나무가 되자.' 하여, 그들이 그와
같이 변하는 역사를 나의 아들에게 전
하는가?
10 이를 보고 과연 너의 제자들은 무엇을
생각해야 되겠느냐?
11 너희들이 깨달음이 높아야 될 것이며,
생각이 다시 서지 아니하면 아니 될
것이니라.
12 이 세상의 백성들이 살아가는 것이 얼
마나 간악한 줄 알겠느냐?
13 너희들은 봉사를 하는 자, 기금을 내
는 자, 그리고 남을 도와주고자 하는
자에게 박수를 보내고 환호를 하느니
라.
14 그러나 박수를 하고 환호한 자가 정말
그 사람에게 감사하며 진심으로 축복
하는 자가 얼마나 있는가?
15 너희들의 밑에 깔려 있는 것은 '그래
너는 더 내라, 내 것을 안 내니 나는
참 좋다. 내 대신 네가 돈을 쓰며 재물
을 쓰며 금화를 바치니, 내 것이 안 나
가서 너무나 좋구나! 얼씨구나 좋다.'
하며 손뼉 치는 자는 과연 없는가?
16 제 것이 나가지 아니하며 제가 손해
보지 않은 것 같기에, 그래서 너희들
이 기뻐서 손뼉 치는 것이요, 낸 사람
의 노고와 그 감사함에서 진심으로 손
뼉 치고 격려하는 사람이 과연 얼마나
있느냐?
17 이것이 너희들의 마음의 상태이니라.
18 또한 베푸는 자는 어떠냐?
19 제가 이와 같은 역사를 함에 있어 남
들로부터 박수 받지 아니하며 남 앞에
이름을 불러주지 아니하고 조용히 역
사하기를 바라는 사람이 과연 얼마나
있느냐?
20 세상이 뒤죽박죽이며 제대로 선 것이
하나도 없음이니,
21 오늘 그리하여 나의 아들을 통하여 이
와 같은 역사를 이루며, 내 뜻을 따라
갈 수 있는 너희들을 불러 이와 같이
가르치고 내 강론을 직접 듣게 하는
것이 여기 있음이니라.
22 이 성전에 있는 난들이 지금 하얗게
변해 가며 그중에 가장 큰 난은 벌써
너희들이 따라가지 못하는 그 경지에
하얗게 변한 모습으로써 나의 아들에
게 제 모습을 보여 주고 하소연하는
것을 나의 아들은 알고 있거늘, 너희
들이 지금도 제정신을 차리지 못하고

가서야 되겠느냐?

8,502 번째 하나님 말씀

2003년 11월 20일 12시 02분

1 사랑하는 나의 아들아!
2 "네, 아버님! 말씀하옵소서."
3 내가 너희들에게 생명을 주어 이 대자
연의 아름다움을 볼 수 있으며 그리고
생존하도록 해 주었으며, 구하고자 하
면 모두를 다 얻을 수 있는 것이 너희
들이라 하였음이니라.
4 그러니 그 속에서 너희들이 사랑을 베
풀며 서로 나누고 아름다운 삶을 살라
그리하였음이니라.
5 그러니 너희들은 생각하면 생각할 수
있도록 아름다운 쪽이요, 행복한 쪽으
로 얼마든지 전진할 수 있으나 그와
같이 전진하지 아니하고 남을 시기하
고 질투하고 살아가니,
6 너희들이 그저 한 번 쓰고 버리는 휴
지라는 것만도 못한 것이 너희들의 심
성이요, 마음이라면 과연 너희들은 어
찌하겠느냐?
7 너희들이 한 번 쓰고 버리는 그 종이
요, 그 휴지는 너희들이 어려울 때 흐
르는 눈물을 닦아 주며, 너희들이 힘
들어할 때 땀을 닦아 주며, 너희들이
더러운 곳을 씻고 물기가 묻은 그 손
을 씻어 주고 어루만져 주는 그와 같
은 역사를 하니,
8 아무런 생명력도 없으며 말하지 못하
며 생각하지 못하며 행동하지 못하는
종이 한 장도 그리 쓰이거늘, 너희들
은 어찌하여 무명의 그 종이만 한 것
도 사랑을 베풀지 못하며 그와 같은
마음도 생각하지 못하고 산단 말이더
냐?
9 너희들이 그저 한 번 코를 풀어 버리
고 마는 그 종이만큼도 깨달음이 없으
며 그만큼도 봉사를 못 하며 그만큼도
아름다운 역사를 할 수 없단 말이더냐?
10 너희들은 천배 만배 그보다 더 소중한
것을 베풀 수 있음이니라.
11 상처 난 자의 상처를 씻어 줄 수 있으
며, 부러진 자 맞추어 주며 꿰매 주며,
쓰러진 자 업고 달릴 수 있는 것이 너
희들이 아니더냐?
12 종이라는 것은 그저 흐르는 땀방울을
씻을 때 씻으며, 그저 흘리는 피를 닦
을 때 닦아 주는 것뿐이요, 너희들이
지쳤을 때 또 힘들 때 흐르는 눈물을
닦아 주는 그것밖에는 더 할 수가 없
음이니라.
13 그러나 너희들은 그보다 수천수만 가
지를 더 생각해서 더 행동할 수 있는
것이거늘,
14 어찌하여 그 많은 수억의 생각을 할
수 있는 너희들이 아름다운 쪽으로 생
각을 하지 아니하여, 그 코를 풀어 버
리는 종이만큼도 쓰임이 안 되는 백성
이요, 이웃에게 도움이 되지 않는 사
람으로 살아간다면, 이를 보는 나 여
호와가 얼마나 억울하고 분한 마음이
요, 내 속이 상하겠는가?
15 사랑하는 나의 아들딸들이 아름답게
생각하면 수천 수억 가지를 발휘할 수
있거늘, 어찌하여 그저 코 풀어 버리
는 종이나 흐르는 눈물을 닦으며 흐르
는 땀을 닦으며 물 묻은 손을 어루만

져 주는 그와 같은 역할만큼도 값어치
가 없는 나의 아들딸이라 하는가?
16 내가 생명을 준 것이 어디 있으며, 내
가 너희들을 살도록 한 역사가 어디
있으며, 내가 이 세상에 내보낸 너희
들이 어디 있으며,
17 구약시대와 신약시대를 거쳐 너희들
을 구원하고자 하는 그 의의가 어디
있으며, 내가 나의 아들을 통하여 제3
의 시대에 법전을 열어 또 너희들을
구원하고자 하는 그 의미의 뜻이 어디
있겠느냐?
18 너희들이 버려지는 휴지 한 장만큼도
쓰임이 안 되는 나의 아들딸이 되어서
는 절대 아니 됨이니라.
19 나의 아들을 따르는 제자 너희들은 그
들보다 수억의 아름다운 생각이요, 사
람에게 필요로 하는 인간이 되어 살아
가도록 그리하면 될 것이니라.
20 나의 간곡한 이 뜻을 알겠느냐, 사랑
하는 나의 아들딸들아!

8,503 번째 하나님 말씀

2003년 11월 20일 12시 04분

1 사랑하는 나의 아들아!
2 "네, 아버님! 말씀하옵소서."
3 이 세상에 너희들이 살아가는 그 속에
수만 가지 쓰는 그 물품 중에도 정품
이라는 것이 세상에 나오니, 거기에
뒤따라 비품이 또 세상에 나오는 것이
인간 세상에 너희들이 살아가는 흐름
이라 하지 않았더냐?
4 그러니 잘못된 믿음의 길을 가는 자가
바로 무엇인 줄 알겠느냐?
5 구원의 길이요, 하늘에 오르는 길이라
오는 것이 나에게 오는 길이 아니고
지옥으로 가는 길이라면, 바로 그것이
무엇이더냐?
6 정품이 세상에 나오니 그를 모방하여
비품이 따라오며 잘못된 것이 세상에
판치듯이, 오늘의 믿음의 길을 가는
너희들이 그와 같은 형국임을 알아야
될 것이니라.
7 나 여호와는 사랑을 먹고 살며 사랑을
실천하는 그와 같은 백성들이 세상에
존재하도록 그리 말하였으나,
8 너희들은 사랑을 먹지 않으며 사랑을
버리는 자들로서 이 세상에 나와 그
형체의 모양만 가진 자들이니라.
9 너희들이 나의 사랑하는 아들딸들이
요, 나의 아들을 따르는 제자들과 똑
같은 모형을 가졌으나, 너희들은 생각
하는 것이 다르며 믿음이 다르며, 참
진리를 따르지 아니하며,
10 좁고 어렵고 힘들고 험난한 그 길을
가는 것이 아니고, 그저 육의 향락을
즐기며 평탄한 길로 가고자 함이니,
11 이익만 추구하여 정품을 모방하고 그
사람의 생명을 좌우하는 비품을 만들
어 거래하고 파는 자들과 똑같은 것이
오늘의 종교 집단이요, 지도자요, 신
도들이 하고 있는 짓이라면 너희들은
알겠는가?
12 그리하여 이제 비품으로 가며 모든 백
성들의 생명을 앗아 가는 그와 같은
것들을 다 뽑아 버리며 태워 버리며
일시에 제거하고자 하는 것이 나 여호
와의 뜻이요, 그를 절대 용서하지 않
으려 하는 것이 내가 지금 역사하는

것이라는 것을 너희들은 알아야 될 것
이니라.

8,504 번째 하나님 말씀

2003년 11월 20일 12시 09분

1 사랑하는 나의 아들아!
2 "네, 아버님! 말씀하옵소서."
3 '하나님! 저의 죄를 용서하여 주옵소
서.' 그 기도로써 내가 너희들의 모두
를 다 매듭을 지으라 하였으며,
4 너희들이 나에게 무엇을 이루어 달라
소원을 비는 것, 그리고 너희들이 갖
고자 더 역사하고자 그와 같이 비는
그 기도는 무엇이라 말하였느냐?
5 내가 그 소리는 듣지 아니한다 하였으
니, 그것이 어떠한 행동인 줄 알겠느
냐?
6 창조주 나 여호와가 정확한 계획과 질
서 속에서 유지하는 것을 파괴하라며
나에게 압력을 넣는 자들이요, 나에게
아우성치는 자들이라는 것을 너희들
은 알겠는가?
7 너희들이 무엇을 이루어 달라고 소원
을 빌며 기도하는 것이 나에게 기도를
드리는 것이며 나에게 은혜를 받는 것
이라 그리 생각해 울고불고 그와 같은
행동을 하나, 하늘에서 내려다보는 그
것은 무엇인 줄 알겠느냐?
8 한 치의 오차도 없이 이렇게 흘러가는
지구의 테두리 속에서 그 모두를 변경
하며 그 질서를 파괴하여 암흑의 세상
으로 만들라고 나에게 요구하고 있는
것이라는 것을 너희들은 알고 있는가?
9 이는 나의 아들딸은 정녕 할 수 없는
것이니라.
10 나 여호와가 이 세상을 만들어 하나의
오차도 없이 지금 흘러감이니, 앞으로
도 너희들이 흘러가고 존재하는 것은
나 여호와의 계획에 의해서 모두가 흘
러가거늘,
11 어찌하여 인간인 너희들 생각으로써
이탈하여 무엇을 이루어 달라, 해 달
라 함인가?
12 이것은 나의 아들딸이 아니요, 사탄의
자식이요, 사탄의 후예만이 나 여호와
의 뜻에 존재하는 이 세상을 파괴하고
자 하는 것이니,
13 그래서 너희들이 사탄이요, 너희 기도
가 개구리 소리만큼도 들리지 않는다
는 그 무서운 뜻을 알겠는가?
14 너희들이 기도하고 소원하는 것이 개
구리 소리만도 못하다 했으니, 그 미
물만도 못하다 내가 말하는 뜻과, 나
의 아들딸이 부르짖는 소리가 그만큼
도 못하다는 그 의미를 이제 알겠느냐?
15 '모든 질서를 파괴하라.' 하며 '파괴하
여 암흑의 세상을 만들어 사탄이 존재
할 수 있는 세상을 만들어라! 만들어
라! 그렇지 아니하면 우리가 따르지
아니하겠다.' 하며 욕하고 아우성치는
자들이라는 것을 너희들은 알아야 될
것이니라.
16 나 여호와가 모두를 계획하고 실천하
며 질서를 유지하는데, 너희들이 너희
소원과 너희 뜻을 들어 달라, 그리고
이루어 달라 하는 것은 나의 모든 계
획을 다 바꾸라고 명하는 자들이라는
걸 내가 다시 한 번 너희들에게 강조
하니,

17 그리하여 너희들이 나로부터 용서받
지 못할 자들이라는 것을 알라.
18 인간 세상에서도 너희들이 사용하는
그 기계는 작든 크든 그 부속 하나가
제자리에 쓰이지 못하고 그것을 이탈
하려 했을 때, 얼마나 무서운 형국이
생기는가?
19 그게 제 기능을 유지하지 못하며, 그
로 인하여 얼마나 많은 피해를 입는가?
20 그리하여 많은 생명까지도 앗아 갈 수
있는 그와 같은 것이니라.
21 모든 기계의 중요한 부속도 작은 것
하나가 빠짐으로 인하여 그 기능을 발
휘하지 못함이니, 거기서 파생되는 그
사고는 이루 말할 수 없을 것이니라.
22 하물며 인간이 만든 그 기계 속에서
제자리를 지키지 못할 때, 인명을 앗
아 가며, 너희들이 죽고 사는 그 길에
허덕이며, 팔다리가 부러지는 비참한
형국으로써 살아가는 크고 작은 불의
의 사고가 수없이 이루어지는 것이니
라.
23 그러니 하나의 성냥불이 모두를 다 태
우는 것처럼 질서를 파괴하며 제 길을
가지 않는 것이 얼마나 무서운 것인가
를 아는 백성이라면,
24 감히 너희들이 나의 계획이요, 나의
질서를 파괴해 달라, 그리고 바꾸라
하는 그와 같은 사악한 자의 울부짖음
은 절대 할 수 없는 것이거늘,
25 모두를 바꾸어 달라 말하는 것은 너희
들이 사탄의 후예요, 사탄의 자식이
요, 그래서 그저 개구리 소리만도 못
한 것이, 나의 아들딸이라는 너희들이
기도하고 소원하고 요구하는 것이라
는 것을 잊지 말라.

8,505 번째 하나님 말씀

2003년 11월 20일 12시 12분

1 사랑하는 나의 아들아!
2 "네, 아버님! 말씀하옵소서."
3 내가 나의 법전에 기록하여 너희들에
게 전하기를, 쇠를 불에 달구고 달궈,
그 단단한 쇠를 녹여 명검을 만들며,
필요한 도구를 만드는 그것보다도 너
의 제자들은 열배 백배 더 강도 높은
훈련과 인간이 넘을 수 없는 그 한계
를 넘어야 될 것이며,
4 그 한계를 넘어서 너희들이 세상을 내
려다보는 그와 같은 경지에 다다르지
아니하면 아니 됨이니,
5 그들을 깨우치고 가르치는 데 추호도
네가 사정을 두어서는 아니 되며, 네
마음이 물러나서도 안 되며, 네 마음
이 누그러져서도 아니 됨을 너는 알라.
6 잠시도 그를 늦춰서도 아니 되며 그들
에게 베풀어 주어서도 아니 되는 것이
니라.
7 그들은 어떠한 일이 있어도 인간의 그
한계를 넘어 세상을 내려다보는 경지
에 오른 그 깨달음을 얻지 아니하면
아니 되는 것이니라.
8 누구도 넘을 수 없는 그 선을 넘어야
하는 것이 너를 따르는 제자들이요,
나의 법전을 읽고 깨우친 만백성들이
니라.
9 내가 무어라 말하였느냐?
10 계란이 계란을 가르칠 수 없으며, 계
란이 닭이 되었을 때, 그가 그를 보호

하고 지킬 수 있으며 또 부화를 시킬
수 있다 하지 아니하였더냐?
11 그러니 너희들이 계란에서 닭으로 부
화하는 그와 같은 역사이니, 그것이
바로 넘을 수 없는 그 인간의 한계를
넘어 세상을 내려다봄이니라.
12 그리하여 나의 아들 네가 강도 높은
훈련으로써 너의 제자들을 다스리지
아니하고, 사랑으로써 약한 마음으로
써 그들을 어루만지기만 한다면, 그들
은 쇠를 녹여 명검을 만드는 그 고통
도 견디지 못할 것이며, 그 역사도 이
루지 못함이니,
13 그것은 바로 네가 그들을 죽게 만드는
것이요, 거듭나지 못하게 하며, 다시
태어나는 영광을 얻지 못하게 함이니,
14 오늘 이후 너는 무서운 매로써 그들을
다스리며, 용서치 말라, 사랑하는 나
의 아들아!

8,506 번째 하나님 말씀

2003년 11월 21일 09시 06분

1 사랑하는 나의 아들아!
2 "네, 아버님! 말씀하옵소서."
3 작은 약속이나 작은 언약도 반드시 이
루어지며 그는 행하여진다 그리 내가
너희들에게 말하였느니라.
4 그러나 너희들이 그와 같은 작은 언약
을 역사하고자 한다면, 너희들 또한
나의 법전에 기록된 것이요, 나의 계
명대로 살아가는 삶이 우선이며 먼저
임을 알아야 될 것이니라.
5 내가 너희들에게 무어라 말하였느냐?
6 선택된 자들이요, 나의 아들을 따르는
제자, 나의 법전을 읽고 깨우친 백성,
너희들은 살아가면서 첫 번째도 나의
법전을 만들어 역사하는 것이며 나를
믿는 마음이요,
7 두 번째도 또한 나를 믿는 마음이요,
나의 법전을 위해서 살아야 될 것이며,
8 세 번째, 네 번째, 다섯 번째 그 모두
가 다 가장 우선인 것은 나의 법전을
만들어 세상에 전하는 것이라 그리하
였음이니라.
9 그러니 과연 나의 아들을 따르는 제자
요, 나의 법전을 만들고 역사하는 너
희들이 그와 같은 마음으로써 살아가
는가?
10 내가 너희들에게 명한 것을 그대로 행
하는 자는 나로부터 은혜가 있을 것이
요,
11 나의 뜻을 행하지 않는 것은 곧 나의
뜻을 거역하는 것이요, 순종치 않는
백성이라는 것을 너희들은 어찌 모르
는가?
12 그러니 너희들이 과연 그와 같은 삶을
사는가, 너의 제자들에게 물어봐야 될
것이며,
13 그와 같은 마음 자세로 사는 자는 나
를 보게 될 것이며, 내 음성을 들을 것
이며, 그리고 나로부터 은혜를 받음을
잊지 말라 그리 전하라.
14 모두는 내가 명한 대로 너희들이 행하
는 것이니라.
15 십계명은 나의 친필로서 지키는 것이
라 했으니,
16 너희들이 지키고 살아가는 자, 지키지
아니하는 자는 그 대가를 받기 이전
에, 너희들이 나의 뜻을 거역하며 나

를 믿지 않는 백성이니 나와 관계없다
는 것이 거기 있음을 너희들은 알아야
될 것이니라.

8,507 번째 하나님 말씀

2003년 11월 21일 10시 27분

1 사랑하는 나의 아들아!
2 "네, 아버님! 말씀하옵소서."
3 너희들 인간 세상에 살아가면서 웃는
자에게 돌을 던질 수 없다 하였음이니
라.
4 그러니 웃는 그 마음 앞에 너희들이
돌을 던질 수 없듯이,
5 남이 슬퍼서 흘리는 그 눈물을 닦아
주며, 힘들고 어려울 때 흐르는 그 땀
을 닦아 줄 수 있는 그와 같은 마음으
로써, 자상한 부모와 같은 마음으로써
나의 피조물 만백성이 살아오며, 모든
백성들을 그와 같이 생각하고 살았다
면, 과연 오늘과 같이 험악한 세상이
되었겠는가?
6 자식이 부모를 죽이며 부모가 자식을
버리는 이와 같이 험악한 세상이요,
7 나로부터 한 번 받아 나간 그 귀하고
귀중한 생명을 너희들이 재물을 위하
여 앗아 가는 그와 같이 포악하고 사
악한 세상이 되었겠느냐?
8 지금이 너희들 말대로 얼마나 험악하
고 무서운 세상이 되었는가?
9 그러니 그 모두를 다 누가 책임져야
된단 말이더냐?
10 이 세상에 너희들이 살아가면서 인간
세상에서도 일이 벌어지기 전까지는
충성을 다하며 '모두는 내가 책임지겠
다.' 하던 자들이,
11 막상 일이 터지고 나면 책임질 사람이
세상에 없으며, 책임지겠다고 나서는
사람이 없는 것이 인간관계 너희들의
세상의 삶이 아니더냐?
12 그러니 그와 같은 책임을 질 수 없는
사람, 그리고 책임을 회피하는 이와
같이 험악한 세상이 이루어진 것을 과
연 누가 책임을 져야 되겠는가?
13 오늘의 가장 큰 집단이요, 가장 오래
된 역사요, 그리고 나 여호와의 이름
을 팔아 만백성을 구하며 사랑을 실천
한다는 너희들이 그 모든 책임을 져야
될 것이거늘,
14 어느 종파나 종교 집단도 저희가 잘못
해서 잘못 가르쳤기에 오늘과 같은 말
세요, 험악한 세상이요, 만백성이 그
와 같이 삭막하며 그 마음이 폐허와
같이 변해졌다 하지 않으며,
15 그리고 생명의 귀중함도 모르고, 재물
보다도 생명을 귀중히 여기지 않는 이
와 같은 세상이 된 것은 저희 종교 집
단이요, 제가 잘못 가르친 것이요, 저
희 집단의 지도자들이 잘못 가르쳐 오
늘과 같은 험악한 세상이 되었다 하여
책임지는 자 하나 없으며, 책임지고자
하는 자가 하나도 없으니,
16 그러니 그들이 바로 된 자가 없으며
바로 선 자가 없다 함이니라.
17 내가 너에게 깨우쳐 전하기를 무어라
말하였느냐?
18 너희들이 유리창을 깼다 누가 말하면,
그저 깨지 아니하였어도 '깼습니다.'
하고 대답할 수 있는 것이 너희들이
가야 할 길이며 행해야 할 자세라 내

가 그리 전했거늘,
19 너희들이 지금과 같이 험악한 세상이
요, 종말이요, 말세라 말하는 이 세상
을 만들어 놓았음이니,
20 너희들이 지금 사는 지상의 낙원이요,
먹고살 수 있는 모두를 다 주어 너희
들이 노력하는 만큼 얻을 수 있는 모
두를 다 준 세상도 이와 같이 험악한
세상이 되며, 인간의 생명을 그저 금
화와 은화 앞에 가차 없이 버리고 살
해하는 험악한 세상이 되었음이니,
21 내가 모두를 내려 주지 아니하며 역사
하지 아니하였다면 과연 이 세상은 얼
마나 험난하고 험악하게 되겠느냐?
22 그러나 그와 같은 것을 책임지는 자가
하나도 없으며 책임지고자 하는 자가
하나도 없는 것이 이 세상이니라.
23 지금 내가 너를 통하여 말하였느니라.
24 너희들이 살아가면서 괴롭고 슬퍼서
눈물 흘리는 자의 그 눈물을 닦아 주
며, 그리고 땀 흘리는 자의 그 땀을 닦
아 주며, 힘들고 어려운 자를 그저 밀
어주고 끌어 주는 것,
25 이와 같이 너희들이 살았다면 오늘의
이 세상은 지상의 낙원이 되었으며 오
늘과 같이 험악하고 무서운 세상은 되
지 아니하였을 것이니라.
26 이 세상에 살아가는 나의 피조물 만백
성들이 천사와 같은 마음을 가지고 나
갔으나, 어찌하여 그들이 지옥 불에
있는 자보다도 더 무서우리만큼 그리
사악한 마음을 가지고 살더냐?
27 이 모두는 종교 집단의 지도자들이 가
정을 파괴했으며, 부모와 자식 간에
사랑의 벽을 헐고 담을 쌓아 버렸으
며, 그리고 너희들이 그 대화의 문을
닫게 했으며,
28 그저 너희들이 지은 죄의 온상에 와
재물을 바치고 기도를 하면 구원을 받
는 것이니, 너희 형제요, 너희 부모요,
네 아내요, 자식은 관계할 것이 없다
이리 가르쳐,
29 그리하여 기본 질서인 가정을 파괴했
으며, 인간의 마음에 심어야 할 그 교
회마저도 파괴한 자들이니,
30 그 사악한 자들이 이와 같이 세상을
만들어 놓고도 지금에 와 책임을 지는
자가 하나도 없으며, 저의 책임이라
속죄하는 자가 하나도 없음이니라.
31 이제 모든 종교 집단 지도자 너희들이
나에게 너희 자신이 회개하고 반성하
며 구원을 받고자 한다면, 이 지상의
만백성에게 '우리 종교 집단이요, 우
리 지도자들이 잘못 가르쳐 오늘의 험
악한 세상이 되었으니 그것은 우리의
죄라' 하여 책임지고 나오는 백성, 그
와 같은 지도자, 그와 같은 종교 집단,
그들만이 내가 기억하는 자이니, 그와
같은 시대가 지금 되지 아니하면 아니
될 것이니라.
32 그러니 나의 아들을 따르는 제자들이
요, 나의 법전을 읽고 깨우친 만백성
너희들은 모두를 다 너희 가슴에 끌어
안는 그와 같은 삶을 살도록 그리하
라, 사랑하는 나의 아들딸들아!

8,508 번째 하나님 말씀

2003년 11월 21일 10시 34분

1 사랑하는 나의 아들아!

2 “네, 아버님! 말씀하옵소서.”
3 너의 제자들과 나의 법전을 읽고 깨우
친 만백성이요, 그리고 저희들이 구원
의 길에 들어섰다 말하며 구원을 받았
다 감히 말하는 그 어리석은 백성,
4 그들에게 지금 나의 160권의 법전이
요, 새로운 성경이 왜 세상에 내려오
지 아니하면 아니 되는지, 이와 같은
역사가 이루어지는 것을 한번 깨우쳐
보도록 그리 물으라.
5 너희들은 이를 알기 전에 또한 먼저
생각해 볼 것이 있다는 것을 전해 주
라.
6 이 세상에 나의 친필인 십계명이 왜
내려졌는가 그것을 너희들이 먼저 깨
닫고 그를 보고 안다면, 오늘의 나의
법전이 세상에 내려오는 것에 의혹하
지 말며, 이는 이단이요, 사탄이 역사
하는 것이라 감히 생각하지 말라.
7 십계명이 내려진 그 뜻을 안다면, 오
늘의 법전이 내려지는 것은 당연한 것
이며, 이는 너희들에게 가장 큰 은혜
요, 영광이라는 것을 알 것이니라.
8 이를 찢어 버리고 태워 버리는 그와
같은 행위를 너희들이 해서는 절대 아
니 됨을 알라.
9 너 자신이 구원을 받지 아니하면 그것
으로써 그만이나, 네가 나의 법전을
하나 찢어 버리고 태움으로 인하여 하
나의 종교 지도자를 죽이는 행위요,
10 이를 보고 만백성이 깨우칠 수 있는
것을 너희들이 방해하는 자요, 훼방을
놓는 자요, 깨우치는 길에 오고자 하
는 백성마저도 지옥으로 끌고 가는 그
와 같은 자이니,
11 내가 한 사람의 의인을 세상에 만들었
을 때, 너희 죄 모두를 다 용서해 준다
하였거늘,
12 너희들이 한 사람의 백성을 지옥으로
끌어가도록 만든다면 너희들의 그 죄
가 과연 어떠한 것인가를 알 것이니라.
13 십계명이 왜 내려졌느냐?
14 너희들이 나의 은혜 속에 살면서, 내
가 베푸는 그 모든 속에서 살면서, 나
의 사랑과 은혜 속에 살면서 너희들은
감사할 줄을 모르며 그 은혜를 저버리
고 살았음이니라.
15 은혜를 저버리는 것뿐만 아니라, 너희
들이 인간으로서 지을 수 없는 죄를
수없이 지으면서도 죄가 무엇인 줄을
모르며, 그 죄가 두렵고 무섭다는 것
을 모르기에, 내가 나의 십계명을 내
려보내 너희들을 깨우치고자 했던 바
로 그와 같은 역사가 이루어진 것이
아니더냐?
16 그러니 지금 나의 법전이 세상에 내려
가는 것도, 너희들이 바로 살지 못하
며, 나의 은혜에 보답할 줄 모르며, 죄
를 짓는 것이 얼마나 큰 고통이요, 그
대가가 무서운 것인지 감히 생각하지
도 못하며 모르기 때문에,
17 지금 너희가 잘못 사는 것을 바로 깨
우쳐 주고자 하여, 너희들이 죽음에서
거듭나는 은혜와 영광을 주기 위하여
나의 법전이 세상에 내려가지 아니하
면 아니 되기 때문이니 그리 알라.
18 나의 법전은 믿음의 지도자요, 그 백
성들, 죄 속에 살아가는 그 불쌍하고
어리석은 백성들을 구원하고자 지금
내가 이 모두를 세상에 내려보냄을 너

희들은 알아야 될 것이니라.
19 십계명은 열 가지의 계명으로써 그를
지키고 행하라 전해 주었으나, 지금
내가 나의 아들을 통하여 내리는 새로
운 성경이요, 이 법전은 너희들이 누
구나 보고 듣고 깨우칠 수 있도록 상
세히 기록하고 풀이하여 내가 직접 너
희들에게 내려보냄이니 이것을 알아
야 될 것이며,
20 이 세상에 내가 직접 써 내리는 것은
십계명이요, 그다음에 나의 법전만이
직접 써 내리는 그와 같은 역사를 이
루고 있음을 너희들은 알아야 될 것이
니라.
21 그러니 나의 십계명이 귀하고 소중하
다 하면, 또한 나의 법전도 내가 직접
써내려 가는 것이니 얼마나 귀하고 소
중한 것인가를 너희들은 알아야 될 것
이니라.
22 십계명은 내가 모세를 통하여 직접 내
렸으며, 나의 법전은 지금 나의 아들
을 통하여 직접 내가 이 많은 160권을
너희들이 깨우쳐 하늘에 오를 수 있도
록 내려보내 너희들에게 전함이니, 이
를 알아야 될 것이니라.

8,509 번째 하나님 말씀

2003년 11월 21일 10시 39분

1 사랑하는 나의 아들아!
2 "네, 아버님! 말씀하옵소서."
3 너를 따르는 제자들이요, 그리고 나의
법전을 읽은 만백성 너희들은 스스로
교회요, 성전을 지어야 되며 그와 같
은 역사를 이루어야 된다는 것을 절대
잊어서는 아니 됨이니라.
4 나 여호와의 뜻을 너희들의 입을 통하
여 만백성에게 전하고 가르치는 그것
이 바로 무엇이더냐?
5 그리고 너희들이 바른 행동이요, 남에
게 한 점의 부끄럼이 없는 그와 같은
삶을 사는 것, 그 모두가 너희들의 가
슴에 성전을 지으며 교회를 짓는 것이
니, 너희들은 이를 알고 그리 행하도
록 해야 됨을 절대 잊어서는 아니 될
것이니라.
6 이제 나의 아들을 따르는 백성들이요,
법전을 읽은 너희들만이 만백성을 구
하는 그 기본이요, 근본의 빛이 될 것
이니,
7 너희들 입으로 나오는 것은 모두 진리
로만 전할 때, 이것이 곧 나의 교회요,
나의 성전이 너희들 가슴에 이루어지
는 것이라 그리 전하라.
8 너희들이 하늘에 오르는 길도 또한 그
러하니라.
9 너희들의 가슴에 아름다운 성전이요,
교회를 짓는 것, 그것이 하늘에 오르
는 길이니,
10 내가 육으로써 재물을 바쳐 평생 동안
또한 대대손손 그와 같은 교회요, 성
전을 크게 지으라는 것이 아니라,
11 누구나 입을 통해서 나오는 말이 아름
다우며 진리의 말을 하며 행동을 바르
게 하며, 하늘에 부끄럼이 없는 그와
같은 행동을 할 때, 그것이 바로 너희
들의 가슴에 성전이요, 교회를 짓는
것이요, 너희들이 나를 볼 수 있으며
하늘에 오르는 길의 이치니, 얼마나
간단하고 편안한 길이더냐?

12 너희들의 행동과 마음 하나만 다스리
면 되는 것을, 어찌하여 그리 어렵고
힘든 길이요, 그리고 요란하게 광란의
짓을 하며, 평생 동안 재물을 바치며,
평생 동안 울고불고 기도하며 너희들
이 그와 같은 행위로써 나에게 오를
수 있는 길이라 그리 말하는가?
13 그것은 나와는 아무런 관계도 없다 함
이니라.
14 여기서 너희들은 알아야 될 것이니라.
15 모세의 시대에 황금으로 금송아지를
만들어 우상을 섬긴 자만이 우상을 섬
기며 나로부터 버림받은 백성들이 아
니니라.
16 내가 짓지 말라는 그 교회를 지은 자
들이나 마음의 교회요, 성전을 지으라
하였으나 육의 성전이요, 육의 교회를
지으며,
17 말로써는 진리를 전한다 하나 행동은
추하고 더러워 내가 바라볼 수 없는
그와 같은 짓을 하는 자들은 모세의
시대에 그와 같이 광란의 짓으로 모세
를 등진 자들과 행동이 똑같음이니라.
18 그들은 드러내 놓고 그와 같은 행위를
했으나, 너희들은 드러내지 아니하고
음지에서 독버섯 같은 행위를 하고 있
음이니, 너희들이 더 사악하고 더 간
교한 자들이며 나로부터 더 용서를 받
지 못할 자들이니,
19 바로 오늘의 믿음이요, 잘못 가는 자
들이 너희들이라는 것을 잊지 말라.
20 너희가 구원의 길을 보고자 한다면 나
의 성령의 뜻에 의하여 사는 길뿐이
요, 나의 성령이 너희들 가슴에 임하
는 것뿐이라 하였음이니라.
21 그러니 내가 성령을 임하게 하는 것은
무엇이라 하였느냐?
22 내가 친필로 써 내린 십계명을 지키는
것이요, 나의 법전을 지키고 그대로
사는 길밖에 없다 하였음이니, 너희들
은 이 두려움과 무서움을 알아야 될
것이니라.
23 나의 법전을 정독하고 깨우쳐 그 길을
따르고자 하지 아니하는 자는 절대 성
령이 임할 수가 없으니, 성령이 임하
지 않는 자는 하늘의 빛을 볼 수 없으
며 나에게 올 수 없는 백성이라는 것
을 절대 잊지 말라, 사랑하는 나의 아
들딸들아!

8,510 번째 하나님 말씀

2003년 11월 21일 10시 44분

1 사랑하는 나의 아들아!
2 "네, 아버님! 말씀하옵소서."
3 나 여호와가 너희들에게 그리 전했느
니라.
4 너희 손으로 지은, 육의 눈으로 보이
는 그 흉물스러운 교회요, 성전을 짓
지 말며 헐라 내가 명하였음이니,
5 그와 같은 성전을 헐어 버리며 육으로
짓는 것을 행하지 말라는 그 말의 뜻
이 어디 있는지 너희들은 알겠느냐?
6 이는 곧 그러하니라.
7 너희들의 손으로 지은 교회요, 성전
안에는 나 여호와가 정녕 있지 아니한
다는 것을 내가 너희들에게 깨우쳐 주
며 전하고자 하는 그 뜻임을 알아야
될 것이니라.
8 너희 손으로 지은 그 죄의 온상 안에

는 나 여호와가 절대 존재하지 아니함
이니, 그곳에서 나를 찾는 자 그곳에
서 흉악한 짓을 하는 자, 그 모두가 다
지옥으로 가기 위한 길이요, 사탄의
자식으로서 역사함이니,
9 뼈만 남은 짐승들이 우글거리는 그와
같은 형국이라 내가 하지 아니하였더
냐?
10 이 무서운 뜻을 너희들은 알아야 될
것이니라.
11 나 여호와가 존재하지 아니하는 그 교
회요, 성전에서 각종 사랑을 베풀어
주는 것이 아니요, 아름다움을 역사하
는 것이 아니고,
12 형용할 수 없는 각종 범죄요, 음란함
이 이루어지고 행하여진다는 것을 너
희들은 알아야 될 것이니라.
13 너 자신의 마음이 성전을 되도록 하라
내가 그리 말하며 그리 가르친 뜻, 그
것을 행하고 그것을 역사하는 자만이
나를 볼 수 있는 자들이니라.
14 내가 너희들에게 왜 자신의 마음에 교
회를 지으며 성전을 지으라 하는 줄
알겠는가?
15 그와 같이 역사하는 자, 그리 순종하
는 자는 서서히 변화되는 것을 알게
될 것이며, 저희들이 변화되는 길을
한 발짝 한 발짝 다가와 그는 곧 나에
게 오르는 길을 오고 있음을 너희들도
모를 것이며, 너희들이 감탄하는 그와
같은 깨달음이 있을 것이니라.
16 그리하여 내가 그와 같은 역사를 하라
함이니라.
17 내가 무어라 말하였느냐?
18 너희들이 내 안에 있어야 하며 내가
너희들 안에 있어야 된다 하지 않았더
냐?
19 그와 같이 역사가 이루어질 때, 나 여
호와의 뜻이요, 내가 이루고자 하는
것을 알며, 내가 역사하고자 하는 것
을 너희들이 알 수 있음이니라.
20 그리하여 내가 이루고자 하는 그것을,
너희들과 내가 더불어서 하나가 되어
그 모든 것을 지상에서 역사할 수 있
는 너희들이 일꾼이 된다는 것을 절대
잊지 말라.
21 너희가 내 안에 있어야 되며 내가 너
희들 안에 있어야 된다는 것, 그래야
만 너희들이 내 뜻을 알며, 내가 하고
자 하는 것을 알며, 내가 지상에 낙원
을 이루고자 하는 그 계획과 그 모두
를 알아 더불어 나와 같이 이루는 역
사를 갈 수 있는 자들로 선택되며 그
임무를 수행할 수 있는 백성이요,
22 마지막에 그 모든 임무를 수행하고 조
용히 육의 삶을 마칠 때, 너희들은 나
에게 와 큰절을 할 수 있는 나의 아들
딸이며, 내가 너희들을 기쁘게 맞이하
는 아들딸이 될 수 있는 길이기 때문
이니,
23 이를 명심하고 또 명심하도록 그리하
라, 사랑하는 나의 아들딸들아!
24 너희들의 마음에 너희 자신의 그 교회
를 짓지 아니하며 그를 역사하지 아니
하면 너희들은 변화하는 것이 없으며,
인간의 한계를 벗어나지 못하며, 인간
으로서 깨닫는 그 범주를 벗어나지 못
함이니라.
25 오늘의 너희들이 교회에 가서 공부하
고 깨우치는 것, 강론을 듣고 설교를

듣는 것, 거기서 깨우치고 얻었다 하
며 변화됐다는 것은 인간 속에서 사는
그 한계를 절대 벗어나지 못하는 것이
니,
26 알에서 생명으로 태어나는 그와 같은
한계를 못 넘기는 것이니라.
27 그러나 개인의 마음속에 교회를 지으
며 성전을 짓는 자들은 알에서 깨어나
는 자가 될 것이며, 그 속에서는 너희
들도 모르는 사이에 자신이 변화되고
또 역사하는 그와 같은 것을 알게 됨
이니,
28 거기서 너희들이 용기를 얻으며 자신
을 얻으며 나를 발견하게 됨이니라.
29 너희들이 나를 찾는 그와 같은 계기가
됨을 알라, 사랑하는 나의 아들딸들아!

8,511 번째 하나님 말씀

2003년 11월 21일 10시 57분

1 사랑하는 나의 아들아!
2 "네, 아버님! 말씀하옵소서."
3 너희가 나 여호와를 경배하며 예수가
죽음의 고통 속에 흘린 그 보혈로써
너희들이 구원을 받았다 하는 것은 중
요치 아니한 것임을 알라.
4 그를 시시비비하며 그것으로써 구원
을 받았다 안 받았다 하는 어리석은
소모전을 하지 말라.
5 너희들이 예수의 피로써 죄가 깨끗이
씻어진 자요, 구원을 받은 자라면, 죄
가 깨끗이 씻어진 것으로써 그 삶을
살아야 되는 것이거늘,
6 너희들은 그와 같은 삶은 살지 아니하
며 그와 같은 역사를 하지 아니하면
서, 다만 말로써 나를 믿으며 나의 아
들 예수를 믿기만 하면 그 보혈로써
모든 죄를 씻어 깨끗한 자라 생각하고
있으니,
7 그 착각 속에서 벗어나는 삶이요, 거
기서 깨어나는 삶을 살아야 할 것이
며, 그와 같은 믿음으로 가지 아니한
다면 너희들은 절대 중요한 것을 볼
수 없으며, 가장 귀한 것을 얻을 수 없
음을 알아야 될 것이니라.
8 내가 너희들에게 여기서 다시 한 번
명함이니, 너희들에게 가장 귀하고 소
중한 것은 너희가 죄의 씻음을 받았으
며 모든 죄가 씻어졌다 하면, 씻어진
자의 자세로써 살아가는 그 삶이 가장
중요한 것이며,
9 그와 같은 삶을 살지 아니할 때, 너희
들은 아무것도 얻을 수 없으며, 이룰
수 없으며, 허황된 속에서 허상을 보
고 지금 몸부림치고 있다는 것을 너희
들은 알아야 될 것이니라.
10 그러니 너희들이 어찌 사는지가 가장
중요한 것이니, 무엇으로써 은혜를 받
아 누구의 덕으로써 역사했다는 것,
후광을 얻어 무엇을 이루겠다는 것,
이룰 수 있다는 그와 같은 생각을 절
대 하지 말라.
11 너희들의 말에 있지 않느냐?
12 '떡을 찌는 자는 줄 생각을 하지 아니
하거늘, 떡을 찌는 것을 보고 먼저 김
칫국을 마시는 자가 있다.'는 그 속담
의 말이 있지 않더냐?
13 구원을 받고 받지 못하는 것은 나 여
호와의 뜻이거늘, 너희들이 어찌하여
나의 아들 예수의 보혈로써 나를 찾기

만 하면, 그리고 죄의 온상인 교회에
모여들기만 하면 구원을 받으며, 나에
게 오를 수 있다 그리 말하는가?
14 떡 줄 사람은 생각지도 아니하거늘 너
희들은 김칫국부터 마시는 자보다도
더 사악한 자이며 욕심쟁이임을 알아
야 될 것이니라.
15 이제 너희들이 죄를 씻었으며 깨끗한
자가 되었다면, 그를 지키며 깨끗한
곳에서 오물이 튀기지 않도록 깨끗한
자세로 살아가는 것,
16 그는 곧 하늘을 향하여 한 점의 부끄
럼이 없이 살아가는 그와 같은 삶을
살아가며 그를 역사하고 지속해 가는
것이 나에게 오를 수 있으며 구원을
받을 수 있는 것이라는 중요하고 엄연
한 사실을 부인하지 말며, 부정하지
말며, 이를 거부하지 말라.
17 너희 자신이 지키고 살아가기가 두려
우며 죄짓지 아니하고 용서 빌 일이
없이 살아갈 수 있는 자신과 용기가
없기에, 너희들이 아예 이를 들여다보
지 아니하며 행하려 하지 아니하는 것
이 아니던가?
18 그리하여 너희들은 말로써 모두를 다
씻었다 함이니라.
19 씻음을 받은 자는 오물이 튀기지 아니
하도록, 죄가 너희들에게 역사하지 않
도록 깨끗하고 바른 자세로 살아가야
되는 것이거늘,
20 그 용기가 없고 자신이 없고 지킬 능
력이 없기 때문에, 갖은 방법으로 나
약한 나의 백성들을 현혹하며 그들을
유혹하여 지금 지옥 불로 이끌고 가는
것이 종교 집단 지도자들이니라.
21 그들의 모두를 갈취하는 데만 역사하
는 자들이니, 거기에서 어떠한 것이
이루어진단 말이더냐?
22 이제 너희들은 알아야 될 것이니라.
23 정녕 너희들이 나의 아들 예수의 죽음
의 고통으로써, 마지막 흘린 그 보혈
로써 너희들의 죄가 씻어졌으며 모두
가 깨끗한 사람이라 말을 하든, 그렇
지 않으면 너희들의 노력으로써 천사
가 되고자 삶을 살아 노력했든, 그것
이 다 나의 뜻이라 내가 생각함을 너
희들은 알라.
24 예수의 보혈로써 구원을 받았다 말하
는 그 백성들이나, 너희들이 노력해서
변화된 백성들이나, 천사와 같은 변화
된 삶으로 살아가는 그것만이 나의 뜻
을 같이하는 것이며 내가 역사하는 것
이며,
25 내가 너희들 개인의 성전이요, 교회를
지으라 했듯이, 너희들의 자신의 가슴
에 너희 스스로 그와 같은 교회요, 성
전을 짓고 살아가는 백성임을 알아야
될 것이니라.
26 그러니 어떠한 형태로든 너희들이 변
화되는 것이 중요하며, 그것이 나에게
오를 수 있으며, 내 뜻을 따라 역사하
는 백성이라는 것을 절대 잊지 말라,
사랑하는 나의 아들딸들아!
27 그것만이 너희들이 역사하고 가야 할
길임을 알라.
28 말로써 누가 저를 구원해 주며, 누구
의 이름으로 누구의 피로써 구원을 받
고 못 받는 것이 아니라, 그리고 죄를
씻어 주고 안 씻어 주는 것이 아니라,
29 한 점의 부끄럼이 없이 사는 삶이요,

씻어진 자라면, 깨끗이 지키고 지탱하
는 그와 같은 삶이 소중하고 귀한 것
이지,
30 거기에 다시 오물을 튀기며 썩어져 가
는 그와 같은 형국으로 전락되고 타락
의 길을 달려가는 것은 너희들이 구원
을 받고 안 받는 것과 관계가 없음을
알라.

8,512 번째 하나님 말씀

2003년 11월 21일 11시 22분

1 사랑하는 나의 아들아!
2 "네, 아버님! 말씀하옵소서."
3 나 여호와는 너희 손으로 지은, 그리
고 눈으로 보이는 그 교회요, 성전이
라는 곳에 절대 너희들과 같이하지 아
니하며, 존재하지 아니한다 하였음이
니라.
4 그러니 나 여호와가 존재하지 않는 그
곳이 무엇이라 말하였느냐?
5 "네, 아버님께서 말씀하시기를, 아버
님의 뜻이 같이하지 아니하며 역사하
지 아니하며, 아버님의 명을 거역하는
그곳은 죄의 온상이라 그리하셨으며,
6 그는 도저히 용서받을 수 없는 곳이라
그리 말씀을 주셨사옵나이다."
7 그러니라. 그러니 너희들은 알아야 될
것이니라.
8 나 여호와가 존재하지 아니하는 그곳
에서 내가 존재하며 모두가 다 내가
역사하며 나로부터 명받아 내 대명을
대신하는 자들이라는 그와 같은 거짓
말을 이제 더 이상 하지 못하도록 그
곳을 닫고자 하는 것이 나 여호와의
뜻이니라.
9 그들이 얼마나 나의 사랑하는 백성들
을 우롱하였으며, 그들에게 고통을 안
겨 주었는가?
10 그대로 놓아두었을 때, 지구가 존재하
는 그 끝까지 그들은 나의 백성들을
고통의 도가니로 몰아넣을 것이니라.
11 재물을 갈취하며 시간을 갈취할 뿐만
아니라 그들을 불안과 공포 속에 살아
가도록 만드는 자들이니라.
12 너희들은 여기서 알아야 될 것이니라.
13 참진리요, 나 여호와의 뜻이라는 것은
너희들이 불안과 공포가 계속 지속되
며 그와 같은 속에서 마음을 놓지 못
하고 살아가도록 하는 것이 나 여호와
의 뜻이요, 나의 목자가 하는 길이라
말하느냐?
14 그것은 사탄의 짓이니라.
15 너희들이 그것을 대비하며 그곳에서
벗어나는 길이요, 그와 같은 불안과
공포가 아니라,
16 즐겁고 행복한 삶을 살아갈 수 있는
것을 가르치고 인도하는 것이 나 여호
와의 뜻임을 너희들은 알아야 될 것이
니라.
17 모든 종교 집단이요, 지도자들이 지금
까지 가르치고 역사하는 것은 나의 피
조물 만백성이 정녕 믿지 못하고 불안
하며 그리고 공포에 떨어,
18 그저 가르치는 종교 지도자요, 집단을
떠나지도 못하며 등 돌리지도 못하며,
너희들 말로 '울며 겨자 먹기'라는 말
이 있듯이, 그저 어쩔 수 없이 끌려가
고 따라가는 것이 나의 사랑하는 백성
그들이니라.

19 그러니 너희들이 나의 법전을 읽고 정
독했을 때, 진정한 참진리의 길을 보
며 너희들은 그곳에서 모두를 벗어나
게 됨이니라.
20 너희들이 먹어서는 안 되는 극약을 마
셨을 때, 해독제가 그 모두를 해독하
며 그를 구원할 수 있는 것처럼, 나의
법전 속에 모든 답이 있으며 거기에
해법이 있음을 너희들은 알라.
21 그러니 나 여호와의 뜻이요, 내가 역
사하는 것이라는 것, 그리고 마지막
시대에 너희들을 심판하기 위하여 내
가 나의 아들을 통하여 마지막 너희들
에게 모두를 다 태워 내리는 나의 뜻
이라는 걸 절대 잊어서는 아니 될 것
이니 그리 알라.
22 이제 너희들은 전하라, 이제 사랑하는
나의 백성들을 그와 같이 우롱하지 말
며, 거짓 하지 말라.
23 저희들이 나의 백성들을 용서해 주는
것처럼, 죄를 벗어날 수 있는 것처럼,
하늘에 오를 수 있는 것처럼 그와 같
이 하여 나의 백성들에게 더 고통과
시련을 가중하는 것을 보지 아니하고
자 하는 것이 나 여호와의 뜻이요,
24 그리하여 그들을 추려 내며 뽑아내고
자 하는 것이 나 여호와의 뜻이니라.
25 너희들이 지금 울고불고하며 구원의
길이라는 그곳은 정녕 죄의 온상이요,
사탄의 소굴이요,
26 나 여호와는 절대 그곳에 있는 것이
아니라 그 밖의 세상에 존재한다는 것
을 너희들은 알라.
27 이 밝은 광명 천지요, 내가 만든 나의
교회요, 성당이요, 회당이요, 이 자연
속에 내가 존재하는 것이며, 그 속에
서 나의 피조물 만백성들을 구원하는
길로 인도하는 것이요,
28 너희들의 손으로 지은 그 죄의 온상이
요, 교회요, 그 건물 안에는 내가 존재
하지 아니하며, 내가 들여다보지 아니
하며, 나와 관계없는 곳이라 했으니,
29 그곳에서 구원을 받고자 하는 백성 너
희들이 그곳에서 뛰쳐나와 나의 법전
을 읽고 깨우쳐, 정녕 하늘에 오르는
그 찬란한 빛을 볼 수 있는 기회를 얻
으라 함이 나 여호와의 뜻이니 그리
알라.

8,513 번째 하나님 말씀

2003년 11월 21일 11시 26분

1 사랑하는 나의 아들아!
2 "네, 아버님! 말씀하옵소서."
3 지금의 믿음의 길을 가는 백성들, 너
희가 신약을 가르치며 예수를 찾는
것, 울고불고 가는 것, 그 모두는 너희
들의 죄를 용서해 주며 구원해 주는
것이 아니라, 거기서 깨우치는 것이니
라.
4 너희들을 구원하는 것이 아니요, 너희
들이 지은 죄를 벗어나서 깨끗하게 씻
어 주는 그와 같은 역사를 이루는 것
도 절대 아님을 알라.
5 구약 시대의 나의 성경과 율법이요,
나의 십계명이요, 그 모두는 다 너희
들의 죄를 용서해 주며 구원하기 위해
서 그와 같은 것을 결정을 내려 주는
것이 아니며 그 답을 주는 것이 아니
니라.

6 너희들에게 죄가 무엇인지 알려 주며,
죄를 짓지 아니하고 살아야 되는 것,
죄를 지어서는 아니 되는 것, 그리고
너희들이 어찌 살아야 되는지 그와 같
은 것을 가르쳐 주며 그 길을 보도록
너희들에게 제시해 주는 것이며, 그리
하여 기록하여 전해졌음을 너희들은
알아야 될 것이니라.
7 신약 시대의 예수의 역사함도 너희들
이 하늘에 이르는 길이 아니요, 구원
을 받는 것이 아니라,
8 너희들이 하늘에 오르는 길을 볼 수
있도록 깨우쳐 주는 것이니, 그게 신
약이요, 나의 아들 예수가 역사한 것
이라는 걸 알라.
9 오로지 구원하고 구원하지 못하는 것,
죄를 씻어 주고 씻어 주지 아니하는
것은 창조주 나 여호와만이 할 수 있
음이니,
10 그 또한 그 대가를 받을 만큼 역사한
자에게만 내가 내리는 것이 하늘의 법
도이며 뜻임을 알라.
11 이를 모르고, 구원해 주었으며 용서해
주었으며 용서를 받도록 해 주었다는
그와 같은 잘못된 종교 지도자 집단
들, 그러면서 그들이 거둬들이는 대가
가 무엇이더냐?
12 그들은 장사를 함이니, 말로써 장사를
하는 것이요, 사악한 자들의 행위라는
것을 너희들이 스스로 들여다보고 알
수 있는 것이 아니더냐?
13 너희들이 변하고자 아름답게 사는 그
것만이 나에게 구원을 받을 수 있는
것이라는 걸 알라.
14 너희들이 죄를 짓는 삶을 살며 나를
거역하면서도 나에게 오를 수 있으며
구원을 받는다 그리하지 말라.
15 내가 지금 새로운 성경이요, 나의 법
전을 너희들에게 내리는 것은 무엇인
줄 알겠느냐?
16 이 또한 너희들의 죄에 대하여, 의에
대해서 상세하게 깨우쳐 알아, 하늘에
오르는 길과 내가 역사하는 것이 무엇
인지 너희들이 알게 하고자 하여 이와
같이 160권의 법전이 세상에 내려가
는 것임을 너희들은 알라.
17 이 또한 교육의 기본이요, 근본이요,
기초일 것이요,
18 그러나 너희들을 구원해 주고 안 해
주는 것, 접함으로써 구원해 주고 안
해 주는 것이 아니라,
19 너희들이 어떠한 선택의 삶이요, 어떠
한 길을 살아가느냐 그것이 바로 너희
들이 심판의 결과에 따라서 구원받고
못 받는 것이라는 것을 절대 잊지 말
라 그리 전하라.
20 너희들이 지금 신약의 성서를 믿고 예
수의 보혈을 찾으며 '주여!' 하며 창조
주라 부르기만 하면 구원을 받는다는
그 환상에서 빨리 깨어나지 아니하면
아니 됨을 알라.
21 누가 구원해 주고 안 해 주는 것이 중
요한 것이 아니라, 정녕 그 구원을 받
은 자, 죄가 씻어진 자가 얼마만큼 제
자신을 지키며 그 삶을 사느냐가 중요
하다는 내가 가르친 그 의미를 다시
한 번 너희들에게 전함이니 그리 알도
록 하라.

8,514 번째 하나님 말씀

2003년 11월 21일 11시 31분

1 사랑하는 나의 아들아!
2 "네, 아버님! 말씀하옵소서."
3 너를 따르는 제자, 그리고 법전을 읽
고 깨우친 만백성 너희들은 알라.
4 성서에서 가르치는 것, 성서에 기록된
것, 성서에 전한 것만 배우고 깨우치
는 것이 하늘에 오르는 길이라 그리
생각하지 말라.
5 성서에 기록되어 있는 그 글자 수가
얼마나 되며 그 내용이 과연 얼마나
된다 생각하느냐?
6 나 여호와의 뜻은 시작도 끝도 없다
하지 않았더냐?
7 그러니 시작함도 없으며 끝도 없는 것
이 나 여호와의 진리요, 내가 너희들
에게 깨우쳐 주는 것이요, 또한 내가
무어라 말하였느냐?
8 이 세상의 모든 진리는 다 내가 하늘
에서 땅으로 내려보냈음이니, 바람이
너희들을 스쳐 가는 것처럼 나의 진리
와 나의 참뜻이 너희들과 항상 같이하
고 있으며 네 주변에 있음이니,
9 그를 찾아 바로 쓰고 못 쓰느냐에 따
라서 너희들이 변하고 못 변하는 것이
라 하지 아니하였더냐?
10 그러니 너희들은 여기서 깊이 깨우치
라.
11 세상 인간사 스승이요, 부모요, 이웃
이요, 형제로부터 너희들이 세상사에
서 가르치고 또 바른 것을 듣는 것, 그
모두는 나 여호와의 뜻이요, 진리임을
알아야 될 것이니라.
12 세상 인간사에서 바로 알고 바로 가르
치는 것을 들어 너희들이 역사하는 것
은 곧 하늘의 뜻이요, 나 여호와가 역
사하는 것을 너희들이 대신하는 것이
며, 내가 가르침을 듣는 것이라는 것
을 알라.
13 그리하는 자 구원을 받을 것이며 나에
게 오를 것이요,
14 잘 알지도 못하고 잘못 가르치는 자,
이는 곧 사탄이니, 그 사탄의 가르침
에 매달리는 자, 너희들은 나에게 오
를 수 있는 길이 없음을 알라.
15 이와 같은 간단한 이치가 하늘에 오르
고 못 오르는 것이라는 것을 알면 시
시비비할 것이 없는 것이 너희들의 뜻
이니라.
16 그러나 종교 집단이요, 지도자들은 지
금 어찌하는가?
17 나의 성서에 기록되어 있는 것은 세상
의 수억만 가지의 진리 속에 몇 가지
가 아니 됨이니라.
18 그러나 이 세상에 내려와 있는 진리는
그 수를 헤아릴 수 없으며 시작이 없
고 끝이 없다 하였음이니,
19 그것을 저버리고 오로지 성서에 기록
된 그것 가지고 모두를 다 역사하며
내 뜻이라 그리 얽매이고,
20 그것이 구원의 기본이요, 구원을 받고
못 받는 그 결정이 거기 있는 것처럼
그리 어리석은 삶을 살지 말라.
21 이 세상에 흐르는 산소요, 공기를 보
지 못하고, 네 방에 밀폐된 곳에서 너
희들이 숨을 쉴 수 있는 그 산소요, 공
기만이 다라 생각하지 말라.
22 내가 너희들에게 말하노니, 인간 세상

에서 바로 가르치는 것, 알고 가르치
는 자의 것은 나 여호와의 뜻이요, 너
희들이 배워 네 것으로 만들 수 있는
것이거늘,
23 어찌하여 너희들이 갇혀 있는 방안의
그 산소요, 공기만이 전부인 것처럼
그리 어리석은 삶을 사느냐?
24 밖에 대자연의 끝이 없는 그 산소요,
공기의 위대함을 모르는 자들이니라.
25 성서만이 하늘에 오르는 길이요, 그것
만이 구원을 받는 길이요, 한 획도 한
자도 고쳐서는 구원을 받지 못한다는
어리석은 그와 같은 가르침을 말라.
26 그보다 더 위대한 가르침이요, 그보다
더 방대한 역사의 가르침이 너희 손으
로 지은 교회 밖에서 이루어지는 것이
며, 그 모두의 진리가 역사함이 그보
다 수천 수억 배 더 많이 있음을 너희
들은 알라.
27 그러니 그곳이 죄의 온상이요, 나와
관계없는 것이라 하였음을 너희들은
알겠는가?
28 이 이치를 그들에게 깨우쳐 주며, 이
를 읽고 그들이 깨우쳐 구원하는 자가
있다면 오늘의 너희들이 나의 뜻에 의
해 역사하는 것이요,
29 너희들이 사랑을 받으며 은혜를 받으
며, 그리고 한 사람을 구함으로써 모
든 죄를 용서받듯이 너희들에게 그보
다 큰 영광이 없는 것이니,
30 나의 아들을 따르는 제자들이요, 법전
을 만드는 나의 백성들이요, 그리고
이를 읽고 깨우친 너희들은 세상을 바
로 보며 바로 깨우침을 알고 가르치며,
31 그리하면 인간 세상에서 가르치는 것
이 나 여호와의 뜻이요, 하늘의 뜻이
라 하여 바르고 곧은 것은 너희들 것
으로 만들어 살아가는 데, 너희들이
성서에서 매달리는 것보다도 더 많은
생각과 많은 깨달음을 얻어야 될 것이
니,
32 그것도 나의 진리요, 성서도 나의 진
리니, 성서는 갖춰져 있는 언약궤에
들어 있는 진리요, 그 검은 책 표지 안
에 있는 것이요,
33 세상의 진리는 모두가 다 밖에 나와
있는 것이니,
34 어떠한 것이 더 방대하며 위대한 것인
가를 안다면, 감히 너희들이 언약궤에
있는 것만이 진리라 말할 수 없음을
그리 알라.

8,515 번째 하나님 말씀

2003년 11월 21일 11시 34분

1 사랑하는 나의 아들아!
2 "네, 아버님! 말씀하옵소서."
3 오늘의 종교 집단이요, 지도자요, 그
모두가 말로써는 풍성하게 세상 것 사
랑을 다 실천하며 모두를 다 주는 것
처럼 설교하고 그럴듯하게 가르치느
니라.
4 그러나 그들의 내면의 행함이요, 그들
이 역사하는 것은 그렇지 못함이니,
5 이를 보는 나 여호와는 그와 같은 자
들을 나의 백성이 따라감을 용서치 아
니하며, 그들을 지옥으로 보내는 것을
더 이상 관망할 수 없어, 그 문을 닫고
자 하는 것이니라.
6 지금의 종교 집단이요, 지도자의 길은

정녕 나에게 오르는 길이 아님을 만백
성에게 전하는 데 주저하지 말라.
7 지금 가고 있는 자들의 믿음이요, 그
신앙은 참진리의 길이 아니요, 하늘의
역사함이 아니요, 그리고 그 속에서는
나에게 오르는 빛을 볼 수 없으니, 나
에게 오르는 길을 절대 올 수 없는 자
들의 오늘의 형태임을 알라.
8 진정한 나 여호와의 참진리가 아니라
인간의 간교한 술수로써 사람을 긁어
모으며 재물을 거둬들이며 그 모두를
다 거래하는 그곳에는 정녕 나 여호와
가 같이하지 아니하며 그곳에는 없음
을 알라.
9 너희들의 손으로 지은 죄의 온상에 있
는 너희들이 가지고 있는 진리가 아니
라, 세상 밖에 있는 진리요, 나의 가르
침이 더 방대하고 위대하다 내가 너희
들에게 그리 말하지 아니하였던가?
10 그러니 너희들은 어떠한 곳의 은혜요,
영광으로써 구원을 받고 못 받는 것이
아니라,
11 너희들은 계속적으로 변화되는 삶이
요, 천사와 같은 삶을 찾아가는 그 속
에서만 너희들이 나에게 오를 수 있다
는 것을 알아야 될 것이니라.
12 그리하여 근본이 잘못된 것을 2천 년
동안 나 여호와가 버려두었으나, 이제
는 이를 다스리고 이를 단죄하고자 하
며 이 뿌리를 뽑고자 하는 것이 나 여
호와의 뜻이니라.
13 그리하여 내가 역사하고자 하는 나의
성전이요, 나의 교회요, 나의 예배당
을 이 세상에 짓고자 함이니, 이것은
너희들 가슴에 역사하는 것이요, 너희
들 가슴에 짓는 것이요,
14 너희들이 하나하나 변해 가는 그와 같
은 삶을 시작하는 것이 바로 나의 성
령이요, 내가 원하는 교회를 너희들의
가슴에 짓는 것이니, 그것이 나에게
선택된 백성들임을 너희들은 알아야
될 것이니라.

8,516 번째 하나님 말씀

2003년 11월 21시 11시 39분

1 사랑하는 나의 아들아!
2 "네, 아버님! 말씀하옵소서."
3 진정한 나의 가르침이요, 나의 진리를
깨우치는 백성들, 그와 같은 것을 지
금 나의 피조물 만백성이요, 이방인이
라는 그 백성들은 이 세상에 나와 있
는 내가 미리 보낸 진리요, 가르침 속
에서 그래도 기본의 자세요, 양심을
지키고 살아가고자 하는 그 백성들이
니라.
4 그러나 그들의 길을 막으며 그들을 지
금 잘못 가게 하고 있는 것이 누구인
줄 알겠느냐?
5 진정한 진리를 가르친다는 오늘의 종
교 집단들이니, 나의 사랑하는 백성들
이 바른길을 가고자 하는 그 길을 가
로막고 가지 못하도록 한 것이 오늘의
종교 집단이요, 지도자들이 한 일이라
하면 과연 너희들은 믿겠는가?
6 너희들이 없었다면 오늘같이 험악한
세상은 결코 없었을 것이니라.
7 이는 곧 너희들이 존재하기 때문에 오
늘의 삭막한 세상이요, 눈 뜨고 볼 수
없으며, 인간이 인간 세상에 사는 것

이 아니요, 공포와 공포 속에서 너희
들이 살아가는 오늘의 그 삶의 현장이
되었음이니,
8 그것이 바로 나의 백성들이 변하고자
하는 것을 가로막은 너희들의 오늘의
행패이니라.
9 모든 종교 집단이 내가 역사하고자 하
는 것을 방해하는 데만 모든 역점을
두고 있으며 그를 위하여 존재하는 자
들이니,
10 그게 바로 나의 백성이 아니요, 악마
요, 사탄의 자식으로 전락된 자들이
오늘에 하고 있는 사업임을 알라.
11 너희들이 나의 피조물 만백성들을 구
원하기 위해 복음을 전하는 일을 하
는, 명색이 자선사업이라 하는 그 현
장의 내면을 모두 들여다볼 때, 너희
들은 어떠한 곳에서 역사하는 줄 알겠
느냐?
12 너희들은 경쟁하는 심리요, 시기하는
심리요, 그리고 저 자신이 남보다 위
대하다 하는 것, 그리고 너희들이 나
로부터 선택된 백성이기 때문에 나로
부터 선택된 백성이라는 것을 만백성
에게 드러내고자 하는 자이니,
13 진정한 보석은 아니요, 너희들은 잘못
된 가짜 모조품 보석을 가지고 그것이
보석이라 부르짖는 사람보다도 더 사
악한 방법으로써 지금 가고 있음이니
라.
14 너희들이 행하는 것을 너희 자신이 볼
때, 네가 진정한 지도자요, 나 여호와
의 역사를 위하여 가르치는 목자가 아
니라는 걸 너희들이 잘 알고 있을 것
이니라.
15 그러니 저 자신을 드러내기 위하여 경
쟁이요, 시기요, 그리고 너희들은 나
로부터 선택된 유일한 자라는 것을 보
여 주기 위하여 지금은 병자처럼 전락
되고 변화되어 있는 것을 너희들은 알
겠는가?
16 너희들은 모르나 너희들의 마음과 육
신이 다 썩어져 있는 것을 너희 스스
로 어찌 모른다 그리 말하는가?
17 정녕 내가 너희들에게 물음이니, 너희
들 자신이 구원을 받아 나에게 오를
수 있는 지도자냐 말할 때, 너희들은
아니라 고개를 흔들 것이 당연할 것이
니라.
18 그리고 나에게 용서를 빌어 애걸복걸
할 것이 너희들이니라.
19 그러나 너희들이 말로써 모두를 다 덮
어 나가며 모두 말로써 역사하는 것처
럼 지금 그리 가니,
20 나로부터 선택된 백성이라고 위장하
기 위하여, 너희들 자신을 내세우기
위하여 오늘의 자선사업이요, 복음 사
업이요, 그와 같은 행위를 하고 있는
것이 너희들이며,
21 그리하여 그를 내세워 더 큰 것을 거
둬들이고자, 더 큰 것을 갈취하고자
온갖 방법과 수단을 동원하고 있는 것
이 너희들이니라.
22 그러니 눈에 보이는 것에만 매달리는
인간의 모양새에서 한 발짝도 벗어나
지 못한 것이 오늘의 종교 집단이요,
지도자요,
23 거기서 구원을 받았다 울고불고하는
백성 너희들은 깨달음이요, 성령이 임
하며 하늘에 오르는 길에 한 발짝도

온 것이 아니요, 더욱더 땅속으로 떨
어지는 그와 같은 짓을 하고 있다는
것을 그들에게 깨우쳐 주라, 사랑하는
나의 아들딸들아!

8,517 번째 하나님 말씀

2003년 11월 21일 11시 49분

1 사랑하는 나의 아들아!
2 "네, 아버님! 말씀하옵소서."
3 이제는 나의 역사함을 대행을 받아 설
교한다는 자들 그들이 지금 어떠한 자
들인가 너희들이 알 것이니라.
4 나의 법전이 백 권이 넘게 이 세상에
나오며 내가 너희들에게 강론하고 가
르친 그 뜻을 너희들이 정녕 정독해서
읽고 깨우친다면,
5 나로부터 명을 받아 대행하며 만백성
을 구한다는 자들이 설교하는 것, 그
리고 행함을 너희들이 들여다보고 그
를 알 수가 있음이니,
6 이제는 그들의 말에 현혹되어 너희들
이 거듭나는 그 영광된 것을 버리는
어리석은 삶을 살아서는 아니 될 것이
니라.
7 내가 일찍이 너희들에게 말하지 아니
하였더냐?
8 육의 세상에서 죽음의 벽이요, 그 고
통이 없이 영원히 존재한다면 너희들
이 무엇인들 못 내놓겠느냐 그리 내가
말하지 아니하였던가?
9 바로 그것이 다음 세상에서 이루어지
는 것임을 명심하고 또 명심하라.
10 그것을 위하여 너희들이 오늘에 살아
가며 그것을 위해 오늘에 존재하거늘,
어찌하여 그 길을 가지 아니하며 그것
을 거역하는 길만 간단 말이더냐?
11 너희들이 막상 죽어 나에게 와 심판대
에서 거듭나지 못하는 곳으로 가는 것
과 거듭나는 자로서 오는 것이 얼마나
무서운 차이인 줄 알겠는가?
12 그러니 그 아름답고 영광된 것을 위해
서 오늘에 뼈를 깎는 고통이 있더라도
너희들이 인내하고 참아야 될 것이니
라.
13 너희들이 그것을 생각하는 자라면 죄
를 짓고 시시비비를 하며, 나의 계명
을 지킬 수 있다 없다 말할 수 있으며,
나의 법전대로 살 수 있다 없다 그리
말할 수 있단 말이더냐?
14 나의 십계명이 무엇이더냐?
15 거기에 너희들이 잘못 살아가라는 것
이 없으며 잘못 가라는 것이 없지 않
더냐?
16 그러니 그게 바로 내가 내린 계명이
요, 나의 친필이라 하지 아니하였더냐?
17 지금 내가 나의 아들을 통하여 나의
친필의 글로 책으로 만들어 세상에 내
려보내 증거함이니, 거기에 잘못된 것
이 있으며 잘못 가라는 것이 있는지
너희들은 거기를 보라.
18 나의 아들 예수를 믿지 말라 하였으며
그를 따르지 말라 하였으며 그를 인정
하지 말라는 글이 있으며 나를 인정하
지 말라는 글이 있더냐?
19 절대 그와 같은 것이 없지 않더냐?
20 그러니 이것은 거듭나는 길이요, 너희
들이 영원히 사는 그 세상의 기초라는
것을 알라.
21 그리하여 나의 법전을 접하는 자는 가

슴에 안고 정독하며 깨우치라 하였으
며, 나의 법전을 접하는 것보다 더 큰
은혜와 영광이 없다 함을 너희들은 알
아야 될 것이니라.
22 그러니 너희들이 거듭나며 영원히 사
는 그 세상에 역사하고 못 하는 것은
오늘의 너희들의 삶에 달렸다 했거늘,
너희들이 뼈를 깎는 아픔이 있다 한
들, 뼈가 부서지는 고통이 있다 한들
그를 인내하지 못하고 견디지 못하겠
느냐?
23 바로 살라.
24 이 무서운 나의 가르침이요, 하늘의
뜻을 듣고 깨우쳐 읽은 자가 바로 서
지 못하면 정녕 그와 같이 어리석은
자 없으며 그 죄 또한 용서받지 못할
것이니라.
25 이를 모두에게 전하도록 그리하라, 사
랑하는 나의 아들아!
26 글로써 역사하는 나의 성령이요, 내가
직접 써 내리는 나의 이 뜻을 받고 깨
우치면서도 진정한 하늘의 뜻을 모른
다면 너희들을 어찌하겠는가?
27 이제 나의 아들을 따르는 너희들은 뼈
를 깎는 고통이 있다 해도 바로 살며,
육의 흔들림이 없이 살라.
28 그 대가는 나 여호와로부터 너희들이
반드시 받게 될 것이니라.
29 그러니 나 여호와의 뜻에 따라 더불어
사는 새로운 시대를 여는 데 너희들이
내가 쓰고자 하는 백성으로서 쓰일 수
있는 그 재목으로 성장하지 아니하면
아니 됨을 알라.
30 모든 것도 재목으로써 쓸 것은 필요한
만큼 곧고 바르게 자라게 하며 그와
같이 역사하듯이, 너희들이 지금 곧고
바른 자세로써 살지 아니하면 내가 너
희들을 쓸 수 없으며 선택할 수 없음
이니라.
31 그러니 나 여호와가 새로운 시대요,
새 역사를 이루며 그곳에 내가 쓸 수
있는 자로서 너희들이 변화되며 곧게
자라도록 그리하라.
32 그리하여 나에게 쓰이는 자는 영원히
사는 나의 세상에 올 것이요, 그렇지
못한 자는 영혼이 살지 못하는 지옥으
로 간다는 이 무서운 사실을 명심해서
가슴에 새기라 그리 전하라.

8,518 번째 하나님 말씀

2003년 11월 21일 11시 52분

1 사랑하는 나의 아들아!
2 "네, 아버님! 말씀하옵소서."
3 지금 너희들이 역사하는 그 모두가 나
여호와의 성령이요, 나의 뜻에 기초하
여 그대로 이루어져야 되는 것이거늘,
너희들은 그와 같은 것이 이루어지는
것이 아니요, 지금의 너희들이 하고
있는 그 역사가 무엇인 줄 알겠느냐?
4 너희들이 지금까지 이루어 놓은 것,
그리고 너희들이 앞으로 미래에도 이
끌어 갈 것이 무엇인 줄 알겠느냐?
5 성령으로 임하는 나의 뜻에 의한 것이
아니요, 인간의 육적인 기초와 기반에
서 모두가 이루어지며,
6 너희들의 오늘의 삶이요, 신앙이요,
믿음의 길을 가는 것도 그 한계를 벗
어나지 못한 것이 너희들임을 알라.
7 그러니 육을 기초로 하여 신앙생활을

하며 믿음의 길을 가며 아무리 깨우침
의 길을 간다 해도, 너희들은 육의 한
계를 넘지 못하며 육의 감정적인 것을
절대 버릴 수가 없으며, 육의 감정적
인 것을 떨쳐 버리지 못하는 것이 너
희들이니라.
8 그러니 인간의 감정적인 것을 떨쳐 버
리지 못하며 그걸 버리지 못했을 때,
육적인 인간의 감정에서 이루어지는
그 모든 소용돌이 속에서 너희들이 기
도하고 경배해도, 아무리 너희들이 그
와 같은 것을 한다 해도 너희들은 깨
어날 수가 없음이니라.
9 그와 같은 인간의 감정의 소용돌이를
벗어나지 못한 종교 집단이요, 지도자
들이 설교를 하며 나의 피조물 만백성
을 깨우친다 해도, 그 감정적인 분위
기에 좌우되는 자들이며,
10 그곳에서 공부하는 자, 그곳에서 설교
를 듣고 가르침을 받는 자는 그 한계
에서 또한 벗어나지 못하는 자이며,
하늘의 이치를 알 수 없는 것이 너희
들임을 알라.
11 인간의 감정적 반응에 의하여 그 모두
를 갈취하고 또 역사하며, 그래서 거
기서 벗어나지 못하며 재물에 눈이 어
두우며,
12 너희 손으로 지은 그 교회라는 것을
더 크게 짓고 아름답게 지음으로 인하
여 저 자신을 내세우고자 하는 그 욕
심에서 벗어나지 못한다 함이니라.
13 그러니 그 인간의 감정의 반작용에 의
해서 역사하는 그와 같은 것을 벗어나
는 것이 쉽고 편안하게 나에게 오를
수 있는 길이라는 걸 그들에게 가르쳐
주라.
14 너희가 나를 찬양하며 가르치며 예배
를 드리는 것, 그 모두가 다 인간의 감
정적이요, 인간의 감정의 소용돌이 속
에서 좌우되는 설교요, 감정의 기도는
나와 관계없으며, 그리하여 나와 인연
이 없는 너희들이라 하는 것을 알라.
15 인간의 감정의 기초를 벗어나야 될 것
이며, 육적인 기초와 기반에서 벗어나
는 그와 같은 믿음의 신앙생활을 가도
록 너희들은 넓고 높게 보라.
16 정녕 그리하여 너희들이 그 길을 모르
며 너희들의 손에 쥐여지는 것이 없으
며 지표가 없기에, 내가 나의 아들을
통하여 160권의 법전을 세상에 내려
보내어 너희들에게 가장 큰 사랑이요,
영광을 주는 것임을 알라, 사랑하는
나의 아들딸들아!

8,519 번째 하나님 말씀

2003년 11월 21일 11시 55분

1 사랑하는 나의 아들아!
2 "네, 아버님! 말씀하옵소서."
3 너희들의 지금의 믿음의 길이 과연 어
떠한 것이더냐?
4 내가 너희들에게 말하였느니라, 성령
으로 임하여 조용하고 차분한 그 깨달
음 속에서 너희들의 가슴속에 나의 교
회를 세우며 복음을 심어 변화되는 삶
을 사는 것이라 하였음이니라.
5 그러나 너희들은 흥분 속에서 광적인
행동을 하지 아니하면 절대 믿음이 아
니요, 은혜를 받지 못한다 그리 말하
지 않는가?

6 그러니 너희들이 흥분 속에서 광적이
고 말릴 수 없는 행동을 하지 아니하
면 영적인 깨달음이 떨어진 자요, 믿
음이 약한 자요, 또 믿음이 떠난 자요,
나 여호와가 버린 자들이라 그리함이
니라.
7 그러니 제 가슴에 교회를 심으며 복음
을 심으며 조용히 깨달음의 길을 가고
자 하는 그 백성들도 그와 같은 눈총
이 따가워 그들도 흥분하는 것처럼,
광적인 것처럼, 남 따라 덩더꿍 춤을
추며 소리 지르고 악을 쓰고 울고불고
하는 것이 오늘의 교회요, 성전에서
너희들이 역사하는 것이라 그리하지
아니하였더냐?
8 그러니 거기에서 인간의 감정을 자극
하며 인간의 말초신경을 자극하여 이
끌어 가는 것이 지금의 종교 집단이
요, 지도자들이니라.
9 그리하여 광분하여 제정신을 차리지
못하는 자에게서 재물을 거둬들이며
시간을 빼앗으며 모두를 다 갈취하는
것이 너희들이니,
10 참진리요, 하늘에 오르는 길이 무엇인
지도 모르는 자들이 지금 지도자라 하
기 때문에 나의 사랑하는 백성들의 마
음 자세가 흐트러지며, 그리고 저희들
이 바른길을 보지 못하며 깨지고 부서
지는 그와 같은 삶을 살아가는 것이
오늘의 나의 백성들이니라.
11 그리하여 정녕 그들은 흐트러지고 무
너지고 깨진 제 마음을 다스리지 못하
고 바로 보지 못하여, 저희들이 돌이
킬 수 없는 영원히 구제불능인 지옥의
그 길을 가고 있다는 것을 모르고 그
길을 향하여 달려가는 나의 불쌍한 백
성들이니라.
12 그러니 오로지 그들을 구원하며 그들
을 바로 세울 수 있는 것은 너희들이
며, 나의 법전이 세상에 전해지는 그
순간에 역사한다는 것을 그리 알라,
사랑하는 나의 아들딸들아!

8,520 번째 하나님 말씀

2003년 11월 22일 07시 31분

1 사랑하는 나의 아들아!
2 "네, 아버님! 말씀하옵소서."
3 이 세상에 수천 년 동안 흘러오는 그
속에서 너희들은 나의 성경이요, 신약
의 그것만이 구원의 길이요, 하늘에
오르는 길이요, 그 모두가 역사하는
것이라는 그와 같은 생각이 너희들 머
릿속에 너무 젖어 있으며 뿌리가 박혀
있음을 알아야 될 것이니라.
4 그러니 그 뿌리가 너무도 깊고 깊기
에, 너희들은 새로운 시대요, 새로운
역사가 이루어지나, 그것을 받으려 하
지 아니하며 그것을 거둬들이려 하지
아니함이니라.
5 그러나 너희들은 알아야 될 것이니라.
6 성장하는 미물들도 저 자신이 또 허물
을 벗음으로써 거듭 태어나며, 허물을
벗음으로써 또한 그것이 성장하는 그
와 같은 아픔이 있는 것이니라.
7 모든 구약과 신약의 시대도 또한 그러
한 역사를 거쳐 왔음을 너희들은 어찌
하여 인정하지 아니하려 하며, 오늘의
너희들만이 그것을 움켜잡고 있으려
하는가?

8 구약의 시대에서 또한 신약의 시대로
변하는 고통이 얼마나 컸는가 생각해
보라.
9 그리하여 그 신약의 시대가 이룰 때,
많은 백성들이 생명을 잃는 역사를 해
가면서, 너희들이 말하는 투쟁과 전쟁
과 같은 과정을 거치면서 오늘의 신약
이 그 자리를 잡았음이니라.
10 그러나 그와 같은 것을 역사한 너희들
이 처음에 생각했던 것, 그리고 처음
에 역사했던 것, 바로잡고자 했던 것,
앞에 있는 잘못된 것을 바로잡고자 했
던 것을 그대로 행하고 실천했는가?
11 시작하는 자는 그와 같은 마음으로 시
작하였으나, 세월이 흐르면서 그를 집
행하는 나의 백성들이 처음에 시작했
던 역사와는 관계도 없는 길을 가게
됨이니,
12 그리하여 너희들 말대로 변질되어 있
으며 또 썩어져 가는 그와 같은 과정
을 겪었다면 너희들은 무어라 말하겠
느냐?
13 그러니 그것이 바로 서지 못함이니,
너희들이 또 한 번의 허물을 벗는 그
와 같은 고통과 진통을 겪지 아니하면
아니 되는 것이 오늘의 나의 피조물
만백성 너희들임이니라.
14 그리하여 내가 너희들을 사랑하기에,
마지막 나의 아들을 통하여 오늘의
160권이라는 이 성령의 기름을 내가
너희들에게 부음이니라.
15 너희들이 기름을 부은 자 역사하며 기
름을 부은 자 은혜를 받는다 그리 말
함이니,
16 내가 너희들의 가슴에 심어 주는 나의
법전이요, 이 성령이야말로 성령의 기
름을 너희들에게 다시 부어 줌이니,
다시 거듭나지 아니하면 아니 되는 것
이 너희들이기 때문이니라.
17 그리하여 그와 같은 하나의 고비를 또
한 계단을 넘고 넘는 것이 오늘의 나
의 법전을 접하는 백성 너희들임을 알
아야 될 것이니라.
18 내가 이제 마지막 시대요, 마지막 역
사하는 것이라 하였음이니라.
19 지금 나의 아들이 이를 기록하여 전하
며, 그를 기록하는 제자들의 마음 자
세와 이를 보고 깨우치는 백성들의 깨
달음이 그와 같이 또 변질되고 또 타
락된다면, 그때는 나 여호와가 모든
너희들의 손을 놓음을 알아야 될 것이
니라.
20 그러니 지금의 나의 법전을 읽고 깨우
치는 백성 너희들이 지키고 행해야 할
것은, 내가 기록한 내용이요, 내가 내
린 내용대로 행하고 살아가는 그 길만
이 너희들이 보존하는 길이며 만백성
을 구하는 그 역사를 이룰 수 있는 것
임을 알아야 될 것이니라.
21 구약의 시대가 지났고 신약의 시대가
왔으며, 또한 신약의 시대가 지금 잘
못 가고 있음이니,
22 너희들이 말하는 이것만이 구원의 길
이요, 하늘에 오르는 길이라, 그리고
나의 아들 예수를 찾는 것만으로써 그
보혈로써만 구원을 받는다 부르짖는
것이 너희들이니,
23 내가 처음에 사랑을 실천하며 그가 역
사하고자 한 것을 그대로 깨닫고 실천
해야 된다는 그것과는 정반대요, 말장

난으로써 말로써만 풍성한 오늘의 믿
음으로 오고 있음이니,
24 변화가 없으며 깨우침이 없는 오늘의
그와 같은 형국이 되어 있음을 알아야
될 것이니라.
25 나의 법전을 가지고 앞으로 가르칠 지
도자 너희도 그러하니라.
26 너희들이 말로써 모두를 다하며, 행하
는 것이 없으며 변화되는 삶이 없다
면, 너희들은 지도자라 생각하지 아니
할 것이며 선생으로 생각하지 아니하
며 그들이 너희들을 따르지 아니할 것
임을 알아야 될 것이니라.
27 그렇다면 또 수천수만의 종파가 생기
며, 나의 법전을 놓고 저희 것만이 진
짜라 하여 160권이라는 것을 한 권씩
놓고 또 160개의 지파가 생길 수 있는
이와 같은 무서운 형국이 생길 수 있
음이니,
28 너희들은 나의 법전대로 그대로 행하
고 실천하는 것, 그대로 가르치는 것,
그리고 몸소 먼저 그와 같은 역사를
이루는 것이 얼마나 귀하고 소중한 것
인지,
29 160개의 지파가 생길 수 있는 것을 막
는 것은 너희들이 그와 같은 삶을 사
는 것밖에 없음을 알라.

8,521 번째 하나님 말씀

2003년 11월 23일 07시 02분

1 사랑하는 나의 아들아!
2 "네, 아버님! 말씀하옵소서."
3 나의 법전이요, 새로운 성령이요, 새
로운 성경이 세상을 덮음이니, 이제는
변화의 역사가 없을 것이며 그대로 세
상에 전하도록 그리 만들어 역사하도
록 하라.
4 오늘 너희들이 만든 나의 법전이 나
여호와가 원하는 것이며 내가 생각하
며 내가 그리고 있던 것임을 알라.
5 그리하여 너희들의 수고로움과 그 노
력함을 내가 높이 칭찬하며, 나 여호
와의 기쁨을 너희들과 같이하고자 함
이니 그리 알라.
6 이제 너는 들어서 기억하고 행해야 될
것이니라.
7 내가 무어라 말하였느냐?
8 이 세상에 열 개라는 그 구슬을 끼우
기 위해서 두 개의 구슬은 너희들이
만들어야 되며, 여덟 개의 구슬은 내
가 내려 준다 하지 않더냐?
9 나의 법전이 그러하니라.
10 두 개의 구슬이요, 20퍼센트라는 것을
너희들이 모두를 다 소모시킬 수 있는
계획을 준비해 놨고, 이제 나의 법전
이 세상에 나올 수 있도록 그리함을
너는 잊지 말라.
11 나의 법전이 세상에 나오면 나오는 것
만큼 너희들이 20퍼센트의 그 노력이
요, 두 개를 역사하는 것은 너희들이
하는 길이니,
12 너는 완벽한 대책과 계획을 수립하지
아니하면 나의 법전을 계속 세상에 내
는 일을 중단해야 될 것이며, 이제 그
걸 완벽히 계획한 다음에 법전을 만들
도록 그리하라.
13 그리하여 내가 세상에 내보내는 나의
법전이요, 새로운 성경을 너희들이 20
퍼센트는 모두 소모를 시키며 20퍼센

트는 너희들이 역사하는 그와 같은 계
획을 수립하며 준비를 해 둔 다음에
나의 법전이 세상에 나오도록 그리하
라.
14 내가 너희들에게 20퍼센트요, 둘을
만들어 놓으라는 그 의미를 이제 너희
들은 알 것이니라.
15 완벽한 나의 법전이 세상에 나오기 시
작했으며 새로운 성경이 세상에 나오
기 시작하였음이니, 내가 너희들에게
명한 뜻 하나하나를 이제 행해야 될
것이니, 또한 그 역사가 그러니라.
16 그러니 20퍼센트는 나의 법전을 너의
제자들과 네가 모두를 다 전할 수 있
는 방법을 강구하고 연구하며 그 기틀
을 완전히 다지도록 그리하라.
17 그리해 놓고 나의 법전을 맞추어서 세
상에 나오도록 그리하면 모두가 다 세
상을 덮을 것이며, 내가 하는 그 역사
는 이루어질 것이니,
18 이제 20퍼센트의 그 의미를 네가 행
하도록 그리하라, 사랑하는 나의 아들
아!

8,522 번째 하나님 말씀

2003년 11월 23일 07시 09분

1 사랑하는 나의 아들아!
2 "네, 아버님! 말씀하옵소서."
3 나 여호와는 나의 아들 예수를 통하여
너희들에게 그리 전했음이니라.
4 나의 사랑하는 백성들을 구원하며 구
제하는 그 복음을 세상 밖에 나가 방
방곡곡을 다니면서 직접 전하여 깨우
치는 그와 같은 역사로써 나의 백성을
구하라 내가 너희들에게 엄히 명했음
이니라.
5 그러니 나의 아들 예수는 나의 뜻에
따라 그와 같은 방법으로써 만백성을
구하는 그 역사를 했으며 그와 같이
행하였음이니라.
6 그러나 성서에 기록됨을 보고도 너희
들이 과연 지금 그와 같은 행위를 하
는가?
7 그리고 나의 아들 예수가 지금 너희들
처럼 교회라는 것을 지었으며 성전을
지었으며 성막을 짓고 거기서 나의 피
조물 만백성을 모아서 가르쳤던가?
8 나의 아들의 보혈로써 너희들이 구원
을 받으며 그의 죽음으로써 구원을 받
으며, 어린 양처럼 순하고 깨끗한 나
의 아들 예수가 너희들을 대신하여 모
든 죄를 안고 갔다 하며 온갖 칭송의
말을 거기에 붙여 말하면서,
9 어찌하여 나의 아들이 행했던 것은 행
하지 아니하며 그를 역행하는가?
10 나의 아들에게 내가 명함을 너희들은
다시 한 번 봐야 될 것이니라.
11 나는 나의 아들을 보고 세상 밖에 나
가 모든 복음을 전할 때 직접 두발로
걷고 움직여 행동하면서 가르치라 그
리 전하였음이니라.
12 그리하여 그를 행하고 실천했음이니
라.
13 그러나 지금의 너희들은 과연 어찌하
는가?
14 복음을 전하는 것을 방방곡곡 유랑의
길을 다니면서 구석구석 나의 백성들
을 구원하여 거기서 한 사람 두 사람
을 깨우치는 그와 같은 역사를 지금

하고 있는가?
15 너희들은 교회라는 곳이요, 성전이요,
성막이라는 것을 지어 놓고 거기에 긁
어모으며, 거기에 한 번 들어오면 평
생 쇠사슬로 동여매 묶어 놓는 형국으
로써 지금 가고 있는 것이 아니더냐?
16 그러니 너희들은 나가서 전하는 것이
아니고, 교회요, 성막이요, 성당이요,
회막이요, 법당이라는 것을 지어 놓고
나의 백성들을 긁어모아 거기서 깨우
치며 하늘에 오르는 길을 가르친다 함
이니, 거기에서 무엇이 이루어졌던가?
17 서로 이웃과 더불어 화해하는 백성이
아니요, 경쟁하고 시기하고 질투하는
것이며,
18 모든 종교 집단은 이웃과 경쟁하는 그
싸움 속에서 지금까지 존재해 왔으며,
그들과 이기기 위하여 그들보다 더 무
엇인가 보여 주기 위하여 시기와 질투
의 마음으로써 뭉쳐진 것이 오늘의 교
회요, 성당이요, 회막이라 그리 알아
야 될 것이니라.
19 그와 같은 것이 오늘의 믿음의 뿌리
요, 근본이니, 그게 진정한 나 여호와
의 뜻이요, 나의 백성들을 하늘에 오
르는 그 길로 역사했다 생각하는가?
20 이것이 너희들의 오늘이니라.
21 그리하여 내가 그와 같은 걸 용서치
아니하며 그는 있을 수 없는 것이라
하였음이니,
22 지금 나의 법전이 세상에 나가 전하는
그것이 바로 그러니라.
23 구석구석 방방곡곡에 흘러가지 아니
하는 곳이 없이 나의 법전과 나의 뜻
이 전해짐으로써 그곳에서 그를 읽고
깨우치는 백성들, 거기에서 의인이 날
수 있으며 천사와 같은 백성이 날 수
있음을 너희들은 알아야 될 것이니라.
24 너희들이 나가서 전하고 깨우치는 것
이 바른 것인가, 너희들에게 오는 자
에게 긁어모으는 것이 바른 것인가?
25 여유로움이 없는 자, 생활이 궁핍한
자, 그리고 삶에 시간이 없는 자, 그와
같은 자들 속에 의인이 나올 수 있으
며 천사와 같은 백성이 될 수 있는 자
들이거늘,
26 그들에게 가서 너희들이 가르쳐 그들
을 구제해야 하는 것이 아닌가?
27 시간과 능력과 재물의 여유가 없어 너
희들에게 오지 못하는 그들을 버려두
고, 너희에게 오는 자만 가르친다면
되겠는가?
28 오는 자들은 욕심이 있는 자요, 그리
고 저만 구원을 받겠다는 자들이 온다
고 하면,
29 정녕 나의 법전이요, 나의 성령이요,
나의 뜻을 듣고 깨우치는 순박하고,
너희들이 말하는 양과 같이 아름다운
마음을 가지고 있는 그 백성들은 거기
에 오지 못함이니,
30 구할 자는 구하지 못하고, 구하지 못
할 자들만 모아 놓고 온갖 행사요, 집
회를 하니, 모두 나와 관계없는 짓만
하고 있다는 것을 너희들은 알고 있는
가?
31 그러니 너는 너의 제자들을 깨우치고
가르쳐 세상 밖에 내보내는 그 역사를
이루어야 될 것이며,
32 오늘에 선택된 너의 제자들은 나의 법
전을 만들어 목자를 세상에 내보내는

그 임무가 끝난 다음에 너희들 또한
그와 같이 밖으로 나가 가르치는 사람
이 되어야 될 것이니라.
33 어렵고 힘든 자, 병든 자, 그리고 회개
하고 있는 자, 깨우치는 자들의 손을
잡아 주며 그들에게 너희들이 기름을
붓는 그와 같은 역사를 하여,
34 준비되어 있는 불쌍하고 가련한 백성
들을 구원하는 데 최선을 다해야 할
것이며, 그것이 너희들이 가야 할 길
임을 알라.
35 과연 어렵고 불쌍하여 너희들이 긁어
모으는 곳에 오지 못하는 자에게 무엇
을 바라며 무엇을 거둬들일 수 있던가?
36 빵 한쪽도, 그 모든 것도 나눠 먹고 나
눠 주는 그와 같은 너희들의 삶에서
나의 피조물 만백성을 구하는 데 최선
을 다하라.
37 그러한 백성이 자연의 아름다움을 알
며 나 여호와의 뜻을 알며 내가 역사
하는 것을 실천하는 백성일 것이니,
38 구석구석 바람처럼 너희들이 찾아가
전하는 그와 같은 길로써 너의 제자들
이 대명을 수행하도록 그리하라, 사랑
하는 나의 아들아!

8,523 번째 하나님 말씀

2003년 11월 23일 07시 14분

1 사랑하는 나의 아들아!
2 "네, 아버님! 말씀하옵소서."
3 너희들이 말하기를 '다 그것은 제 팔
자요, 제 운명이라'는 말이 있지 않더
냐?
4 그리고 '제 버릇 남을 주지 못한다.'는
흘러가는 말로 전해 오는 이야기가 있
지 않더냐?
5 그러하니라. 너희들이 제 버릇 남을
못 주듯이, 제 버릇이라는 것이 천태
만상으로써 가지고 있음이니,
6 너의 제자들 또한 나의 성전에 와 너
를 통하여 내리는 나의 강론을 들으며
나의 법전을 듣는 것, 그리고 법전을
만드는 그와 같은 제자, 그 모두는 저
희들의 버릇이 어떠하냐에 따라서 그
것을 벗어나는 고통과 시련이 있음을
너는 알아야 될 것이니라.
7 너를 따르는 그 제자들이 어떠한 버릇
을 가지고 있으며, 어떠한 잘못된 습
성이 있으며, 그가 잘못됨을 안고 있
는 것, 그것이 '제 버릇 개 못 주며 남
을 못 준다.'는 말처럼, 그 버릇이 수
천수만 가지이니라.
8 그러니 제가 가지고 있는 악습이요,
잘못된 것이 수천수만 가지이니, 그가
그 모두를 벗어나는 것은 그 버릇이
잘못된 것만큼 고통과 시련의 길을 가
지 아니하면 벗어날 수 없기 때문이니,
9 너는 네 마음 아파함을 거두도록 그리
하라, 사랑하는 나의 아들아!
10 네가 그와 같은 마음을 갖는 것은 그
제자를 위함이 아니며 너를 따르는 그
백성들을 위하는 것이 아니라,
11 그들이 정녕 그 깨달음의 한계를 오지
못하게 함이니 그리 알라, 나의 아들
아!
12 어떠한 시련과 고통이 있어도 너희들
이 문고리를 잡고 그를 당겨야만 문이
열리지 않더냐?
13 아무리 비바람이 오고 고통스러움이

온다 해도 그가 문고리를 잡지 못하면
그 문을 열지 못함이니,
14 그 문고리를 잡을 때까지는 그의 노력
이 필요하며, 제 버릇이요, 제가 가지
고 있는 악습에 따라서 그를 벗는 길
이니라.
15 사랑하는 나의 아들아!
16 눈보라가 칠 때 그 문고리를 잡으려고
몸부림치는 자, 죽어 가는 자가 죽지
않으려고 의사의 몸을 잡고 매달리는
그 처참한 환경이요, 그보다도 더 애
절한 모습으로써 그들은 그 길을 가야
되며, 그 문고리를 잡아야 그가 거기
를 들어갈 수 있음이니라.
17 사랑하는 나의 아들아, 그가 불쌍하고
가련하다 하여 네가 문을 열어 준다
해도 그는 거기를 들어갈 수 없음이니
라.
18 스스로 문고리를 잡고 열었을 때, 그
는 당기는 힘이 있을 것이며, 제가 들
어갈 수 있으니,
19 네가 그를 가슴 아파하며, 너의 제자
들을 보며 똑같이 사랑과 축복을 내리
고자 하면 아니 되느니라.
20 그의 버릇만큼 벗어나는 훈련을 그에
게 주는 것이 네가 그를 영원히 구하
는 것이요, 그를 나에게 올 수 있는 백
성으로 성장시키는 것이니,
21 그것이 네가 할 수 있는 사랑이요, 네
가 베풀 수 있는 은혜라는 걸 잊지 말
라.
22 나는 네 마음의 아픔을 아느니라.
23 네 마음이 스스로 그들로 하여금 변하
는 것을 알고 있음이니, 네가 그리해
서는 아니 되느니라.
24 어떠한 고통과 시련이 있다 해도 저희
스스로 깨우쳐 그 문고리를 잡아 문을
열어젖힐 때, 그는 들어설 수 있는 자
요, 나에게 올 수 있는 것이니,
25 사랑하는 아들아! 아무리 몸부림치고
추운 겨울에 그 문을 열고 들어가지
못한다고 가련하여 네가 열어 주어서
는 아니 됨이니라.
26 그건 무엇이더냐?
27 씻을 것을 씻지 못하였으며 제 버릇을
버릴 것을 버리지 못하였음이니, 그와
같이 네가 그 문을 열어 준다면 그는
천국의 문을 절대 열 수 없음이니,
28 천국의 문도 너희들이 스스로 열어야
됨을 알라, 사랑하는 나의 아들아!
29 네 가슴이 아픈 것보다 내 마음이 더
한 것을, 내가 열어 주지 아니함은 그
들을 사랑하고 아끼기 때문이니, 그리
알아야 될 것이니라.
30 네 마음이 흔들려서도 안 되며 네가
나약해서도 아니 됨이니 그리 알라,
나의 아들아!

8,524 번째 하나님 말씀

2003년 11월 23일 10시 15분

1 사랑하는 나의 아들아!
2 "네, 아버님! 말씀하옵소서."
3 수천 년 동안 믿음의 길을 왔으며 하
늘에 오르는 길을 가르치며 하늘에 오
르는 길을 역사한다는 백성 너희들이
다 기형아들만 낳았으며 잘못된 자들
만 낳는 그와 같은 역사 속에서 몇천
년의 세월이 흘러왔음을 너희들은 알
아야 될 것이니라.

4 나 여호와가 너희들에게 '나 외에는 다른 신들을 네게 있게 하지 말라.' 하였거늘, 너희들이 그 뜻을 따르지 아니하며 지키지 아니하며,
5 제 생활을 중요시하며, 나보다 더 사랑하고 소중히 하는 것을 가지고 있다면, 이는 바로 내가 낳고자 한 아들딸이 아님이니, 기형아가 된 것이요, 잘못된 아들딸이 세상에 태어난 것이 아니더냐?
6 내가 너희들에게 진주 보석을 나보다 더 소중히 생각하고 아름답게 가꾼다면 그것이 바로 너희들이 나 외에 다른 신을 두는 것이라 하였으며,
7 너희들이 무엇인가를 이루기 위하여 욕심을 내며 무엇인가를 이루고자 몸부림을 치는 것, 그와 같은 것도 너희들이 나를 따르고 나를 믿는 것보다 더한 믿음을 갖고 더 애절하게 기다릴 때, 그것이 곧 너희들이 다른 신을 네 앞에 있게 함이라 내가 하지 않았던가?
8 그러니 바로 그것이 무엇이더냐?
9 너희들이 정상적인 나의 아들딸이 되는 것이 아니요, 기형아가 되는 것이니라.
10 그러니 나의 법전대로 나의 성경대로 그리고 나의 십계명대로 살 수 없다, 인간이기 때문에 지킬 수 없다 그리 말하는 자들은,
11 '우리는 정상적인 아들딸을 낳아 세상에 공헌하는 자식을 낳는 것이 아니요, 하나님께서 거두고자 하는 인간 자식의 열매를 맺어 우리가 바치는 것이 아니요,
12 우리는 당신의 뜻이 정녕 싫으니, 기형아만 낳아 기형아들이 세상을 지배하도록 만들겠다.' 하는 그와 같은 생각을 가진 것임을 알라.
13 '너를 위하여 새긴 우상을 만들지 말고, 또 위로 하늘에 있는 것이나, 아래로 땅에 있는 것이나, 땅 아래 물속에 있는 것의 아무 형상이든지 만들지 말며, 그것들에게 절하지 말라, 그것들을 섬기지 말라.' 그리 가르쳤음이니, 그것 또한 마찬가지니라.
14 나의 뜻을 거역하며 그리 행하지 않는 자가 무엇이던가?
15 너희들은 너희 자신이 나의 아들딸로서 반듯이 서지 아니하며, 너희들 또한 인간의 형상이 태어나게 함이 아니라 기형아만 세상에 태어나도록 만든 것이요, 정상적인 자식을 세상에 태어나지 못하도록 함이요,
16 그와 같이 기형아만 생산하고 기형아만 만드는 것이 오늘의 종교 집단이요, 지도자들이 가고 있는 길임을 너희들은 알아야 될 것이니라.
17 '너는 너의 하나님 여호와의 이름을 망령되이 일컫지 말라.' 하지 않았던가?
18 너희들이 살아가면서 하늘을 향하여 한 점의 부끄럼이 없는 그 삶을 살지 못한다면 그것이 바로 너의 하나님 여호와 나의 이름을 망령되게 일컫는 것이니,
19 그것이 정상적인 자식으로서 세상에 태어남이 아니요, 그것 또한 기형아를 세상에 만드는 것임을 너희들은 어찌 모르는가?
20 그러니 수천 년 동안 흘러오는 그 세

월 속에서 기형아만 만든 것이 너희들
이니라.
21 '안식일을 기억하여 거룩히 지키라.'
하였음이니, 그를 제대로 지키지 아니
하며 행하지 않는 것,
22 또한 '네 부모를 공경하라.' 하였음이
니, 스스로 부모를 공경하지 아니하며
이웃과 화목하지 못한 자,
23 너희들이 아무리 성스러운 제물을 바
치며 정성을 다하여 제물을 쌓아 놓고
나에게 경배하며 기도한다 해도, 형제
지간에 불화 있는 자, 부모를 공경하
지 않는 자는 그 자격이 없다 하였음
이니,
24 그 자격이 없는 자가 나에게 기도하고
경배한다 하면 그것이 바로 무엇이던
가?
25 또한 그들이 기형아이니라.
26 그러니 모든 종교 집단 지도자들이 기
형아만 이 세상에 만들었음이니라.
27 '살인하지 말라.' 하였음이니, 금화와
은화에 의해 살인하는 것을 미물의 목
숨 하나 끊는 것보다 더 간단하게 행
함이니,
28 부모가 자식을 버리며 자식이 부모를
버리는 그와 같은 험악한 세상이며,
살인을 그와 같이 쉽게 생각하는 이
와 같은 세상을 만든 것이 누구더냐?
29 많은 물질이요, 집단의 역사를 가진
종교 집단의 지도자 너희들이 잘못 가
고 잘못 인도했기 때문이니,
30 너희들이 진정한 나의 아들딸들을 세
상에 가르치며 만든 것이 아니요, 또
한 기형아만 만드는 데 온갖 정성을
다 바친 자들이니, 나와 관계없이 사
탄이요, 사악한 자라 함을 너희들은
알라.
31 '간음하지 말라.' 하였음이니라.
32 그러니 간음하는 자가 나의 아들딸이
던가?
33 그러니 그것은 팔다리가 부족한 것보
다도 더 흉악한 부족한 자요, 기능이
모자란 자요, 생각이 부족한 자를 육
성하는 데만 모두를 다 바친 것이 오
늘의 종교 집단 지도자 너희들임을 알
라.
34 강단에 서서 강론하고 설교하는 것,
그 모두가 다 기형아를 만들기 위한
설교요, 강론이라면 너희들은 과연 나
에게 할 말이 있는가?
35 내가 지키라는 그 계명을 지키지 않는
자는 기형아를 낳는 자요, 이제는 기
형아를 낳는 것이 아니고 인간의 형
상을 벗어나 사악한 짐승의 모형으로
써 나의 아들딸들을 세상에 만들어 놓
는 공장을 만들고 있는 자들이 너희들
임을 알겠는가?
36 '도둑질하지 말라.' 하였음이니라.
37 그러나 이 세상에서 남의 것을 훔치지
아니하며 도둑질을 못 하며 남의 것을
떼어먹지 못하는 자가 어리석고 불쌍
한 자라 공공연히 말할 수 있는 이와
같은 세상을 만들었으니,
38 그들 또한 다 도둑질하는 기형아요,
잘못된 자들만 만든 것이 너희들이니
라.
39 '네 이웃에 대하여 거짓 증거하지 말
며 네 이웃의 집을 탐내지 말라.' 하였
거늘, 정녕 네 이웃을 탐내며 네 이웃
에게 거짓 증거하는 그와 같은 행동을

하고 살아가니,
40 인간은 그와 같이 하지 아니하고 살
수 없다 말하는 흉물스러운 기형아요,
도저히 인간으로서 제 기술과 제 기능
을 발휘할 수 없으며 바로 설 수 없는
부족하고 흉물스러운 인간을 만드는
데만 모두를 다 바치며 열과 성의를
다한 것이 오늘의 종교 집단 지도자들
이니,
41 그 사악한 자들이 세상을 이리 험악하
게 만드는 걸 단죄하고자 지금 내가
나의 아들을 통하여 160권의 대장정
의 법전을 세상에 내림을 너희들은 알
아야 될 것이니,
42 기형아를 만드는 것이 오늘의 종교 집
단이요, 지도자요, 그리고 기형아가
되겠다 하여 울고불고 찬송 부르고 눈
물 콧물 흘리는 자가 '나를 기형아로
만들어 주었으니 감사하다.'며 너희들
이 기형아의 모습을 보고 재물을 바치
니,
43 그 기형아는 정녕 나에게 오를 수 없
음이니라.
44 하늘에 오르는 자는 천사와 같은 자만
오른다 하였음이니라.
45 육신이 기형아요, 육신이 잘못된 자는
내가 사랑하며 그를 받아들일 수 있으
나,
46 마음이요, 성령이 기형아가 된 너희들
은 천사만 사는 천국의 나라에 들어올
수 없다는 그 무서운 사실을 알도록
그리 전하라.

8,525 번째 하나님 말씀

2003년 11월 23일 10시 20분

1 사랑하는 나의 아들아!
2 "네, 아버님! 말씀하옵소서."
3 내가 너희들에게 깨우쳐 전하였느니
라.
4 나의 복음은 찾아가서 전하라 하였음
이니라.
5 그저 들판에서 일하는 자, 어렵게 살
아가는 자, 가난하고 불쌍한 자, 그리
고 시간이 없어 너희들에게 와서 기도
하지 못하는 그 백성들을 지도자는 찾
아가서 깨우쳐 의인으로 만들라 그리
하였음이니라.
6 그것이 나 여호와의 뜻이었거늘, 지금
너희들은 과연 어찌 가고 있는가?
7 말씀이 위대하다 하여 참진리의 강론
을 듣고자 한다면 그들이 스스로 모임
이니, 거기에는 많은 경비나 물자가
소요되지 아니할 것이니라.
8 그러나 지금의 모든 종교 집단의 지도
자 너희들은 어찌하는가?
9 너희들이 사람을 임의로 긁어모으며,
사람을 모아 놓고 제가 누구라는 것을
과시하며 강론하며 깨우치고자 함이
니,
10 너희들이 그를 긁어모으는 데 거기에
들어가는 금화와 은화요, 거기에 드는
낭비가 과연 어떠하던가?
11 너희들이 어떠한 장소든 그저 편안한
곳에서 나의 설법이요, 나의 복음을
전한다면, 스스로 듣고자 모이는 자,
거기에는 경비가 필요 없으며 금화가
들 필요가 없음이니라.

12 그러나 너희들은 인위적으로 사람을 긁어모아 놓고 나의 뜻을 가르친다 함이요, 그리고 저 자신의 세를 과시하며, 제가 그 집회의 왕이요, 대장이며 나로부터 명을 받은 자라 하여 사람을 모아 놓고 저를 보이고자 함이니,

13 거기는 금화와 은화가 필연적으로 수없이 들어가게 되어 있으며, 그 경비 또한 너희들이 상상할 수 없는 그 재물이 수없이 들어감이니라.

14 그러나 거기서 그것으로 끝난다면 나는 그 역사함을 찬양할 것이며, 내가 너희들을 거두어들일 것이니라.

15 그러나 너희들이 그와 같은 행사를 하기 위하여 들어가는 금화와 은화요, 물질이요, 그 모두를 그 백성들로부터 갈취해서 보충해야 되며, 그보다 몇 배를 더 걷어야 하며,

16 그리하여 오늘의 장사를 잘했다 그리 말하는 것이 오늘의 너희들이 아니더냐?

17 그러니 너희들이 연구하고 연구하는 것은 무엇이더냐?

18 너희들이 모든 것을 이루고자 하는 것에 들어가는 금화와 은화요, 그 경비를 보충하기 위하여 헌금이라는 명목을 만들어 냄이니,

19 그 헌금의 명분이 무한정 끝이 없으며, 그 헌금의 명분이 헤아릴 수 없는 그와 같은 숫자로써 이루어지고 있는 것이 오늘의 현실이 아니던가?

20 그리하여 그 모두를 보충하며 그 몇 배를 거둬들이기 위하여 온갖 명목을 다 만드는 것이 종교 지도자 너희들이 지금 하고 있는 현실임이니라.

21 그러니 과연 거기에 진실이 있으며 아름다움이 있으며, 너희들이 참진리에 의해 가고 있겠는가?

22 거기는 헌금을 거둬들이는 것 외에는 아무것도 없음을 너희들은 알라.

23 그들은 말하느니라.

24 두 팔을 높이 들어 너희들에게 기도하기를, 하늘의 축복이요, 영광이요, 여기 있는 자에게 열배 백배 은혜를 내릴 것이라 그리 말하나,

25 거기에는 그들이 재물을 거둬들이며 제 세를 불리며 제가 누군가 과시하고자 내 뜻을 거역하며, 모든 악법인 그 황금을 거둬들이는 법만 만들어 나의 피조물 만백성에게 무한대한 그 역사 속에서 무한대한 방법으로써 그 악순환 속에서 재물을 거둬들이는 방법으로 하고 있으니,

26 그들이 손을 들고 기도하며 은혜와 축복이 있다 말하는 자, 그들은 생각이 다르며, 그들이 하는 것이 다르며, 그들의 마음 자세가 다르거늘, 과연 그들이 무엇으로써 나의 은혜와 축복을 내릴 수 있단 말이던가?

27 그러니 너의 제자들에게 전하라.

28 너희들이 그와 같은 집회요, 어떤 모임이요, 수없이 경비를 낭비하면서 사람을 긁어모아 장사하는 짓을 하지 말라.

29 그저 들이요, 가정에서 스스로 듣고자 하여 찾아오는 사람, 자연스럽게 오는 자를 자연스럽게 맞아 그를 가르치면 되는 것이니, 그 속에서 의인이요, 진실한 백성을 얻을 수 있음을 너희들은 알라.

30 그 모두가 다 육적인 방법에서 벗어나지 못하는 자들이 하고 있음이니, 육적으로 저희들이 성장하는 것은 끝이 보이지 않을 만큼 성장하나,

31 나 여호와가 원하는 영적인 성장은 하나도 이루어지는 것이 없으며 역사함이 없음이니, 이것이 바로 잘못되었다 내가 너희들에게 말함이니라.

32 이제 나의 아들을 따르는 제자요, 그리고 법전을 읽고 깨우친 만백성 너희들은 알라.

33 사람을 긁어모아 무엇을 가르치고자 하는 것은 재물을 거둬들이는 장사꾼의 형태요,

34 너희들이 강론을 함으로써 스스로 그를 듣고자 깨달음을 얻고자 고개 숙여 모여드는 자는 스스로 그저 올 것이니, 각자가 부담 없이 모여들면 경비가 필요 없으며 금화와 은화를 거둬들일 필요가 없으며, 내가 너희들에게 준 아름답게 먹고 쓰고 살라는 그 재물이 낭비됨이 없는 것이니, 너희들이 스스로 알아 그 길을 선택해서 가도록 그리하라.

8,526 번째 하나님 말씀

2003년 11월 23일 10시 22분

1 사랑하는 나의 아들아!

2 "네, 아버님! 말씀하옵소서."

3 어떠한 설교요, 어떠한 강론이요, 어떠한 집회도 다 부질없는 것이니라.

4 인간의 영적인 변화요, 영적으로 성장되는 것보다 더 위대한 가르침이 없으며 더 위대한 것이 없음을 너희들은 알라.

5 너희들 스스로 마음 자세가 변하며 아름다운 빛을 보며, 악이 무엇인지 알며 잘못된 것을 버릴 수 있는 변화되는 삶을 사는 것, 그와 같이 변하는 것이 영적인 성장이요, 영적인 변화임을 너희들은 알라.

6 어떠한 집회요, 어떠한 설교요, 어떠한 강론이요, 기도원이라는 곳을 울고불고 찾는 것이 다 부질없는 것이니라.

7 육적인 변화요, 육적인 깨달음의 변화가 아니라, 영적인 성장이요, 영적인 변화보다 더 소중하고 위대한 것이 없으며, 그게 나에게 오는 길이니 그리 알라.

8 그러니 너의 제자들에게 가야 할 길이 무엇인지 깨우쳐 그리 인도하도록 하라.

9 너희들은 스스로 오늘의 삶보다 내일이 아름다운 변화요, 너희들이 악을 볼 수 있으며 선을 볼 수 있으며,

10 거기에서 너희들이 악을 버리며 선을 선택해서 갈 수 있는 것이 영적인 변화요, 영적인 성장이요, 나의 성령이 너희들에게 임할 수 있는 것이라는 것을 알도록 그리 전하라, 사랑하는 나의 아들딸들에게.

8,527 번째 하나님 말씀

2003년 11월 23일 11시 41분

1 사랑하는 나의 아들아!

2 "네, 아버님! 말씀하옵소서."

3 지금 나의 법전이 세상에 나가 전해짐이니, 이는 대개혁의 바람이 부는 것

임을 너희들은 알아야 될 것이니라.
4 그러니 지금 나의 법전을 가지고 깨우
치는 백성 그들을 내가 돕고 있으며,
5 그들이 역사할 수 있는 것, 그리고 나
의 법전이 세상에 나오는 것을 뒷받침
하며 그를 보충할 수 있는 자, 그들에
게 나는 많은 깨달음을 주었으며,
6 또한 나의 법전이 나오는 것을 예견할
수 있는 지혜를 준 백성들이 많이 있
음이니라.
7 그리하여 그들이 나의 법전을 도우며
너희들을 도울 수 있는 자들이니, 그
러나 인간인 너희들의 생각이요, 그
마음이 무엇이더냐?
8 제가 왕이 되고자 하며 제가 대장이
되고자 하는 그와 같은 마음을 버리지
못하는 것이 너희들이니라.
9 한 권의 책의 분량을 받은 자, 그리고
한 페이지의 분량을 받은 자가 또한
책을 만들어 내며 나의 뜻이라 그들이
기록하고 있음이니,
10 그들은 다 너희들을 보좌하며 너희들
에게 와 고개 숙일 자들임을 알아야
될 것이니라.
11 일찍이 성서에 기록하여 놓았음이니
라.
12 하나의 선택된 아들에게 모든 아들딸
들이 고개 숙인다는 그와 같은 구절이
있었음이니, 그와 같은 형국임을 너희
들은 알아야 될 것이니라.
13 오로지 이 세상을 지배하며 이 모두를
역사하는 것은 나의 법전이요, 지금
내가 내리는 나의 새로운 성령 이것
외에는 무엇도 역사할 수 없음이니라.
14 네가 160권의 법전을 세상에 만들어
냄이니, 열 페이지도 안 되는 것을 가
지고 200권을 만들었다는 자가 나올
것이며,
15 너희들이 웃어넘길 그와 같은 형국이
수없이 이루어질 것이며, 책을 들고
와 그것이 저희들이 만들어 낸 책이
요, 저희들이 먼저 역사한 것이 여기
기록되었다 그와 같이 말하는 자, 시
비를 거는 자가 수없이 많이 있을 것
이니라.
16 이제는 나의 법전이 빛을 보기 시작하
며 세상에 전해지는 그 역사는 시작됨
이니, 그로 인하여 너희들이 생각지도
않던 타격이요, 공격을 받을 것이니,
너희들 자신이 잘 지키는 현명함을 잊
어서는 아니 될 것이니라.
17 하나를 깨달은 자가 천 가지를 아는
자 앞에 대들 때, 감히 천 가지를 가진
자가 말할 수 있겠는가?
18 나의 아들은 대답하지 아니할 것이니,
너의 제자들이 그 모두를 대답해야 될
것이며, 너희들이 그 이치를 알고 견
디고 나가야 된다는 것을 잊어서는 아
니 됨이니라.
19 나의 법전을 돕기 위하여 세상에 내려
보낸 많은 백성들이 있으며, 내가 조
금씩 터치한 백성들이 있다 하지 않았
느냐?
20 그러나 절대 그들이 50퍼센트를 넘지
못하며 그 아래의 수준이라고 내가 기
록하여 전한 그 뜻을 너희들은 믿고
그들에게 깨우침을 주어야 될 것이며,
21 그들의 방자함에 너희들이 흔들리는
그와 같은 역사가 있어서는 아니 될
것이니,

22 160권의 장서의 법전을 이기기 위해 그들이 170권이요, 180권을 쓴 자가 있다 할 것이니,
23 열 장을 기록해서 한 권의 책으로 만들어서 그리 말할 자가 있을 것이니,
24 이와 같은 것에 너희들이 현혹되지 않도록 그리하라, 사랑하는 나의 아들딸들아!

8,528 번째 하나님 말씀

2003년 11월 24일 07시 09분

1 사랑하는 나의 아들아!
2 "네, 아버님! 말씀하옵소서."
3 너희들이 죽어서 땅에 묻힘이니, 그 묻힌 무덤 앞에 가서 '네가 어찌 죽었느냐?' 물었을 때, 이유 없는 자가 없다 그리 말하지 아니하였던가?
4 그러니 나의 뜻을 따르는 나의 아들이요, 나로부터 선택된 너희들은 어떠한 형태든 정도의 길을 가지 아니하며, 한 점의 부끄럼이 없는 삶을 살지 아니하면 아니 됨을 명심하고 또 명심해야 됨을 알라.
5 어떠한 이유든 어떠한 형태든 한 점의 부끄럼이 없는 삶을 사는 것, 그것이 나를 믿으며 나의 존재함을 믿으며, 나에게 오고자 살아가는 백성들이 가야 하는 길이며 도리임을 너희들은 알아야 될 것이니라.
6 내가 십계명을 불로 써 직접 내림이니, 너희들이 십계명을 지키고 못 지키는 것을 따지기 전에,
7 과연 나의 십계명을 암송할 자격이 있는가 없는가 그것부터 스스로 따져 보고 스스로 생각해 보라 그리 전하라.
8 그러니 너희들이 나의 성전에 올 자격이 있는가 없는가 그것부터 따져 보고 그것부터 들여다보도록 그리하라.
9 나의 십계명을 너희들이 행하고 행하지 못하는 것을 따지기 전에, 너희들 스스로 나의 십계명을 암송할 수 있으며 그 암송하는 걸 들을 수 있는가 없는가, 나의 아들 너와 너를 따르는 제자들은 그것부터 생각해야 됨이니,
10 나 여호와의 마음을 과연 너희들은 알겠는가?
11 이것이 내 뜻이며 내가 생각하는 뜻이니라.
12 그러니 여기에 한 점의 부끄럼이 없는 삶을 살도록 그리해야 될 것이며,
13 죽은 자가 어떠한 이유가 있듯이 너희들 또한 어떠한 이유가 있어서는 아니 됨이니 그리 알라, 사랑하는 나의 아들아!
14 대역사를 이루며 사람이 죽고 사는 혁명의 불길보다도 더 무서운 역사를 이루는 너희들이며, 이 세상에 나의 뜻을 받아 역사하는 이가 없음이니,
15 오로지 내가 너를 통하여 만백성을 구하며, 이 세상의 모두는 오로지 너만 통하여 내가 역사한다 하였음이니,
16 이제는 나의 계명을 외우는 나의 아들로서 하나도 부끄럼이 없이 살아가는 모습이어야 하며, 또한 너를 따르는 가장 가까운 제자들이 이를 잊어서는 아니 될 것이며,
17 어떠한 이유든 너희들이 계명을 지키기 전에, 계명을 암송하고 그를 듣는데 한 점의 부끄럼이 없는 삶을 살도

록 해야 될 때가 이미 되었음을 알라,
사랑하는 나의 아들딸들아!
18 이 세상에 많은 사람들이 책을 써내며
또 글을 쓰느니라.
19 그리고 너희들은 그 글을 읽고 감탄을
하며, 위대한 글이라 하며, 깨우침이
높은 글이라 그와 같이 보고 느낄 것
이니라.
20 그러나 너희들은 그 글이 쓰여 있는
형태요, 내용을 보고 아름답다 기쁘다
생각하기 전에,
21 그 글을 쓰는 사람의 마음과 행동이
요, 그 마음의 자세가 어떠했는지 들
여다볼 수 있는 경지에 올라야 될 것
이며, 그를 볼 수 있는 너희들이 돼야
되는 것을 잊지 말라.
22 모든 백성들은 글을 쓴 것으로써 그
글을 보고 책을 보고 위대한 책이요,
아름다운 이야기요, 정말 좋은 시요,
가슴에 와 닿는 시요, 가슴에 와 닿는
글귀라 그리 말할 것이니라.
23 모든 백성들은 그와 같이 책을 놓고
글을 놓고 평가하고 그리 깨달으나,
24 사랑하는 나의 아들을 따르는 너희들
은 그 글을 쓴 사람의 마음의 상태요,
쓰는 자세의 마음이 과연 얼마나 아름
답고, 정녕 그 글처럼 고운 마음이었
는가 그것을 볼 줄 아는 백성이 되어
야 하며,
25 그래서 그걸 가지고 시요, 책이요, 글
을 평가할 수 있는 눈이 뜨여야 되는
것이 너희들이니라.
26 모든 백성들은 십계명을 지키고 못 지
킨다 시시비비를 할 수 있으나, 너희
들은 이를 들을 자격이 있으며 암송을
할 자격이 있는가 없는가 그것부터 생
각하도록 그리하라, 사랑하는 나의 아
들아!
27 죽은 무덤 앞에 가서 물을 때 이유 없
는 자가 없다 하였듯이,
28 어떠한 이유든 그것이 너희들에게는
통할 수가 없으며, 용납될 수 없는 것
임이니라.
29 너희들이 잘못 가며 잘못 사는 것은
나 여호와가 사탄과 마귀들에게 고개
를 들지 못하며 천사 앞에 고개를 들
지 못하며 천사들에게 명을 내릴 수도
없는 그와 같은 형국이니,
30 그것이 나의 아들이 가는 길이요, 나
의 아들을 따르는 제자들이 가야 하는
길이니, 이를 너희들이 명심하고 살아
가도록 그리하라, 사랑하는 나의 아들
아!

8,529 번째 하나님 말씀

2003년 11월 24일 08시 01분

1 사랑하는 나의 아들아!
2 "네, 아버님! 말씀하옵소서."
3 모든 역사의 흐름은 그러하니라.
4 성서에 기록하여 선지자 자체도 그 고
향을 제외한 다른 곳에서 모두 존경을
받으며 그를 경배한다 하였음이니라.
5 그러나 그가 자라고 성장한 고향이요,
그를 가장 사랑하고 믿어야 할 사람들
은 그를 신뢰하지 아니하며 거기에서
존경을 받지 못한다는 그와 같은 내용
이 기록되어 있음이니라.
6 그러니 너를 따르는 제자들 또한 그
이치를 깨달아야 될 것이며, 너희들이

더불어 세상에 다스려 나가며 같이 변
하고 같은 역사의 길을 가는 것이니,
7 그리하여 너희들이 선택이 되었으며
오늘에 같이 간다는 것을 잊어서는 아
니 될 것이니라.
8 너희들이 고향에서 자란 그것보다, 같
이 생활하며 같이 숨을 쉬며 한 공간
에서 더불어 살아가는 너희들이야 말
로 무엇을 아니 보며 무엇을 안 듣겠
는가?
9 그러한 세월 속에서 변하는 모습이요,
변해 가는 역사가 더불어 이루어지는
것이니,
10 그리하여 그곳을 지키는 자, 그곳을
묵묵히 떠나지 아니하며 같이 역사하
는 자, 그게 사랑이며, 그가 눈을 뜬
자요, 깨달음을 아는 자요, 나의 성령
의 참진리를 볼 수 있는 자들임을 너
희들은 알아야 될 것이니라.
11 그리하여 내가 너희들에게 말하기를,
나의 성령이요, 나의 법전을 볼 것이
며, 나의 다스려지지 않은 아들의 그
모두를 보고 너희들이 마음이 동요하
며 결정을 짓지 말라 그리하지 아니하
였던가?
12 그 고비와 한계를 넘는 것이 너희들에
게 소중하다 하였음이니,
13 너희들이 아무리 고향에서 같이 산 사
람이요, 보고 자란 사람이라 해도, 더
불어 한 공간에서 같이 숨을 쉬며 같
이 생활하는 한 가족과 같은 너희들만
큼 볼 수 있으며 들을 수 있으며 느낄
수 있는 것이 더 있겠는가?
14 그러나 거기에서 변하는 삶이요, 오늘
보다 내일에 더 아름다운 그 삶을 사
는 것, 그와 같이 너희들이 역사함이
니라.
15 너희들이 빙판길을 오를 때 내려갔다
올라갔다 하듯이, 올라가면 또 내려오
며 그러면서 너희들이 역사하여 정복
하는 것처럼, 오늘의 너희들이 가는
길이요, 깨달음의 길이 그러하니라.
16 너희들 또한 그러하니라.
17 올라왔다 또 내려오며 미끄러지며, 너
희들이 또 올라왔다 또 주저앉으며 또
쉬었다가 역사하며, 그리하여 결국 너
희들이 쉬지 않고 노력할 때, 모두 정
상은 정복되게 되어 있으며, 너희들의
발아래 서게 되어 있음이니라.
18 그러니 그것이 너희들에게 소중함을
알라.
19 내가 오늘 너희들에게 내리는 그와 같
은 고향이요, 같은 동네요, 같은 마을
에 사는 사람보다도 더 가까이에서 모
두를 보고 들음이니,
20 그리하여 너희들이 5미터를 높이 올
라가다 또 4미터를 내려오며 1미터의
올라감을 얻고 그와 같이 하여 쉬지
않고 갈 때, 정상을 정복함이니,
21 다만 나의 아들이 굽히지 아니하며 쉬
지 아니하며 도전하는 것이니, 너희들
도 더불어 같이 도전하며 쉬지 않고
노력하는 그와 같은 삶을 이루어 정상
을 정복하도록 그리하라.
22 그것이 얼마나 값지고 소중한 것인가
너희들은 알아야 할 것이니라.
23 선지자요, 의인이라는 자가 제가 자란
고향에서는 대우를 받지 못하며 존경
을 받지 못하나, 세상천지 어디에서나
존경을 받을 수 있는 사람이라 했듯이,

24 너희들보다 더 속속들이 더 상세히 알
수 있는 사람들이 없음이니,
25 또한 변화되는 것, 그리고 또 역사하
는 것을 너희들만큼 아는 자가 없으
며, 너희들 스스로 또한 변화되는 것,
변화되지 못하는 것을 너희 자신이 더
잘 알듯이 그리하여 너희들이 한 계단
한 계단 다스려 나감이니라.
26 열 계단을 올라가다 다시 너희들이 뒤
로 아홉 계단을 내려와도 한 계단의
깨달음이요, 한 계단의 경지에 올라감
이 있음이니,
27 그리하여 하나하나 너희들이 올라갈
때, 정상을 모두 정복하는 그 아름다
움이 있을 것이니, 그리 마음 다짐을
굳건히 하도록 그리하라.

8,530 번째 하나님 말씀

2003년 11월 24일 08시 04분

1 사랑하는 나의 아들아!
2 "네, 아버님! 말씀하옵소서."
3 지금의 종교 집단 너희가 가르치고 설
교하는 것이 무엇이더냐?
4 너희들이 정녕 설교하며 가르칠 것은
영적인 구원이며, 구원을 받는다는 그
와 같은 생각에서 벗어나라 내가 너희
들에게 수없이 강조하였음이니라.
5 그러나 너희들이 지금 가르치는 것이
어떠한 것인지 알겠느냐?
6 그와 같은 것을 거역하고 오는 것이
지금의 종교 집단이요, 믿음의 백성들
이니라.
7 내가 일찍이 나의 아들을 통하여 너희
들에게 명하였느니라.
8 구약과 신약이요, 곧 나의 법전까지
도, 그리고 내가 친필로 써 내린 십계
명까지도 너희들을 구원하는 것이 아
니고,
9 너희들을 구원하는 그 길을 인도하는
역사를 하는 것이며, 그 계획에 의하
여 한계가 있다 하지 않았더냐?
10 더군다나 인간인 너희들이 설교하며
강론하고 가르치는 것, 인간 생각으로
써 너희들이 모든 나의 피조물 만백성
을 인도하면서 그것이 영적인 구원이
요, 영적인 구원을 받는 길이라 생각
하며,
11 그를 듣고 깨우치는 자, 너희들의 손
으로 지은 죄의 온상에 오는 자들이
영적인 구원을 받는다는 그것이 얼마
나 오만이고 자만인 줄 알겠느냐?
12 더욱이 금화와 은화를 많이 바치는 자
는 구원을 받을 것이며 구원의 길에
도움이 되며 구원을 역사한다 그리 가
르치는 그것이 무엇이더냐?
13 그와 같이 가르치는 종교 집단의 지도
자는 나의 백성이 아니요, 나의 지도
자가 아니요, 그리고 그를 믿고 따르
는 백성들 또한 나를 믿는 백성들이
아님을 알라.
14 그는 금화와 은화를 신으로 받드는 자
요, 우상으로 생각하는 자요, 숭배하
는 자들이라는 걸 너희들은 알아야 될
것이니라.
15 금화와 은화요, 재물을 바침으로써 구
원을 받는다 가르치고 그를 믿고 가는
자, 너희들은 아래위로 다 우상을 섬
기는 자이니, 그 우상이 무엇인 줄 알
겠느냐?

16 금화와 은화의 그 재물이니라.
17 그것만 바치면 구원을 받는다 생각하
는 자, 너희들이 그걸 바치고자 모두
를 다 바침이니,
18 보석을 안고 소중히 생각하며, 나를
기억하는 것보다 더 소중히 생각하면,
보석이 우상이 된다 하였음이니,
19 금화와 은화를 바치기만 하면 구원을
받는다, 그리고 구원을 받을 수 있다,
받았다 가르치는 자나, 그 말을 믿고
그를 바치며 구원을 받고자 하는 자,
그 모두가 다 욕심이요, 사악한 자들
이니,
20 너희들은 금화와 은화를 더 우상으로
그리고 신으로 숭배하는 자들이지, 나
여호와를 숭배하는 자들이 아님을 알
라.
21 너희들이 재물을 모으기 위한 하나의
도구로써 나의 사랑하는 백성들을 사
용하며 이용한다는 것을 잊지 말라.
22 내가 나의 법전에 기록하여 너희들에
게 전함이니라.
23 모든 종교 집단의 위대하다는 지도자
너희들은 나의 사랑하는 백성들을 재
물을 모으기 위한 도구로써 사용함을
금지해야 될 것이며,
24 더 이상 내가 이를 볼 수 없으며 더 이
상 내가 인내할 수 없기에 오늘의 이
역사가 이루어진다는 것을 너희들은
알아야 될 것이며,
25 이제 바람이 불기 시작함이니, 그 바
람은 세상을 다 휩쓸고 갈 것이니 그
리 알라.

8,531 번째 하나님 말씀

2003년 11월 24일 08시 08분

1 사랑하는 나의 아들아!
2 "네, 아버님! 말씀하옵소서."
3 사랑하는 나의 아들딸 너희들의 열매
를 거두고자 하는 것이 나 여호와의
뜻임이니라.
4 너희들이 나무를 심으며 과수를 심어
거기서 열매를 얻어, 그를 너희들의
생활이요, 생명의 연장의 그것으로 씀
이니, 그 기쁨이 과연 어떠하더냐?
5 나 여호와는 사랑하는 나의 아들딸 너
희들로부터 인간의 열매를 거두고자
함이니라.
6 그러나 지금 복음을 전하는 것이요,
모두를 깨우친다는 그 백성 너희들이
남의 재물을 약탈하는 괴물을 육성하
는 것이 오늘의 가르침이며 교회라면
너희들은 알겠느냐?
7 너희들은 나의 사랑하는 백성들을 인
간의 열매를 맺어 나 여호와에게 보이
며 나의 품에 오도록 인도하고 가르치
는 것이 아니요,
8 재물을 모으고 약탈하여 괴물로 만들
어 거리로 내보내는 것이 오늘의 너희
들의 형태임을 알라.
9 남의 재산을 긁어모으며 남의 재산을
착취하는 데 나의 사랑하는 백성들을
괴물로 만들어 그들을 사용하며 그들
을 거리로 내보내는 것이 오늘의 너희
들의 형태라 말한다면 과연 너희들은
무어라 하겠느냐?
10 이제 괴물을 육성하고 괴물을 육성하
는 행위를 중단하라.

11 내가 그를 다스리고자 함이니라.
12 오늘의 믿음이 얼마나 세속화되어 있으며, 너희들이 지금 재물을 긁어모으는 데 모두를 집착하는가?
13 그리고 너희들이 나의 사랑하는 백성들을 거리로 내보내는 것이 무엇이던가?
14 그들로 하여금 복음이라는 명분하에 재물을 거두는 도구를 거둬들이는 것과 무엇이 다르단 말이더냐?
15 그러니 내 뜻을 역사하는 것이 아니요, 나의 뜻을 거역하는 자, 내가 보니 그는 내가 거둬들일 수 있는 인간의 열매가 아니니,
16 괴물을 육성하여 거리로 내보내 사람을 공포 속에 몰아넣으며, 사람을 겁주고 겁탈하는 그와 같은 행위를 하는 것이 너희들이라 내가 말하며, 그와 같이 너희들이 전락되었음을 알라.
17 믿음으로 가는 백성은 성령으로 임하여 한 발짝 한 발짝 깨달아 나에게 오르는 그와 같은 역사로 가야 되거늘,
18 너희들은 세속화된 오늘의 그 믿음에서 계속 인간 세상으로 타락하는 그와 같은 형국으로 가니,
19 나의 사랑하는 백성들을 죄의 온상인 너희들의 손으로 만든 교회요, 성당이요, 성막에 모아 놓고 가르치고 깨우치는 것은 괴물을 만드는 그와 같은 형국이요,
20 그들을 내보내 복음을 전하는 것은 괴물로 하여금 나의 백성들을 현혹도록 하며 위협하며 겁을 주며 그들로 하여금 공포에 떨게 하는 것이라 함을 알아야 될 것이니라.

8,532 번째 하나님 말씀

2003년 11월 24일 08시 16분

1 사랑하는 나의 아들아!
2 "네, 아버님! 말씀하옵소서."
3 내가 성서에 기록하여 전하기를, 너희들은 어렵고 불쌍한 자들, 너희 손에 닿지 않는 그와 같은 곳에서 어렵고 힘들게 살아가는 그 백성들에게 복음을 심어 주며, 찾아가서 나의 뜻을 전하라 그리하였음이니라.
4 그것이 바로 무엇인 줄 알겠느냐?
5 너희들이 나의 피조물 만백성에게 기름을 붓는 역사라는 것을 알라.
6 종교 집단이요, 지도자들 저희들은 기름 부음을 받은 자요, 그리하여 저희들만이 기름을 붓는 그와 같은 역사를 한다 그리 가르치는 그것이 지금 바로 무엇인 줄 알겠느냐?
7 나의 백성들을 쇠사슬로 묶어 끌고 가는 것이니라.
8 나의 아들을 통하여 너희들이 사각지대요, 구석진 곳까지, 그리고 착하고 어렵게 살아가는 그 백성들에게 복음을 전하며, 나 여호와가 존재함을 깨닫게 전하는 그것이 바로 너희들이 기름 부음의 역사라는 것을 알아야 될 것이니라.
9 내가 나의 아들을 통하여 너희들에게 그리 가르쳤음이니라.
10 내가 기름을 부음이라는 것은 너희들이 기름을 그저 붓는 것으로써 역사하는 것이라 가르쳤으며, 그대로 너희들이 깨우치면 된다 그리 말하지 아니하였는가?

11 호롱 속에 기름이 없어 꺼져 가는 그 불에 과연 무엇이 필요하던가?

12 너희들이 온갖 말과 설교요, 광란의 짓이요, 춤을 추고 고깔 쓰고 흔드는 그와 같은 것으로써 아무리 찬송을 부르며 나를 경배하고 소리 지르고 한다 해도 그 불은 꺼져 감이니라.

13 거기에 필요한 것은 무엇인 줄 알겠느냐?

14 기름을 붓는 것이니라.

15 바로 기름을 부어 꺼져 가는 그 촛불을 살리는 것처럼, 나의 피조물 만백성에게 그와 같이 너희들이 나의 진리를 깨우치는 그것이 기름의 부음이라 함이니라.

16 기름을 부을 수 있는 것은 모든 백성들이 다 부을 수 있는 것이며, 기름 부음의 역사를 할 수 있는 것임을 너희들은 알아야 될 것이니라.

17 내가 나의 아들을 통하여 너희들에게 강론하기를, 많은 사람이 모여 있는 방에 호롱불이 꺼져 감이니, 거기에 붓는 것은 기름이라 하였음이니라.

18 그러니 오로지 기름이 옆에 있으며 기름이 담겨 있는 그릇이 옆에 있어 너희들이 붓기만 하면 되는 것을,

19 이것은 주인이 와서 부어야 되며, 안방의 주인만이 와서 여기다 기름을 붓는 것이라 하여,

20 거기에 있는 자들은 절대 아무도 기름병에 손을 대지 못하게 하며 기름을 붓지 못하도록 훼방한다면 그 불은 결국 어찌 되겠는가?

21 그 불씨마저 꺼져 버리며 그 모두는 죽을 것이니라.

22 그러나 거기에 있는 자가 기름을 부으면 그 불은 살 것이며 그 불은 역사할 것이니라.

23 바로 이와 같은 이치를 모르는 자들이 그들이니라.

24 종교 집단이요, 지도자 저희들만이 기름 부음을 받은 자요, 기름을 부을 수 있는 자라 한다면 이것이 얼마나 왜곡되게 잘못 가르치는 것이냐?

25 많은 사람들이 그득히 있음이니, 꺼져 가는 불에 기름을 부으면 될 것을, 그것을 붓지 못하게 하는 자들의 억압으로 붓는 자에게 못 붓게 한다면 결국 무엇이더냐?

26 그 불은 꺼짐이니, 너희들의 오늘의 믿음이 그와 같으니라.

27 나 여호와는 한 사람으로서 기름을 붓는 자를 명한 것이 아니라, 나의 아들딸 누구든 다 기름을 부을 수 있으며 기름을 붓는 자격이 있음을 알라.

28 너희들은 나로부터 성령이 임한 것이요, 깨달음을 받았다 그리하지 말라.

29 나의 아들이 지금 나의 성령을 들어 나의 아들로서 명받아 160권의 대장정의 법전을 세상에 만들어 내나, 그 아들보다 더 소중한 그 근본의 원리가 무엇인 줄 알겠느냐?

30 너희들이 육신을 가지고 나의 아들딸로서 세상에 태어난 것이 더 소중한 것이요,

31 나의 아들이 너희들에게 가르치고 깨우치는 것, 그리고 선택된 나의 아들이 더 소중하고 더 소중하지 아니함이 없음을 너희들은 알아야 될 것이니라.

32 그러니 나의 아들딸들은 누구나 다 기

름을 부을 수 있으며, 기름을 붓는 역
사를 할 수 있는 것이 너희들이라는
것을 알아야 될 것이니라.
33 그러니 오늘의 종교 지도자 저희들만
이 세례를 해 주며 기름을 부을 수 있
다 하니, 그들이 어떠한 자들인 줄 알
겠느냐?
34 저희들의 권위를 세우기 위해서, 저희
들의 값을 높이기 위해서, 저 자신을
높여 팔아먹기 위해서 그와 같은 행위
를 함이니,
35 이를 뒤집어서 말하면 나의 사랑하는
백성들에게 재물을 거둬들이고자 하
는 자이니라.
36 그러니 그와 같은 형국에 너희들이 더
이상 끌려가서는 아니 될 것이니라.
37 기름을 붓는 것이 특별한 기술이며,
기름을 붓는 것이 특별한 어떤 교육을
받는 것이 필요하며, 어떠한 기능이
필요하단 말이더냐?
38 그저 꺼져 가는 호롱불에 뚜껑을 열고
기름을 부으면 그 불이 훨훨 타는 것
이며 꺼지지 아니하는 것을, 아무것도
아닌 것을 가지고 저희들만이 그리 역
사한다 하니, 그것이 무엇이더냐?
39 꺼져 가는 불길마저도 완전히 꺼지게
하는 사악한 자들이니, 그들의 속내
요, 그들의 사악한 마음을 들여다보도
록 그리하라.
40 기름을 붓는 것은 아무나 부을 수 있
음이니, 한번 부어 보라 하라.
41 꼭 제가 와서 붓는 기름만이 불에 타
며, 다른 사람이 붓는 것은 과연 그것
이 안 되는가?
42 이방인이 어디 있으며, 사랑방에 얹혀
있는 객이면 어떻고, 그곳에서 신세를
지는 자면 어떠하며, 그곳에서 재물을
주인에게 바치며 주인에게 사랑을 받
는 자면 어떠하며, 배운 자 배우지 못
한 자가 무슨 상관이 있더냐?
43 그 호롱에 기름을 붓는 것은 아무나
부을 수 있는 것이니라.
44 그러니 여기서 너희들은 깨우쳐야 될
것이니라.
45 나 여호와가 너희들에게 무어라 말하
였느냐?
46 천사와 사탄이라는 것은 너희들이 마
음먹는 일순간이라 하였음이니라.
47 너희들이 악한 마음을 먹는 그 순간은
사탄이요, 악한 짓을 하는 것은 사탄
의 자식이요, 사탄이 되는 것이요,
48 선한 행동과 선한 말을 하는 것은 너
희들이 성령으로 임하는 천사가 되는
것이니,
49 배운 자, 안 배운 자, 그리고 있는 자,
없는 자가 천사나 사탄이 되는 것은
너희들이 구분할 수 없으며,
50 누구나 다 천사가 될 수 있으며, 사탄
으로 무너질 수 있는 것이 너희들이라
는 것을 알라.
51 기름을 붓는 그 순간에 그는 아름다운
마음이 아니더냐?
52 많은 사람들에게 불을 밝혀 주며, 꺼
져 가는 그 불길을 살리기 위하여 제
가 수고로움을 하여 그걸 부음이니,
그는 천사와 같은 자이니라.
53 그러니 너희들이 모든 나의 백성들에
게 아름다운 마음이요, 선행을 행하도
록 가르치고 전하는 것은 천사가 되는
것이니, 기름을 붓는 자들이니라.

54 이제 세례를 한다는 것은 그 목자요,
종교 지도자만이 해야 된다는 그 사기
극에 속지 말라.
55 그들은 저 자신을 높이 팔아먹으며,
나의 피조물 만백성을 쇠사슬에 묶어
끌고 가는 것이 오로지 그것밖에 없기
때문에 그와 같은 자들이 하는 것이니,
56 세례가 무엇이던가?
57 성령으로써 깨달음이니, 기름을 부어
줌이니, 바로 그것이 무엇이더냐?
58 깨달음을 내릴 수 있는 자가 너희들에
게 세례를 줄 수 있으며,
59 누구나 다 천사와 같은 마음이요, 천
사와 같은 말로 가르치면 세례를 줄
수 있는 것이니, 바로 기름을 아무나
부을 수 있는 그 이치요,
60 내가 오늘 나의 아들을 통하여 내리는
대목을 읽고 또 읽어 세상의 이치에
눈을 뜨도록 그리하라, 사랑하는 나의
아들딸들아!

8,533 번째 하나님 말씀

2003년 11월 24일 08시 20분

1 사랑하는 나의 아들아!
2 "네, 아버님! 말씀하옵소서."
3 이 세상에 잘못 가는 사탄의 후예요,
그 자식들이 160권의 법전이 세상에
나오는 그 역사를, 마지막 시대에 거
짓 선지자가 와 세상을 혼란케 하는
것이며 이는 사탄의 역사요,
4 한 획도 한 글자도 빼도 더해도 고쳐
도 안 되는 이 성서를 잘못되었다 하
면서 이를 뒤엎는 그는 영영 용서할
수 없는 사탄이요, 마귀라 그리 말하
며,
5 그리하여 이 법전은 세상에 나와서는
아니 되며 역사해서도 아니 된다 그리
말하는 백성, 그들에게 물으라.
6 그들이 나의 법전을 믿지 못하며 법전
은 사탄의 것이라 말해도, 이 책 속에
기록되어 있는 것, 나의 법전에 기록
되어 있는 그 내용들 하나하나를 창조
주 나 여호와가 과연 그와 같이 역사
하고자 하면 역사할 수 있나 없나 그
를 물으라.
7 그러면 그들은 할 말이 없을 것이니라.
8 나의 법전 자체는 믿지 않는다 해도,
나의 법전에 기록되어 있는 그 기적
같은 모두는 과연 역사할 수 있는 것
인가 없는 것인가?
9 십계명을 지키며 사는 것, 나의 법전
대로 사는 것, 하나의 거짓말을 하지
아니하고 사는 것, 자신을 희생해서
남을 구원하는 것이 하늘에 오르는 길
이라 하여 여기에 기록되어 있는 내용
은 나 여호와가 그리하고자 하면 할
수 있는 것인가 없는 것인가?
10 진정한 마음으로 변하는 자는 새소리
를 들으며, 짐승 소리를 들으며, 동식
물과 대화를 하며 역사한다는 것,
11 그리고 마음을 비워 성령이 그득히 찼
을 때, 너희가 나와 대화하며 내 모습
을 볼 수 있다 기록된 그 내용들은, 과
연 나 여호와가 그와 같이 이룰 수 있
나 없나 그들에게 물어보라.
12 내가 바다를 산으로 만들며 산을 바다
로 만드는 그와 같은 역사를 이룰 수
있다 나의 법전에 기록하여 전했음이
니, 과연 그와 같은 것을 창조주 나 여

호와가 할 수 있나 없나 그들에게 물
어보라.
13 과연 그들이 그 앞에서도 나 여호와가
할 수 없다 그리 말하겠는가?
14 그 말을 하지 못한다면 그들에게 너희
들은 조용히 깨우쳐 주라.
15 나 여호와가 내린 이 법전을 너희들이
믿지 않는다 해도, 이 내용에 기록된
것은 창조주 아버지가 역사할 수 있는
것이라 생각하고 너희들이 나의 법전
을 다시 한 번 읽고 깨달아 보면,
16 과연 거기에 대해서 역사하는 것이 그
대로 이루어졌을 때, 너희들이 잃는
것은 무엇이며, 손해를 보는 것은 무
엇이며, 너희들이 하늘에 오르는 길에
도움이 되고 안 되는 것이 무엇이 있
는가?
17 나의 법전대로 창조주 나 여호와가 역
사할 수 있으며 그리 행할 수 있다면,
18 그와 같이 역사하고 행해졌을 때, 너
희들이 손해 보는 것은 무엇이며, 너
희들이 하늘에 오르는 길에 방해되는
것은 무엇이며, 너희들이 구원을 받는
데 걸림돌이 되는 내용이 어디 있는가?
19 거기에 있는 내용대로 너희들이 실천
할 때, 하늘에 오를 수 있는 길이 아니
던가?
20 그리고 너희들이 그리도 갈구하는 구
원을 받을 수 있도록 내용이 기록되어
있지 아니한가?
21 너희들이 거기에서 분석해 보면 얻고
잃는 것을 알 것이니, 너희들이 나의
법전을 믿지 못하며 사탄의 장난이라
하는 것이 얼마나 부끄럽고 어리석은
것인지를 깨달을 것이니,
22 너희들은 시시비비하지 말고, 이 법전
을 사탄이라 해도 법전 내용대로 창조
주 나 여호와가 역사할 수 있느냐 없
느냐 그것만 물어보라.
23 그러면 스스로 저희들이 나로부터 선
택된 백성이라면 깨달음이 있을 것이
며, 구원을 받을 자는 거기에서 나의
법전을 높이 들어 외치고 이를 따르라
소리 지를 것이니라.

8,534 번째 하나님 말씀

2003년 11월 24일 08시 26분

1 사랑하는 나의 아들아!
2 "네, 아버님! 말씀하옵소서."
3 인간관계에 몇 명 안 되는 부모와 자
식 사이에도 너희들은 아름답게 살아
간다 그리하였느니라.
4 그러나 나 여호와 창조주가 헤아릴 수
없이 많은 나의 아들딸을 세상에 내보
냈으나 내 유업을 받을 자가 하나도
없음이니, 그 아픈 마음을 너희들이
알겠느냐?
5 그리고 내 마음을 헤아릴 수 있겠는가?
6 이를 내가 너희들에게 물어보았음이
니라.
7 이것이 오늘의 나의 백성 너희들이 살
아가는 길이요, 오늘의 생활의 형태이
니, 그 많은 자식들 중에서 내 유업을
받을 자식이 없다면 내 마음이 얼마나
아프고 저리겠는가?
8 인간 세상의 자식에게도 짧은 세월을
살면서 부모가 그 유업이나 재산을 관
리하지 못하고 다스리지 못하는 어리
석은 자식을 두었을 때, 부족한 자식

을 두었을 때,
9 그가 숨을 거두면서 남에게 모두를 다
그저 송두리째 맡기지 아니하면 아니
되는 부족한 자식을 둔 부모가 눈을
감는 그 마음이 얼마나 아프겠는가?
10 그러니 나 여호와는 수십억의 나의 아
들딸들을 세상에 내보내면서도 그것
보다도 더 어리석은 백성들이요, 그보
다도 더 잘못 가는 나의 아들딸만이
세상에 존재하니,
11 그를 보는 내가 얼마나 가슴 아프며
나 스스로 슬픔을 이기고 살아가는 것
인지 너희들은 알라 하지 아니하였더
냐?
12 이와 같은 뜻을 너희들이 깨우친다면
오늘의 너희들이 바로 서지 못하고,
내가 직접 써 내린 나의 십계명을 지
키고 못 지킨다는 것, 그리고 나의 법
전대로 살고 못 사는 것을 시시비비하
는 너희들이 얼마나 나를 욕되게 하는
것이며 내 뜻을 거역하는 것인지 알겠
느냐, 사랑하는 나의 아들딸들아!
13 그러니 그 많은 백성들을 나의 아들을
통하여 160권의 법전으로써 다스리기
는 시간이 필요하며, 너무나 어렵고
힘든 길이니라.
14 그리하여 성서의 한두 줄을 보고 깨우
칠 수 있으며 너희들 중에 문을 열어
준 자가 있어 내 뜻에 의해 가는 그와
같은 것을 가지고 나의 법전에 기록된
내용들을 먼저 받아다 깨우쳤다는 백
성들이 있음이니라.
15 그리하여 내가 터치하여 한두 개의 지
혜를 주어 이 세상을 통제하는 데 도
움이 될 수 있도록 미리 그들에게 선
견지명을 주었거늘,
16 그들이 다 제가 제왕이요, 자기가 대
장이 되고자 하여 지금 제 앞길만을
가는 그와 같은 백성들이 되었음이니,
그들 또한 다루는 것이 그리도 힘들고
어려움이니라.
17 그리하여 내가 그들부터 모두를 다 통
제하고 다스리기 위하여, 지금까지 통
제되어 왔으며 숨겨 놓았던 성서의 봉
합된 그 모두를 문을 열어 나의 아들
을 통하여 너희들에게 가르쳐 줌이니
라.
18 하늘의 뜻을 직접 가르쳐 전하며, 내
가 성경에 비유한 그 뜻의 봉합된 것
을 상세히 펼쳐 기록하여 너희들에게
내림이니,
19 나의 법전을 공부하고 나의 법전을 연
구하며 그리고 이것을 갖고 정독하지
아니하는 자, 정녕 하늘의 길을 볼 수
없으며, 나에게 오를 수 있는 길이 없
다 함을 너희들은 알아야 될 것이니라.
20 그리하여 내가 지금 봉합된 그 모두를
열어 나의 아들을 통하여 상세히 내려
보냄이니,
21 한두 권의 책을 썼다 하는 자, 한두 마
디의 깨달음을 알았다 하는 자, 그리
고 나에게서 무엇을 역사했다는 자,
그와 같은 자, 너희들은 고개 숙여 나
의 법전을 가지고 너희들 본연의 임무
로 돌아가야 될 것이니라.
22 지금 나의 아들을 따르는 그 제자들에
게 내가 꿈으로써 보여 주며 환상으로
써 보여 주니, 너희들의 수준보다도
높이 있는 것이 나의 아들을 따르는
제자들이니라.

23 그러나 다만 그들은 나의 아들이 있어
내가 내리는 성령이 끝이 없으며, 중
단하려 해도 중단할 수 없으며,

24 너희들이 깨우쳤다 생각해도 또 다음
에 깨우침이 있고 또 다음에 깨우침이
있는, 너희들이 상상할 수 없는 그 두
려움과 무서움을 알기에,

25 내가 한두 가지를 내려 미리 보낸 너
희들보다 더 높은 경지에 있는 그 제
자들도 말없이 따라가고 있는 오늘의
현실을 너희들이 안다면,

26 너희들이 이제는 나의 아들을 통하여
내리는 나의 법전이요, 나의 아들이
가는 그 역사 앞에 고개 숙여, 나의 아
들이 가는 길이요, 나의 법전이 세상
에 전해지는 데, 내가 너희들에게 지
혜의 눈을 뜨게 해 준 모두를 바쳐 역
사하는 데 최선을 다해야 될 것이니라.

27 나의 아들을 따르는 제자들이요, 나의
법전을 읽고 깨우친 백성들은 너희들
의 깨달음보다도 열배 백배 높이 와
있는 자들이 말없이 가고 있음을 너희
들은 알아야 될 것이니라.

8,535 번째 하나님 말씀

2003년 11월 24일 08시 32분

1 사랑하는 나의 아들아!

2 "네, 아버님! 말씀하옵소서."

3 너희들의 오늘의 믿음이요, 종교 집단
이요, 지도자들이 잘못 가는 것이 무
엇인 줄 알겠느냐?

4 주인이 너희들에게 한 가마니의 씨앗
을 주었음이니라.

5 그를 잘 뿌려 거두라 그리하였음이니,
그를 가지고 나간 그 종이 주인의 뜻
에 따라 좋은 밭에 한 가마의 씨앗을
뿌렸다면 그다음에 거둬지는 역사가
얼마나 위대하겠느냐?

6 그러나 그 주인의 눈을 속여, 제가 지
고 나간 그 한 가마니를 뿌리면 된다
하여 그가 자갈밭에 가시덤불에 길거
리에 물가에 그저 닥치는 대로 뿌리고
그를 소모시키는 데만 역점을 두고 왔
다 하면,

7 그 주인이 소득을 거두고자 함이니 과
연 소득의 열매가 어디 있겠느냐?

8 지금의 모든 종교 집단이요, 지도자들
이 2천 년을 흘러오는 동안 그리했음
을 너희들은 알라.

9 주인이 한 가마의 새 씨앗을 주면서
'이것을 토양이 좋은 밭에 잘 뿌리고
돌아오라, 그리하면 내가 가을에 추수
할 때 모든 역사를 얻을 것이라' 그리
생각하고 내보냈으나,

10 그 종이 좋은 토양을 찾아가기가 너무
힘들고 어렵기에, 지고 가다 말고 그
저 그것을 물가에도 뿌리며 강에도 뿌
리며 백사장에도 뿌리며 자갈밭에도
뿌리며 가시 넝쿨에도 뿌리며 사람들
이 지나가는 길거리에도 뿌림이니,

11 이는 새가 주워 먹고 날짐승이 주워
먹어 크지 못하는 그와 같은 형국으로
되었음이니,

12 그것을 거두려고 보니 그 주인이 가
을에 거둘 것이 하나도 없다면 과연
어떠하겠느냐?

13 오늘의 종교 집단이요, 지도자들이 지
금 그와 같은 역사가 되었음이니라.

14 나의 아들 예수를 세상에 내려보낸 것

은 내가 곡식의 씨앗을 한 가마를 저
희들에게 준 것임이니라.
15 그리하여 너희들이 이를 뿌리고 잘 가
꾸어 거두라 그리 말하였으나,
16 그들이 나의 아들을 통하여 내린 그
복음이요, 사랑의 가르침을 그저 아무
데나 심어 버렸으며, 저희들 육신의
행복을 위하여, 저희들이 편안하고자
죄의 온상인 교회를 짓기 위하여 그저
아무 데나 뿌린 것이 오늘의 그들이
온 역사이니,
17 지금 나 여호와가 2천 년이 흐른 다음
에 그걸 거두려 세상에 내려와 보니
하나도 거둘 수 없는 것이요, 그 곡식
이 씨를 내리지 못한 그와 같은 사악
한 형국이 되어 있음을 너희들은 알라.
18 이제 내가 나의 아들에게 모두를 내리
는 것은 무엇이더냐?
19 내가 너희들에게 한 됫박씩의 씨앗을
줌이니, 너희들도 또한 이를 가지고
가 주인의 눈을 속여 모래밭, 자갈밭,
넝쿨 밭에 그저 날짐승이요, 들짐승이
먹을 수 있도록 뿌리고 돌아와 다 뿌
렸다 말하는 백성이 되지 말라 함이니
라.
20 멀고 힘든 길이라도 너희들이 곡식의
씨앗을 뿌렸을 때 거둬들일 수 있는
그 토양을 찾아 한 됫박을 뿌렸을 때
거둬지는 것이 얼마나 크겠느냐?
21 열 가마 백 가마를 길거리에 뿌리며
자갈밭이요, 풀뿌리에 뿌리는 자들보
다도 너희들이 한 됫박을 가지고 뿌린
곡식이야말로 모두를 거두지 않겠느
냐?
22 그러니 나의 아들딸이 한 됫박씩을 가
지고 토양을 찾아 나가 뿌리는 그 역
사를 하기 시작하는 것이 너희들이니
그리 알라, 사랑하는 나의 아들딸들아!
23 2천 년 동안 온 믿음이 그와 같은 형
국이 되었음이니라.
24 그리하여 지금 거두려 하나 아무것도
거둘 수 없음이니라.
25 그리고 뿌리도 잡히지 아니하였으며,
그러니 다음에 씨앗을 거둘 것도 없는
것이 오늘의 형국이니, 그게 바로 너
희들의 오늘의 믿음의 형태임을 알아
야 될 것이니라.
26 그러니 나 여호와의 마음이 어떻겠는
가?
27 한 가마를 내려보냈으나, 거기에서 하
나도 거둘 것이 없으며 본전을 찾지도
못하며, 다음에 뿌릴 수 있는 그 알곡
식이 하나도 없는 그와 같은 형국이니
바로 그것이니라.
28 그리하여 2천 년이 된 오늘 거둘 것이
없어, 내가 문을 닫고 새로운 씨앗을
한 됫박씩을 주어, 너희들이 토양에
그를 뿌려 만백성의 양식이요, 곡식이
되도록 하라는 것이 나 여호와가 오늘
에 이루는 뜻임을 알라, 사랑하는 나
의 아들딸들아!

8,536 번째 하나님 말씀

2003년 11월 24일 08시 39분

1 사랑하는 나의 아들아!
2 "네, 아버님! 말씀하옵소서."
3 어린아이들의 그 곱고 고운 마음이요,
아름다운 마음 자세로 그대로 세상사
를 살아왔다면 이 세상이 곧 무엇이더

냐?
4 곧 지상의 천국이 되었을 것이니라.
5 그러나 너희들이 살아가는 마음속에
서 퇴색되고 무너지며 욕심이라는 굴
레를 벗어나지 못하여 어린아이들의
마음으로 성장하지 못하며 무너졌음
이니라.
6 그러니 나 여호와가 너희들에게 바라
고 원하는 것이 무엇인 줄 알겠느냐?
7 너희들이 세상에 태어날 때의 아이들
처럼 아름다운 그 마음으로 되돌아가
도록 하며, 너희들을 되돌려 놓고자
하는 것이 나 여호와의 뜻임을 알라.
8 나 여호와가 너희들을 세상에 내보내
태어났을 때의 어린아이들보다 더 어
리고 고운 심성으로 살아가는 것이 나
에게 오르는 길이라는 것을 너의 제자
들은 알아야 될 것이니라.
9 내가 어린아이들의 마음으로 너희들
이 사는 세상이 지상의 천국이라 하였
으나,
10 나의 아들을 따르는 선택된 제자들이
요, 나의 법전을 읽고 깨우친 만백성
너희들은 어린아이가 태어나서 세상
을 보며 제가 젖을 달라 울기 전의 그
보다 더 깊고 깊은 아름다운 마음이
요, 고운 심성으로써 돌아가는 것이
너희들이며, 그들만이 나에게 오를 수
있는 길이라는 것을 잊어서는 아니 될
것이니,
11 너희들이 가는 길이 얼마나 협착하고
어렵고 힘든 길인지 그들에게 깨우쳐
주도록 하라.
12 그러니 지금 너희들이 어린아이와 같
은 심성으로써 살아가지 못한다면, 나
에게 오를 수 있는 어린아이들의 곱고
고운 마음보다도 더 아름다운 심성의
세상을 과연 갈 수 있다 생각하느냐?
13 그리하여 내가 그 길로 되돌아가도록
하기 위하여 나의 아들을 따르는 제자
너희들을 훈련시키며 이와 같이 깨우
쳐 줌을 절대 잊어서는 아니 될 것이
니라.
14 그러니 그 길로 돌아가는 것이 무엇인
줄 알겠느냐?
15 내가 내린 율법이요, 나의 계명대로
살아가는 것이요, 내가 지금 모두를
다 태워 내리는 나의 법전대로 행하고
살아가는 그것만이 나에게 오는 길임
을 너희들은 알아야 될 것이니라.
16 노랗게 새싹이 세상에 나올 때, 그를
잘 관리하고 키워서 그가 성장하도록
한다면 그들은 무엇을 하겠는가?
17 키워 준 너희들에게 보답을 하는 것이
그 나무들이요, 새싹이 자라서 너희들
에게 하는 길이 아니더냐?
18 그러니 노란 새싹이 나왔을 때, 그걸
그대로 잘 관리하고 보호하여 성장하
도록 하면 되는 것이거늘,
19 이 세상에 아름다운 생명체로 내가 아
름답게 만든 나의 백성 한 사람이 세
상에 태어남이니,
20 그들이 곱게 자라고 곱게 커 모든 인
간에게 되돌려 줄 수 있는 그와 같은
아름다운 심성이요, 큰 나무요, 그늘
을 지울 수 있는 거목으로 키우는 그
와 같은 과정이 필요하거늘,
21 너희 조상들, 먼저 살아온 자들이 흐
트러지고 썩었음이니, 그 노란 새싹이
어느 사이에 저도 모르게 썩어지고 타

락되는 그와 같은 삶을 살아가는 것이
그들이니라.
22 그러니 오늘을 사는 너희들의 조상이
요, 뿌리라 말할 수 있으며, 너희들의
어버이요, 아버지요, 어머니라는 말을
들을 수 있는, 또 할아버지요, 할머니
라는 말을 들을 수 있는 조상의 역사
의 전철을 밟아 가는 너희들이 어찌
변해야 되겠는가?
23 그리하여 너희들은 어린아이 마음처
럼 변하라 함이니라.
24 그리했을 때 다음 세상에 노랗게 싹이
트는 그 새로운 생명들이요, 나의 아
들딸들이 바로 설 수 있어 나에게 구
원을 받을 수 있거늘,
25 너희들이 이미 썩어져 있으며 혼탁해
져 있으니, 그를 관리하고 기르는 자
가 또한 혼탁하게 됨이니,
26 그리하여 이 세상의 모두가 잘못되었
으며 이 세상 모두를 바로잡고 다시
태어나는 그 역사를 지금 너희들이 이
루어야 된다는 것이니라.
27 그러니 모든 백성을 다스릴 수 없기
에, 나의 법전을 읽고 깨우친 백성들
이요, 나의 법전을 읽고 나의 아들을
따르는 그 제자들, 너희들부터 먼저
노란 새싹을 그대로 곱게 곱게 기를
수 있고 보호할 수 있는 너희들로 만
들고자 하는 것이 나 여호와의 애절한
뜻임을 잊지 말라 전하라.

8,537 번째 하나님 말씀

2003년 11월 24일 08시 42분

1 사랑하는 나의 아들아!
2 "네, 아버님! 말씀하옵소서."
3 너를 따르는 너의 제자에게 물어보라.
4 이 세상에서 가장 아름다운 연주회는
어떤 연주회인가 물어보라.
5 너희들이 모든 악기를 동원하여 가장
화려하고 찬란한 그와 같은 연주의 역
사를 이루는 것이 가장 아름다운 음악
의 멜로디라 그리 생각할 것이니라.
6 그러나 너의 제자들과 나의 법전을 읽
고 깨우친 만백성 너희들은 알아야 될
것이니라.
7 나 여호와가 연주하는 자연의 연주회
요, 음악회요, 그 음악보다 더 아름다
운 연주회는 없음을 너희들은 알아야
될 것이니라.
8 너희들이 아무리 모든 악기를 동원하
며 모든 화려한 장식을 하며 그곳에서
연주회를 하고 노래를 부르며 음악의
장을 만든다 해도, 그보다 더 아름다
운 것이 무엇인 줄 알겠느냐?
9 자연의 악기보다 더 아름다운 악기요,
음악이 없음을 너희들은 알아야 될 것
이니라.
10 이제 사랑하는 나의 아들을 따르는 제
자요, 그리고 나의 법전을 읽고 깨우
친 만백성 너희들은 자연의 그 아름다
운 연주회를 보고 들을 수 있는 그와
같은 너희들로 변화되지 아니하면 아
니 됨을 알라.
11 네 제자로서 음악을 하며 그 음악의
상태를 알며 연주회를 하는 그에게 물
어보라.
12 과연 내가 이 세상에 만든 자연의 연
주회요, 자연의 화합된 음성이요, 그
노랫소리요, 그 음성을 듣는 것보다

더 위대하고 더 화려한 연주회를 과연 만들 수 있겠는가?
13 그렇다면 너희들은 인간이 만들어 낸 그 연주회보다도 더 아름답고 고운 자연의 내가 만든 그 화합의 장을, 그 음악회를 어찌하여 듣지 못하며 보지 못하는 백성이 되었더냐?
14 그를 보고 듣는 그와 같은 너희들이 되어야 할 것이니, 나의 아들을 따르는 제자들이 자연의 연주회를 듣고 볼 수 있도록 변화되지 아니하면 아니 됨을 알라 그리 전하라.

8,538 번째 하나님 말씀

2003년 11월 24일 08시 50분

1 사랑하는 나의 아들아!
2 **"네, 아버님! 말씀하옵소서."**
3 수천 년 동안 흘러오는 종교 집단이요, 지도들이 다 정상적인 나의 아들딸을 생산한 것이 아니요,
4 내가 아름답게 보낸 나의 아들딸들을 비정상으로 만들었으며, 그들이 기형아를 키우는 데만 모두를 다 바쳤으며, 그들은 거기에 역사한 것밖에 아무것도 없음을 알라.
5 내가 나의 아들을 통하여 너희들에게 가르치지 아니하였느냐?
6 유년시절에 너희들이 공부를 하며 또한 학업을 하며 성장하여 중등교육이요, 고등교육을 마침으로써 너희들은 거기에 맞도록 실력을 향상하며,
7 너희들이 거기에 맞도록 나이에 따라 변화되며 깨우쳐 가는 것이 정상적인 인간의 삶이요, 인간의 도리라 내가 하지 아니하였던가?
8 그러나 너희가 지금의 믿음의 길을 가면서 어떠한 믿음으로 가고 있는지 알겠느냐?
9 추하게 돈이요, 금화와 은화를 바치고 명칭을 받고 직함을 가지고 있는 자들, 그러면 직함을 가지고 있는 자요, 장로요, 권사요, 집사요, 하는 너희들이 부르는 그 직함을 가진 것, 그것은 곧 무엇이더냐?
10 너희들의 믿음의 세월을 이야기하는 것이며, 그것이 또 나 여호와의 뜻이요, 너희들만이 위대한 백성이요, 너희들의 믿음이 그와 같이 높은 백성이라 생각하는 상징이 아니던가?
11 그러하니 그와 같이 믿음이 높은 것은 곧 무엇을 의미하느냐?
12 너희들은 경지가 높이 와 있는 것이라 그리 말하느니라.
13 그러나 너희들은 여기서 알아야 될 것이니라.
14 나 여호와가 사랑하는 백성들을 너희들이 기형아로 만들었으며 비정상적인 백성으로 키운 것이 무엇이라 말하는 줄 알겠느냐?
15 돈으로 산 그 직함을 가지고 있는 자, 몇십 년 동안 믿음을 가진 자, 10년, 20년, 30년의 믿음을 가졌다면 너희들이 그만큼 경지가 높게 변화되어 있어야 하나,
16 하나도 변화된 것이 없으며 하나도 역사한 것이 없는 삶을 산다면 과연 그것이 무엇이더냐?
17 그게 바로 기형아가 된 것이며, 너희들이 비정상적인 아이들로 된 것이라

는 것을 내가 말함이니, 여기에 너희
들이 나에게 과연 할 말이 있는가?
18 내가 내려다보는 오늘의 종교 집단 속
에 재물을 주고 직함을 산 자들, 그들
이 너희가 이방인이라는 자들보다도
더 사악한 자들이며 더 간악한 자요,
19 너희들이 그 속에서 권모술수를 부렸
으며, 밉고 선한 자를 구분하여 너희
마음속에 담아,
20 너희들이 내칠 자 내치며 받아들일 자
받아들이며, 단물을 빨 수 있는 자는
받아들이고 단물이 빠진 자는 버리는
그와 같은 훈련과 생활에 젖어 있는
것이 오늘의 돈을 주고 산 그 직함을
가지고 있는 자들이니라.
21 그러니 믿음을 가지고 있는 자, 그들
은 종교 지도자의 비행을 더 잘 알며
그들이 잘못된 것을 더 잘 알고 있으
며, 그들을 손아귀에 쥐고 흔들 수 있
는 것이니,
22 너희들이 목자라는 그 직함을 받을 수
없기 때문이지, 돈으로써 그 직함을
살 수 있으며 권모술수로 살 수 있다
면 다 몰아내고 그 자리를 차지하고자
하는 것이 너희들이니라.
23 다만 그 자리를 차지할 수 없으며 그
자리를 역사할 수 없기에, 그들의 약
점이요, 단점을 움켜쥐고 뒤에서 제왕
노릇을 하는 것, 그것이 바로 너희들
이니,
24 정녕 너희들이 기형아가 된 것이요,
정상적인 나의 아들딸이 된 백성이 아
니라 함이니,
25 그리하여 썩고 썩은 그곳을 불로써 모
두 태우고자 하는 것이 나 여호와의
뜻이니, 그를 너희들이 보게 될 것이
니 그리 알라.

8,539 번째 하나님 말씀

2003년 11월 24일 08시 56분

1 사랑하는 나의 아들아!
2 "네, 아버님! 말씀하옵소서."
3 내가 너희들에게 두마음을 가진 자를
용서하지 못하며, 두마음을 가진 자보
다 사악한 자가 없다 하였음이니라.
4 너희들이 나를 속이며 나에게 거짓된
행위를 하며, 진정한 믿음의 길을 가
는 자라 하면서 죄를 짓는 자, 그리고
사악한 행위를 하는 자, 나는 결코 용
서할 수 없다 하였음이니라.
5 차라리 너희들이 죄라는 것을 알면서
그를 행한다면 그대로 죄라 인식하고
그리 행하는 그 백성을 내가 두마음을
가진 자보다 더 사랑한다는 것을 너희
들은 알아야 될 것이니라.
6 나 여호와는 겉으로는 두말할 것이 없
이 천사처럼 하나, 그 뒤에서 험악하
고 추한 짓을 하는 그와 같은 자는 절
대 용서하지 못함이니,
7 차라리 너희들이 죄라 생각하면서 죄
를 참지 못하여 행하는 그자가 두마음
을 가지고 양의 탈을 쓴 자보다 낫다
함이니라.
8 그러니 이 세상에 두마음을 가지고 가
는 자가 얼마나 잘못되었는지 너희들
은 알아야 될 것이니라.
9 두마음을 가진 자는 거짓 하는 자요,
살인하는 자요, 그와 같이 사악한 자
라는 것을 너희들은 절대 잊지 말라

그리 전하라.
10 이제 두마음을 가지고 살아가는 너의
제자들이나 나의 법전을 읽고 깨우친
백성 너희들이 있거든, 너희들 자신이
그와 같은 마음을 다스리는 삶을 살도
록 그리하라.
11 차라리 너희들이 죄를 알면서 죄를 짓
는 것이 낫다 함이니, 죄를 짓지 아니
한 것처럼 하면서 죄를 짓는 사악한
자, 그는 내가 결코 용서할 수 없다 함
을 너희들은 알아야 될 것이니라.
12 너희들이 이와 같은 무서움을 안다면
너의 제자들이요, 나의 법전을 읽고
깨우친 백성 너희는 절대 두마음을 가
져서는 아니 됨을 알라.
13 이 세상에 살아가는 그 이치가 무엇인
줄 알겠느냐?
14 너희들이 두마음을 갖는 것은 오로지
저만 보며 저만 생각하는 자요, 욕심
의 근본이라 함이니라.
15 욕심의 근본은 무엇이더냐?
16 죄악이라 하였음이니라.
17 그 죄악은 너희들이 나의 아들딸이 되
어 나에게 올 수 없고 지옥으로 가게
되는 것이니라.
18 그러니 이제 너의 제자들과 나의 법전
을 읽고 깨우친 백성들에게 너는 전하
라.
19 모두를 여유로운 마음을 가지고 세상
을 보도록 하라 그리 전하라.
20 그리고 여유로운 마음을 가지고 세상
을 보며, 모두는 나 여호와의 뜻으로
주관하는 것이라는 그것 하나만 믿고
생각한다 해도 너희들이 두마음을 갖
지는 아니할 것이니라.
21 한 발짝 물러나 세상을 보면 너희들이
다 볼 수 있는 것이니, 이것 또한 무엇
이더냐?
22 여유로운 마음이니라.
23 나의 사랑하는 백성들이 여유로운 마
음이 없기에, 오늘 당장 너희들이 급
하며 오늘 모두가 역사하는 것만이 위
대한 것처럼 너희들은 아느니라.
24 나 여호와가 주관하여 내 뜻에 의해
이루어짐이니, 세월이 지나면 답이 있
으며, 세월이 지나면 그 역사함의 결
과가 있다는 것을 너희들은 믿지 못하
며, 이 세상의 모두가 역사하는 것은
나의 뜻이라는 것을 믿지 못하기 때문
에,
25 너희들이 자신을 위하여 저를 지키고
제가 살기 위하여 남을 무너트리며 남
을 궁지에 몰아넣고자 하며, 저만 살
고 저만 존재하고자 하는 생각이 두마
음을 가진 자의 근본이니, 이는 절대
사랑을 모르는 자이니라.
26 그러니 오늘 내가 너희들에게 전함이
니라.
27 차라리 죄를 행하고 있다는 것을 알면
서 죄를 그저 행하고 그 벌을 기다리
는 자보다도, 죄를 짓지 않는 것처럼
말하면서 속과 겉이 다른 행위를 하는
자, 절대 용서치 못한다는 내 가르침
의 뜻을 깊이 새겨 행하도록 그리하라.

8,540 번째 하나님 말씀

2003년 11월 24일 09시 01분

1 사랑하는 나의 아들아!
2 **"네, 아버님! 말씀하옵소서."**

3 너희들이 인간사에 살아가는 것이 둥
근 굴렁쇠와 같다 하지 아니하였더냐?
4 출발하는 점으로 되돌아오는 것이 너
희들이라 하였음이니, 과연 너희들이
살아가면서 너희들의 형제요, 그리고
더불어 나의 성전에 와 공부하는 너희
들이 인간관계의 얽히고설킨 것이 과
연 어찌하여 이루어졌는지 한번 생각
해 보았는가?
5 너희들은 모르고 있음이니라.
6 이 세상에 인간관계가 어떻게 이루어
졌는가?
7 그냥 이루어진 것은 하나도 없다는 것
을 너희들은 모르느냐?
8 그러니 그와 같은 이치를 아는 너희들
이 과연 네 앞에 서 있는 자가 누구며,
네 앞에 서서 움직이는 그 동물의 형
태가 무엇이며, 네 앞에 서 있는 그 아
름다운 한 송이의 꽃이 너와 어떠한
인연 관계가 이루어져서 그것이 네 앞
에 와 있는지 과연 그를 아는 백성이
있더냐?
9 그를 모르는 것이 너희들의 한계가 아
니더냐?
10 네가 지금 기도를 함이니, 이 기도를
듣고 있는 너의 제자 또한 서로가 옆
에 좌우에 있는 그 모두가 어떠한 관
계로써 이루어졌으며, 어찌하여 지금
나의 아들이 내리는 그 기도 소리를
듣고 앉아 있는지 그것을 너희들이 깊
이 한번 생각해 보았는가?
11 너희들은 깊이 깨우치고 또 생각해 보
아야 될 것이니라.
12 아무런 인연의 관계가 없는 자가 같이
있지 아니함이니, 너희들은 그 소중함
을 모르는 것이니라.
13 너희들이 이 세상에 살며 태어난 것은
다 태어난 값이 있으며 이유가 있으며
서로 만나는 그와 같은 형국이니, 너
희들이 깜짝 놀랄 인간관계가 맺어지
는 것이 너희들이니,
14 한자리에 모여 있는 그 인간관계가
얼마나 소중한 것인지 깨우치는 현명
함을 갖고 있다면, 네 앞에 있는 자,
네 좌우에 있는 자를 미워하지 말며
책망하지 못하는 것이 너희들임을 알
라.
15 너희들 앞뒤에 앉아 있는 자, 좌우에
서 있는 자가 너희와 어떠한 인간관계
인지 아느냐?
16 너희들이 살아가면서 오늘의 삶에 부
모가 자식에게 사랑을 다 못 했으며
자식이 부모에게 효도를 다 못 한 것
을 통곡하고 애절한 마음으로 울고불
고 통곡하니,
17 나 여호와가 너희들의 그 뜻이 가련하
여 너희들이 다음의 세상에서 다시 태
어날 때 남남으로 만난다면 정녕 너희
들이 오늘에 사는 부모와 자식 사이
요, 그 인연 관계를 모르니,
18 그리도 그 자식에게 못다 한 사랑을
다하기 위하여 몸부림치며 회개한 그
부모의 한을 들어주며,
19 부모에게 효도하지 못한 것을 죽은 무
덤 앞에 가 두 다리 뻗고 통곡하는 그
애절한 것이 불쌍하여 다음의 세상에
서로가 만날 수 있는 인연이 귀하게
연결되었다면,
20 너희들은 그와 같은 사람을 앞에 놓고
시기하고 욕하며 그를 음해하는 그와

같은 행동을 할 수 있겠느냐?
21 그러니 이를 누가 믿든 말든 너의 제
자들만큼은 그리 행하도록 그리하라.
22 세상의 모든 인간관계가 네가 모르는
너와의 관계가 이루어진 것이며, 얼마
나 소중했던 사람이요, 귀했던 사람이
요, 네가 그리 애원하고 찾던 사람이
었는지 너희들은 모름이니, 모두를 다
그와 같은 마음으로써 세상사를 보라.
23 그러면 세상에 그 누구를 원망하고 탓
할 수 있는 너희들의 마음이 얼마나
무서운 것인가를 알게 될 것이니라.
24 정녕 자식을 사랑하지 못하여, 그 자
식을 사랑하지 못한 것이 한이 되어,
25 젖꼭지를 물려 세상에 키우지도 못한
그 자식이 먼저 죽음이니, 그 애통한
마음을 평생 가슴에 안고 살며,
26 젊어서 한참 일할 수 있는 자식이요,
세상에 만백성을 위해 역사할 수 있는
훌륭하고 똑똑한 자식이 먼저 숨을 거
두니,
27 너희가 죽을 때까지 그 자식을 그리워
하여, 내가 그 정성이 갸륵하여 다시
만나는 인연을 만들어 주었을 때,
28 네가 그를 원망하며 그를 욕하며, 그
가 잘못 가는 것을 탓하고 구박하고
살아가는 자가 되며,
29 네가 좀 더 가졌다 해서 그의 어려움
을 돕지 아니하며 자만한 행동을 한다
면 내 가슴이 얼마나 아픈 것인지 너
희들은 모름이니,
30 이 모두가 그냥 이루어진 관계가 아니
라는 것을 나의 아들을 따르는 제자
너희들은 알라.
31 세상의 인간관계가 그냥 이루어짐이
없음을 알라.

8,541 번째 하나님 말씀

2003년 11월 24일 11시 28분

1 사랑하는 나의 아들아!
2 **"네, 아버님! 말씀하옵소서."**
3 너희들이 인간 세상에 살아가면서 남
을 미워하고 예뻐하며 질투하고 시기
하며 저주하는 마음을 갖지 말라 그리
하지 아니하였던가?
4 너희들이 어떠한 인간관계에서 한 자
리에 같이 모여 있으며 어떠한 인연이
있어서 오늘 같이 있는지를 너희들은
모름이니,
5 그게 얼마나 소중하고 귀한 관계인지
모르는 자가 시기하고 질투하고 음해
한다 하지 않았더냐?
6 그와 같은 것을 하지 말라 내가 전하
는 그 뜻을 너희들이 깊이 알아야 될
것이니 그리 알라.
7 정녕 너희들이 다하지 못한 사랑의 인
연으로써 다시 만난 자를 미워하고 저
주한다면, 그것이 얼마나 너희 자신이
불행하며 너희 자신이 가슴 아픈 일이
던가?
8 그러니 너희들은 서로의 만남이 얼마
나 소중하고 귀한 것인지, 그리고 너
희들이 인간 세상에서 만나는 것이 어
떠한 인연인지를 모르니, 함부로 하지
말라는 것을 가슴 깊이 새기도록 그리
하라.
9 그리고 너희들이 그와 같은 마음이 생
길 때, 인간 세상에 그와 같은 인연을
따지기 전에도, 너희들의 마음 한자리

먹기에 따라서 모든 것은 사랑이요,
또한 적으로 변함이니라.
10 너희들이 행동 하나 언행 하나 잘못하
는 것으로써 크나큰 전쟁을 이룰 것이
며 또한 전쟁을 막을 것이요,
11 자식을 잃고 얻는 그와 같은 형국이
되는 것이 아니더냐?
12 인간 너희들의 마음이 어떠하던가?
13 한 가정에 미워하는 자식이 물 한 컵
을 엎었을 때, 그를 달래 준 어미에게
남편이 그 미운 자식의 행동을 그리
말하느니라.
14 집안을 온통 더럽히는 짓만 한다고 그
리 구박할 것이니라.
15 그러나 제가 예뻐하고 사랑하는 자식
이 그를 엎음이니 그를 꾸중하는 부인
에게 남편은 그리 말할 것이니라.
16 '사람이 실수할 수도 있으며 엎을 수
도 있는 것이지, 그리고 깨끗이 닦으
면 될 것이지, 그것이 무엇이 그렇게
대단한 일이냐?' 그리 말하는 것이 인
간인 너희들의 마음이니라.
17 그러니 말하는 너희들은 그렇다 해도,
그를 받아들이는 당사자요, 너희들의
자식이요, 이웃이요, 남들은 과연 어
떠하겠는가?
18 너희들이 인간관계를 하면서 너희가
예뻐하는 자가 행하는 모든 것은 예뻐
보이며, 너희가 미워하는 자는 예쁜
짓도 밉게 보인다면, 과연 이것이 너
희들이 하나가 될 수 있으며 사랑을
실천하고 사랑을 행하는 백성이라 하
겠느냐?
19 그러니 그것이 마음 하나를 다스리기
에 달렸다 함이니라.
20 그리하여 너희들의 마음의 다스림이
세상에 다 그러한 것이 아니더냐?
21 아무리 너희들이 불편하고 손해를 보
며 억울한 일이 있다 해도, 인간 세상
에 다 그럴 수도 있는 것이라 생각하
면 아무것도 아니니요,
22 미운 자가 너희들에게 말할 때는 아무
리 고운 것을 말하고 좋은 것을 주어
도 그가 하는 행위는 미워짐이니, 트
집을 잡으려 하며, 너희들이 감정을
유발하며,
23 또 감정이 날 때는 속에 있는 것이 몇
년 묵은 것, 3년 전에 이루어진 것까
지 다 털어 내는 것이 너희들의 그 감
정이 유발되는 생각이라 그리 너희들
세상에서 말하지 아니하는가?
24 그러니까 몇십 년 전에 묵은 감정까지
도 기회가 되면 모두를 다 퍼부으며
털어 버리는 것이 너희들이니, 거기에
전쟁이요, 평화요, 엇갈리는 그와 같
은 인간관계요,
25 자식을 잃고 얻는 것이요, 이웃을 잃
고 얻는 것이요, 친구를 잃고 얻는 것
이 다 거기에서 이루어진다는 것을 너
희들은 알아야 될 것이니,
26 그러니 마음 한자리를 돌려먹고 보면
세상에 잘못된 것이 없으며, 모두를
다 용서할 수 있으며, 사랑으로써 비
추어 볼 수 있는 것이니,
27 그것이 마음 한자리의 그 소중함이라
는 것을 잊지 말라, 사랑하는 나의 아
들딸들아!

8,542 번째 하나님 말씀

2003년 11월 24일 11시 31분

1 사랑하는 나의 아들아!
2 "네, 아버님! 말씀하옵소서."
3 네가 죽어 남을 살리는 그와 같은 사
랑의 행함이 하늘에 오르는 길이요,
나에게 올 수 있는 길이라면 과연 너
희들은 어찌하겠느냐?
4 나의 아들 예수가 스스로 목숨을 던져
만백성 너희들이 깨우침을 얻어 나에
게 올 수 있도록 구원의 그 길을 간 것
은 무엇이더냐?
5 저 자신이 죽어서 남을 사랑하는 것을
보이고 행하고 실천했던 것이 아니더
냐?
6 그러니 너희들이 나에게 오르는 길이
제가 죽어 남을 살리는 그 길이 진정
나에게 오르는 길이요, 너희들이 내
사랑을 실천하는 것이라 한다면 너희
들은 어찌하겠느냐?
7 그러니 과연 지금 나의 아들을 따르는
백성이요, 그리고 깨우쳤다는 제자 너
희들이 너희 자신을 죽여 남을 살리는
그와 같은 사랑을 행하고 실천할 수
있는 자세에 와 있는가?
8 그렇지 않다면 너희들이 감히 나로부
터 은혜요, 축복을 받을 생각을 해서
는 아니 될 것이니라.
9 너희들이 나에게 오고자 하는 생각도
감히 해서는 아니 될 것이니라.
10 그러니 모든 믿음의 길을 가는 백성
들, 저는 구원을 받은 자요, 정녕 나로
부터 선택되어 하늘나라 천국에 올 수
있다는 그 백성들, 그들에게 물어보라.
11 '과연 네가 죽어 남을 살리는 사랑을
할 수 있는가? 그것이 예수의 사랑이
요, 하나님의 사랑이니, 네가 그와 같
은 사랑을 할 수 있거든 구원을 받았
다 착각을 해도 괜찮으며, 네가 그와
같이 사랑을 베풀 수 있거든 너는 구
원받은 자라' 그리 말하라.
12 그러나 제가 신던 신발짝 하나도 남에
게 주기를 꺼려하며 움켜쥐는 자요,
13 더군다나 제 생명보다도 귀중히 생각
하는 금화와 은화를 남을 위해 한 닢
도 내놓지 못하는 자,
14 다만 제가 구원을 받고 제가 영원히
다시 태어나는 데에는 아낌없이 투자
하나, 불쌍한 사람에게 금화와 은화
한 닢을 그리고 식사 한 끼를 제대로
대접하지 못하는 자, 그것이 과연 사
랑이며, 너희들이 베풀고 내 뜻에 의
해 살아가는 백성들이더냐?
15 하늘에 오르는 길은 '내가 죽어 남을
살리는 것'이니 그리 알라.
16 그러니 나의 아들을 따르는 제자요,
나의 법전을 읽고 깨우친 백성 너희들
이 이 길을 가는 것이니, 이것을 행하
지 아니하면 아니 됨이니, 너희들이
어찌하겠느냐?
17 말로써 모든 걸 다 하는 것, 말로써 이
루는 것, 너희들이 말로 하겠다고 하
는 것보다, 차라리 말을 하지 아니하
는 것이 더 나음을 알아야 될 것이니
라.
18 정녕 나에게 고백하는 그와 같은 백성
을 내가 사랑함이니라.
19 말로써는 제 생명을 바쳐 사랑하며 제
가 모두를 다 사랑한다 그리하나 막상

그리 행하지 못하는 자,
20 '아버님! 저는 그를 행할 수 없으며 그
리 갈 수가 없습니다.' 하고 있는 그대
로 고백하는 자의 그 기도 소리는 내
가 들을 것이니 그리 알라, 사랑하는
나의 아들딸들아!

8,543 번째 하나님 말씀

2003년 11월 24일 11시 37분

1 사랑하는 나의 아들아!
2 "네, 아버님! 말씀하옵소서."
3 성서에 기록하여 전하기를, '천국은
마치 밭에 감춰 있는 보화와 같으니,
사람이 이를 발견하고 숨겨 두고 기뻐
하여 돌아가서 자기의 소유를 다 팔아
그 밭을 샀느니라.' 함이니라.
4 과연 이것이 사랑을 베푸는 백성이요,
양심이 있는 백성이 할 수 있는 짓이
더냐?
5 남의 밭에 보화와 귀한 것이 숨겨 있
음이니, 그 밭의 값보다도 귀한 것이
있을 때, 너희들이 재산을 다 팔아서
그 밭 값을 주고 삼이니,
6 그 금은보화는 거저 얻는 자요, 거저
구하는 것이니, 이것이 도둑의 마음을
가르치는 것이 아니고 무엇이더냐?
7 과연 이것이 성서요, 나 여호와가 너
희들에게 가르친 뜻이라 그리 생각하
는가?
8 이 대목이 또한 잘못되었음을 알라.
9 이 대목을 갖고 너희들은 지금 죄의
온상인 그 교회에서 나의 피조물 만백
성에게 너희들이 가르친 설교가 구원
의 길이요, 진주와 같은 것이니, 자기
재산 모두를 다 바쳐 구원하는 길을
얻으라, 그리고 영광을 받으라 그리
가르치고 그리 전하는 것이 오늘의 가
르침이 아니던가?
10 이는 그와 같은 비유의 뜻으로써 내가
너희들에게 가르침이 아님을 알아야
될 것이니라.
11 너희들이 구원을 받는 영광이요, 그를
어찌할 것인지 내가 비유한 뜻이니라.
12 소중한 밭을 팔아서 나의 성령이요,
나 여호와의 말씀을 사라 함이니라.
13 이는 무엇이냐?
14 너희들의 육의 소중한 그 밭을 팔아,
너희 모든 것보다도 소중한 나 여호와
가 내린 나의 가르침이요, 나의 아들
예수를 통하여 내가 내려보내는 그것
을 받아들이는 그 마음의 자세를 가지
라 하며,
15 곧 그 믿음이 인간에게 없어서는 아니
되는 소중한 밭을 팔아서라도 너희들
이 그를 사고 거둬들이는 마음 자세를
가지라는 그 예를 든 가르침이지,
16 남의 밭에 보화와 은화가 감추어 있으
니 그를 헐값으로 사서 챙기라는 그와
같은 비유의 뜻이 아니니라.
17 이를 가지고 너희들은 그저 너희들이
설교하는 것이 보물이니, 보화와 금화
를 갖다가 그를 많이 사고 재물을 많
이 바치면 구원을 받는다 그리 말함이
니,
18 인간 세상에 소중한 밭이요, 몇천 년
전에 너희들이 가지고 있는 그 농토는
소중함이니, 그를 다 팔고 재물을 팔
아서라도 소중한 나 여호와의 뜻을 살
수 있으며 말씀을 살 수 있는 그와 같

은 믿음이요, 마음 자세로 가야 한다
는 그 비유의 뜻이니라.
19 이는 곧 내가 나의 아들 예수를 통하
여 가르치는 것은 너희들이 그 무엇과
도 바꿀 수 없으며, 가장 귀하고 소중
한 것이라는 것을 비유로써 너희들에
게 가르침이니, 재물을 바쳐 나의 성
령을 사라 함이 아님을 알라.
20 그와 같은 마음으로 믿음의 길을 가
며, 참진리의 그 소중함이요, 그걸 받
아들이는 그 자세가 중요함을 너희들
에게 가르쳐 주고자 함이며,
21 너희들이 나 여호와의 성령을 받아들
일 때 얼마만큼 소중한 것인지 비유한
뜻이거늘,
22 너희들이 이를 잘못 가르치고 지금 잘
못 행하고 있음이니라.
23 그리하여 내가 성서에 기록하여 너희
들에게 전하기를 무어라 하였느냐?
24 '천국은 마치 좋은 진주를 구하는 장
사와 같으니라.' 내가 그리 말하였느
니라.
25 그렇게 값진 진주 하나를 만나면 그가
모든 소유를 다 팔아 그 진주를 사는
것처럼,
26 구원의 길이요, 구원의 성령이요, 나
여호와의 뜻이 내리는 것은 무엇과도
바꿀 수 없는 그와 같은 마음의 자세
로 받아들이고 그를 깨우쳐 너희 것으
로 만드는 데 주저하지 말라는 그와
같은 의미의 뜻인 것을,
27 너희들이 이와 같은 대목을 잘못 가르
치고 지금 잘못 전하고 있음이니,
28 이것을 바로잡고자 하는 것이 나 여호
와의 뜻이라는 것을 너희들은 알아야
될 것이니라.

8,544 번째 하나님 말씀

2003년 11월 24일 11시 41분

1 사랑하는 나의 아들아!
2 "네, 아버님! 말씀하옵소서."
3 나 여호와는 너희들에게 나의 법전에
기록하여 전했느니라.
4 너희가 나 여호와로부터 받은 은혜요,
그 축복에 대한 보답을 하는 것은 무
어라 말하였느냐?
5 너희들이 나의 법전을 만들어 만백성
을 구하는 데 네 모두를 다하여 역사
함이라 하였거늘,
6 너희가 과연 어떠한 사람을 구하고 있
으며, 너희들이 구원의 길을 인도해서
나의 법전을 정독하며 깨우치는 백성
을 과연 몇 명이나 이 세상에 역사해
놓았는가, 한번 너의 제자들에게 물어
보도록 그리하라.
7 1년이면 365일이요, 2년이면 얼마던
가?
8 그와 같은 세월이 흘러가면서, 내가
너희들에게 은혜에 보답하는 길은 나
의 백성들을 구원하는 길이요, 그를
깨우치는 역사를 하는 것이 너희들이
보답하는 길이라 내가 나의 법전에 기
록하여 이미 전했거늘,
9 과연 너희들이 몇 사람을 구원했으며
몇 사람을 인도하고 있는가?
10 이것을 본다면 그것이 오늘의 너희들
의 믿음이요, 너희들이 나에게 상을
받을 것이요, 너희들이 경지에 올라
있는 그 잣대라는 것을 알아야 될 것

이니라.
11 나의 음성을 들으며 나로부터 내리는
강론을 들으며 그리고 나의 아들을 통
하여 내리는 법전을 읽고 깨우치는 그
영광과 축복을 모두 받은 너희들이 과
연 얼마나 나의 뜻을 행하고 살아가는
지 한번 돌이켜 보라.
12 365일이니 그를 열로 나눠서, 열로 나
눈 그 숫자에 한 사람씩 구원했으며
나의 법전을 진심으로 전한 그와 같은
역사를 했다면, 과연 오늘 어떠한 형
국이 이루어졌겠더냐?
13 그러니 너희들이 무엇을 깨달았으며
나로부터 무슨 은혜를 받으며 나에게
오를 수 있는 백성이라 그리 생각하는
가?
14 그러니 너희들은 제자리에서 벗어나
지 못한 자들이요, 그저 눈꼽만큼 변
한 것뿐이니,
15 나의 법전을 읽고 깨우쳐 제가 죄짓지
말며 악하게 살지 말아야겠다는, 그저
땅에서 백지 한 장만큼 뜬 것밖에 뭐
가 있느냐?
16 내가 내리는 뜻을 그리 거역하며 그리
순종치 아니하는 너희들이니, 과연 너
희들이 무엇을 얻었으며 무엇이 변했
느냐?
17 나의 법전에 기록하여 전한 내용을 들
으라.
18 너희들이 나의 은혜와 축복에 감사하
는 길은 나의 법전을 가지고 만백성을
구하는 역사라 하였으니,
19 너희들이 몇 년 동안 공부를 하며 깨
우쳐 그 많은 주옥같은 나의 성령을
들으면서도 과연 네 이웃을 구했는가,
너희 형제를 구했는가, 네 주변을 과
연 구한 역사가 있는가?
20 이것이 바로 너희들이 나에게 받을 점
수이니,
21 너희는 백 문제에서 그저 한 문제 맞
춘 것이요, 아흔아홉 개 문제는 다 가
위(X)표가 표시되어 있는 것이 너희
들임을 이제 알아야 될 것이니 그리
알라.
22 99개의 영(○)표를 받으며 하나의 가
위표를 받아도 나에게 올까 말까 하거
늘, 너희들이 백 문제 중에서 간신히
하나를 맞았으며 아흔아홉 개가 다 가
위표로 채워진 것이니,
23 하나의 영표를 맞은 것 가지고 세상사
를 다 얻으며 백 점 맞은 것처럼 흥분
된 마음으로써 자만하며 오만하지 말
라.
24 너희들은 아흔아홉 개가 틀렸고 하나
의 정답만 맞아 동그라미를 맞은 자이
니, 이것이 너희들의 형편임을 그리
알라.

8,545 번째 하나님 말씀

2003년 11월 24일 11시 47분

1 사랑하는 나의 아들아!
2 "네, 아버님! 말씀하옵소서."
3 내가 너를 따르는 제자들에게 그리 말
하였느니라.
4 너희들이 가죽채를 가지고 다스려 나
의 아들 너를 바로 세울 수 있도록 그
와 같이 역사하라 하였음이니라.
5 그리고 너희들이 그와 같은 마음 자세
로 살라 그리하였느니라.

6 그러나 너희들은 백 개의 문제 중에서
아흔아홉 개가 틀렸으며 하나밖에 영
(○)표가 되지 아니한 너희들이니, 과
연 너희들이 가죽채를 들어 나의 아들
을 다스릴 수 있는 지금의 자리라 생
각하는가?
7 내가 너희들에게 가죽채를 들어 나의
아들을 다스릴 수 있는 그 길을 가라
함은, 바로 내가 너희들에게 내린 참
뜻은 그러니라.
8 나의 아들을 잘 보호하고 도와서 나의
법전이 세상에 내려가는 것이 중단되
지 않도록 하라는 것이 나 여호와의
뜻이요,
9 그가 살아가며 행하는 것을 가지고 너
희들이 시시비비하고 갑론을박하라
함이 아님을 너희들은 알아야 될 것이
니라.
10 너희들의 점수가 지금 하나밖에 맞은
자가 없다면 과연 믿겠느냐?
11 이제 너희들은 많은 것을 알고 있음이
니라.
12 그러나 아직 너희들은 그 정답을 기록
하지 못하고 있음이니, 너희들이 60
점을 넘어 70점에 가까운 그 답을 아
나, 아직 쓰지 못하고 있으며 결정을
내리지 못하고 있는 것이 너희들이니,
13 이제 하나는 완벽하게 맞았음이니, 나
머지 너희들이 지금 알고 있는 것, 너
희들이 결정하지 못하는 것을 과감히
정답을 기록할 수 있는 변화의 삶이
필요함을 알라.
14 그리하여 너희들이 나의 아들을 잘 보
호하며 더불어 이 법전이 세상에 나오
는 것을 중단하지 아니하도록 최선을
다하라.
15 이것이 나 여호와의 깊은 뜻이며 내가
너희들에게 바라는 것이거늘, 어찌하
여 너희들은 모른단 말이더냐?
16 지금의 나의 피조물 만백성에게 한 권
의 법전을 세상에 내려보내어 그들이
깨우칠 수 있다면, 내가 열여섯 권의
법전을 세상에 내려보내지 아니하였
을 것이니라.
17 지금 나의 백성들의 그 심성이나 살아
가는 마음이 열여섯 권의 법전이 세상
에 나옴으로 인하여 변화될 수 있다
면, 나는 열여섯 권의 책으로써 모두
를 결정지었을 것이며, 더 이상 내가
이와 같이 기록하지 아니하였을 것이
니라.
18 그러니 지금 내가 160권의 법전을 만
들어 이 어렵고 힘든 길을 가며, 나의
아들로 하여금 160권의 책을 세상에
만들어 너희들을 깨우치고자 함이니,
19 160권이 세상에 내려가도 그를 깨우
치지 못하며 너희들이 더 사악해지며
오늘의 너희들이 변화가 없다면, 나
여호와는 하늘에 있는 그 뜻을 계속
나의 아들을 통하여 써 내릴 것이며
이를 전할 것이니,
20 여기에 따르는 나의 고통이요, 나의
힘듦을 너희들이 과연 조금이라도 생
각한다면, 나 여호와의 고통을 덜고자
한다면, 너희들이 창조주 나 여호와의
은혜에 조금이라도 보답하고자 한다
면, 너희들은 정녕 변화되는 삶을 살
아가는 데 주저해서는 아니 될 것이니
라.
21 모두가 160권으로써 매듭을 지을 수

있는 그와 같은 변화의 역사가 되어야
될 것이니라.
22 지금 너희들이 변해 오는 그 속도요,
변해 오는 것이 모든 백성들이 나의
법전을 읽고 깨우쳐 변해 오는 것이니,
23 너희들이 10년이 되어도 변하지 못하
면 내가 160권이 아닌 그 이상의 것을
내릴 것이며,
24 160권이 세상에 나와서 전해질 때, 정
녕 내가 내리는 백 점의 점수를 맞을
수 있는 너희들이 된다면 그 이상의
고통의 길은 가지 아니할 것이며, 나
의 아들에게 더 이상 고통의 시련을
내리지 아니할 것이니, 그것은 너희들
에게 달렸음을 이제 알라.

8,546 번째 하나님 말씀

2003년 11월 24일 11시 53분

1 사랑하는 나의 아들아!
2 "네, 아버님! 말씀하옵소서."
3 나 여호와가 일찍이 너희들에게 나의
법전에 기록하여 전했음이니, 변화되
지 않는 백성, 너희들은 나의 법전을
접할 자격이 없다 그리 말하였음이니
라.
4 그러니 나의 아들을 통하여 내리는 강
론을 듣는 자, 그러면서도 변화되지
않는 백성, 너희들은 정녕 그 강론을
들을 자격이 없으며, 나의 성전에 올
자격도 없다 내가 그리 말하지 아니하
였던가?
5 그러니 너희들이 그와 같이 변화될 수
가 없다면 너희 스스로 나의 성전을
떠나라 그리하였으며, 나의 아들과 제
자요, 스승 간의 인연을 끊으라 함이
내 뜻이라 전하였느니라.
6 그것이 무엇인 줄 알겠는가?
7 변하지 못하는 너희 백성들이 있음으
로 변하고자 하는 나의 아들을 따르는
제자들까지도 그리 무너지며 흐트러
지는 결과가 나오기 때문이니, 내가
그를 다스리고자 함이었음이니라.
8 나의 아들이 흔들리는 사다리를 타고
하늘에 오르고자 지금 가고 있음이니,
9 종이 한 장이요, 연필 하나라도 그 손
에 쥐여 주는 것이 얼마나 힘들고 어
려운 것인가 내가 그리 말하였음이니
라.
10 흔들리는 사다리를 타고 하늘에 오르
니, 그저 100미터요, 200미터까지는
견딜 수 있으나, 계속 오르고 오르다
보면 백지 한 장도 얼마나 무겁고 힘
든 것인 줄 알겠느냐?
11 그러니 지금 나의 아들을 따르는 제자
들이요, 나의 법전을 읽고 깨우친 백
성들이요, 강론을 듣는 그들이 나로부
터 직접 음성을 들음이 아니요, 나를
보지 못함이요,
12 오로지 나의 아들을 통하여 내리는 그
것을 듣고 따르는 그들의 마음이 지금
얼마나 어렵고 힘든 줄 아는가?
13 그들의 그 고통을 너희들이 모르거늘,
나의 법전을 읽으며 강론을 들으면서
도 흔들리지 아니하고 변하는 자 옆에
너희들이 있을 때, 너희들이 무거운
짐을 지워 주는 자와 똑같음을 알라.
14 그저 간신히 짐을 지고 일어선 나의
아들을 따르며 나에게 오고자 하는,
그 어렵고 힘들어 비틀거리는 사랑하

는 불쌍한 백성들에게 너희들이 짐을
하나 더 얹어 주며 그들을 밀어붙일
때, 그들은 서서 지탱할 힘이 없으며
능력이 없음이니라.
15 그들이 완벽하게 다져질 때까지 그와
같은 너희들이 있어서는 아니 됨이니,
그리하여 스스로 떠나가라 함이니라.
16 나의 사랑하는 아들딸까지도 너희들
이 무너트리는 짓을 이제는 중단해야
지, 더 이상 끌어서는 아니 될 것이니
그리 알라.
17 그리하여 다른 사람들까지도 무너지
며 나의 사랑하는 아들딸까지도 무너
지는 그와 같은 형국을 내가 볼 수 없
음이니, 그들을 지켜보는 내 마음이
얼마나 아프고 저린 줄 너희들은 모르
느니라.
18 그리하여 내가 그들을 용서치 아니하
며 그들을 버리고자 함이니 그리 알라.

8,547 번째 하나님 말씀

2003년 11월 24일 11시 57분

1 사랑하는 나의 아들아!
2 "네, 아버님! 말씀하옵소서."
3 너는 나 여호와의 저린 마음을 알 것
이며 나의 아픈 마음을 알 것이니라.
4 내가 만백성을 사랑하며 나의 아들딸
을 구원하고자 하는 것을 너는 알고
보고 있음이니, 내 마음이 저려 옴을
너는 알고 있음이니라.
5 사랑하는 나의 아들아! 십계명을 가
지고 갑론을박하며 그리고 나의 법전
을 가지고 갑론을박하는 그 백성들을
너는 정녕 어찌 보느냐?
6 "네, 아버님! 그렇사옵나이다.
7 십계명을 지키고 살 수 있다, 지키고
살 수 없다 하는 그 백성의 차이는 말
한마디요, 그를 행하고 못 하는 것이
아니라,
8 여기는 너무나도 큰 거리요, 차이가
있음을, 아버님! 저는 깨닫고 있사옵
나이다."
9 아들아! 네가 깨닫고 있는 것이 무엇
이더냐?
10 "십계명을 지킬 수 있다는 그 백성들
은 순수한 믿음이요, 순수한 백성이
요, 아버님의 아들인 예수가 성령으로
잉태했다는 것을 그대로 믿는 자들이
요, 그대로 따르는 백성들이옵나이다.
11 아무리 믿음이 오래되었으며 저희들
의 믿음이 굳어졌다 해도, 저희들이
십계명을 지키고 살 수 없다는 그 백
성들은 예수님이 태어남이요, 예수님
의 그 역사함을 믿는 것이 아니며,
12 예수님이 태어난 그 자체요, 성령으로
잉태해 태어난 그것이 믿음이요, 그것
을 순종하는 것이 아니고,
13 그들은 바로 우상의 심성으로써 그를
지켜보며 그를 바라보는 백성들의 그
차이가 그렇게 무섭고 무서운 것이옵
나이다.
14 십계명을 지키고 살 수 있다는 백성은
아버님의 백성으로서 예수님이 성령
으로 잉태한 것을 그대로 순수하게 받
아들이며 그대로 믿고 가는 백성들이
요,
15 그러나 지금 믿을 수 없으며 십계명을
지킬 수 없다는 자들은 잉태한 것을
믿으며 그리 태어났다 말하나, 그들의

마음은 예수의 태어남의 위대함이 기
복 신앙이요, 그 태어난 자체를 우상
으로 섬기며 성령으로 태어난 것을 우
상으로 믿는 자들이니,
16 그것이 간단한 이치 같으나 이는 하늘
과 땅보다도 더 무서운 거리가 있음을
저는 알고 있사옵나이다.
17 십계명을 지킬 수 없다 법전대로 지킬
수 없다는 그 백성들은 순수함이 없으
며, 예수님의 태어남을 갖다 순수하게
믿고 진정하게 믿지 못하는 자들이요,
18 그 자체를 저희들이 믿으나 그들은 그
자체를 영웅시하며 그 신비함을 갖다
가 우상으로써 섬기며, 우상의 마음이
자리 잡은 것이 오늘의 종교 집단이
요, 지도자들이 하는 짓이라 그리 저
는 아버님께 말씀을 드리고 싶사옵나
이다."
19 사랑하는 나의 아들아! 그러하니라.
20 십계명을 지킬 수 있다는 자는 순수한
나의 아들딸이요,
21 그러나 그 믿음의 길을 가며 나의 아
들을 찾으며 구원을 받았다 하나, 십
계명을 지킬 수 없으며 법전을 지킬
수 없다는 자들은 그들의 마음속에 우
상을 섬기며, 예수의 태어난 자체를
우상으로 섬기며, 예수가 성령으로 태
어난 것을 우상으로 섬기며, 예수가
역사한 그 모두를 우상으로 섬기는 그
와 같은 자들이니, 이게 순수한 백성
들과 그들의 차이점이니, 그들은 아니
라 그리 말할 것이니라.
22 저희들은 우상이 아니라 말하나, 예수
가 신비스럽게 태어난 것, 성령으로
태어난 것, 예수가 역사한 것을 나 여
호와의 뜻이라 하여 순수하게 받아들
이는 자들이 못 되며,
23 그들은 저희들도 모르게 그것이 우상
으로써 제 마음에 자리 잡혔으며 우상
으로 숭배하는 마음이 있음이니,
24 그게 바로 우상을 섬기는 자들이며 그
마음을 버리지 못한 자들이니 똑같은
나의 아들을 울고불고 찾아도 십계명
을 지키고자 하는 자와 지킬 수 없다
는 자는 우상이요, 우상이 아니요, 그
차이가 있음을 너희들은 알겠느냐?
25 이 의미를 잘 깨우쳐 전하도록 하라
사랑하는 나의 아들아! 무서운 차이
니라.

8,548 번째 하나님 말씀

2003년 11월 24일 12시 02분

1 사랑하는 나의 아들아!
2 "네, 아버님! 말씀하옵소서."
3 모세의 구약의 시대에 역사한 그 모든
기적은 무엇인 줄 알겠느냐?
4 그 모두를 나 여호와가 너희들에게 보
여 준 것은 영원히 꺼지지 않는 불씨
를 지피고자 하여 내가 모세를 통하여
그 불씨를 세상에 심었느니라, 나의
아들아!
5 예수가 태어나기 전에, 모세 시대에
그 모든 역사의 기적을 그에게 보내
준 것은 바로 영원히 꺼지지 않고 활
활 타는 그 불씨를 심었음이니,
6 그 불씨가 탔더라면 오늘은 하늘에서
이루어진 것같이 지상에 낙원이 이루
어졌을 것이니라.
7 그러니 너는 무어라 생각하느냐?

8 "네, 아버님!
9 예수님의 그 시대 또한 아버님께서는
이 세상에 꺼지지 않는 불씨를 심고자
내리셨으며, 그 불씨를 심은 것이라
그리 알고 있사옵나이다."
10 그러니라. 너희는 그 불씨를 지피고서
세상을 태워 바로 훨훨 타도록 그리
만든 것이 아니고,
11 그 불씨를 피우지 못하도록 물을 뿌렸
으며, 그걸 꺼져 버리도록 그리한 것
이 너희들이니라.
12 더욱이 그것도 나의 백성이라는 자,
믿음의 길을 가는 자들이 그를 다 꺼
지도록 그리하였으며, 물을 부어 영원
히 타지 못하도록 만들었으니,
13 영원한 나의 불씨가 태워지지 못하여
오늘의 이와 같은 형국이 되었음을 알
라.
14 그러니 지금의 나의 법전을 내리는 것
이 무엇인 줄 알겠느냐?
15 "네, 아버님! 알고 있사옵나이다."
16 네가 너의 제자들에게 무엇을 전하고
싶으냐?
17 "네, 아버님! 지금 아버님께서 160권
의 법전으로써 내려보내시는 것은 아
무리 물을 붓고 홍수가 나도 영원히
꺼지지 않는 불씨를 내리시고자 하며,
그 불씨를 내리고 계심을 알고 있사옵
나이다.
18 그 불씨는 아무리 물을 부어도 꺼지지
아니하며 영원히 존재하는 불씨를 만
들어 증거하는 책으로써, 말씀의 책으
로써 아버님께서 내려보내는 것임을
알고 있사옵나이다.
19 꺼지지 않는 불씨를 내리고 계심이니,
20 지금까지 6천 년 동안에 모두가 다 꺼
졌으며, 그 불씨를 지피지 못하였음이
니,
21 6천 년이라는 그 길고도 긴 세월을 인
내하시며 오늘에 꺼지지 않는 그 불씨
를 저희들 가슴에 심으심이라 저는 그
리 생각하고 있사옵나이다."
22 사랑하는 나의 아들아, 그러하니라.
23 이제 내가 너희들에게 내린 꺼지지 않
는 불씨를 가지고 너의 제자들이 수없
이 갖다 지필 것이니라.
24 그러니 이 세상은 태워질 것이니라.
25 물에도 꺼지지 아니하며 태풍에도 꺼
지지 아니하며 비바람에도 꺼지지 않
는 그와 같은 불씨가 있다면 너희들은
믿겠는가?
26 그 불씨가 나의 법전이요, 그리하여
너의 제자들이 온 곳에 그 불을 지핌
이니, 그 모두는 영원히 태울 것이며,
모두가 다시 태어나는 그와 같은 역사
를 이루는 것이니,
27 바로 모세의 시대에도 아무리 기적으
로 역사를 한다 해도 꺼지지 아니하는
그 태울 수 있는 불씨를 내리고자 하
였으며, 예수의 시대도 그와 같은 불
씨를 내가 내렸음이니라.
28 그러나 그 모두를 물로써 짓이기고 피
우지 못하는 것이 그들의 오늘의 삶이
요,
29 그리하여 내가 이제는 영원히 꺼지지
아니하며, 물을 부어도 꺼지지 않는
그 불씨를 나의 아들 너를 통하여, 너
의 제자들을 통하여 역사하고자 하여
내리는 것이 나의 법전이니,
30 법전을 부르되 '꺼지지 않는 불씨'라

그리 부르라, 사랑하는 나의 아들딸들
아!
31 나의 법전은 꺼지지 않는 불씨이니라.

8,549 번째 하나님 말씀

2003년 11월 24일 12시 04분

1 사랑하는 나의 아들아!
2 "네, 아버님! 말씀하옵소서."
3 너희들이 서로 나누고 살며 그리고 나
누며 먹고 즐기며 사는 그 모두가 얼
마나 즐겁고 행복하더냐?
4 너희들이 부담 없는 마음으로 나눠 주
며 사랑으로 나누고 먹고 즐기고 사는
그것에 행복과 즐거움이 있듯이,
5 그를 보는 것이 바로 여호와 나의 즐
거움이요, 기쁨이라는 것을 나의 법전
에 기록하여 전하도록 그리하라.
6 너희들이 먹고 즐겁게 사는 것, 분수
에 넘치지 아니하며 이웃과 더불어 사
랑을 나누면서 먹고 즐기는 그 모습이,
7 내가 바로 너희들과 직접 먹지 아니하
며 거둬들이지 아니한다 해도 그를 보
는 나 여호와의 마음이 기쁨이요, 너
희들이 먹고 즐기는 마음보다도 더 기
쁜 것이 나이니라.
8 그러니 먹지 아니하여도 기쁨을 얻는
것이 나 여호와요, 너희들이 선하고
착하게 사는 것을 보는 것으로써 기쁨
을 얻는 나 여호와거늘,
9 어찌하여 너희들이 재물을 바치며 고
통스럽게 금화와 은화와 그 모두를 바
치는 것만 내가 사랑하며 그를 보고
내가 기뻐한다 할 수 있겠느냐?
10 사랑하는 나의 아들아! 이를 만백성
에게 가르쳐 주며 너의 제자들에게 깨
우쳐 주어야 함을 알라.
11 나 여호와는 너희들이 나누고 살며,
사랑을 베풀며, 너희들이 두마음을 갖
지 않고 아름답게 사는 것을 보는 것
으로써 행복함이요, 더 이상 나의 기
쁨과 즐거움은 없거늘,
12 어찌하여 너희들이 재물을 바치며 금
화와 은화를 바치는 것으로써 내가 기
뻐한다 그리하느냐?
13 너희들이 먹고 즐기면 내가 같이 먹지
아니하여도 그걸 보는 것으로써 행복
함이니, 아름답게 살아가는 모습을 보
는 것이 나의 기쁨이니,
14 너희들이 재물을 바쳐 구원을 받으며
재물을 많이 바치는 것이 나에게 기쁨
을 주는 것이라 그리하지 말라.
15 세상사에 이루어지는 한 단면임을 잊
지 말라, 사랑하는 나의 아들딸들아!

8,550 번째 하나님 말씀

2003년 11월 25일 07시 16분

1 사랑하는 나의 아들아!
2 "네, 아버님! 말씀하옵소서."
3 모두를 다 놓을 수 있는 사람이 되며,
모두를 다 놓고 살아가라 내가 너에게
그리하였음이니라.
4 그러니 모두를 다 네 마음에서 놓지
못하면 아니 됨이니라.
5 너를 따르는 제자요, 나의 법전을 읽
고 깨우친 백성들과 네가 모두를 같이
하라 함은 바로 거기에 있음이니라.
6 깨달은 너의 제자들이요, 나의 법전을
읽고 깨우친 그 백성들은 생각이 달라

지며 마음의 자세가 달라짐이니라.
7 그리고 그들은 나의 계명이요, 나의
뜻대로 살아가고자 하는 자들이요, 그
러니 그들이 나 여호와를 생각하는 그
자체가 다름이니라.
8 그러니 나 여호와를 생각하지 아니하
고 나의 법전을 정독하지 아니한 백성
그들과 세상사를 더불어 역사한다는
것은 너무도 어렵고 힘든 길임을 알라.
9 너를 따르는 제자들이요, 그리고 나의
법전을 읽고 깨우친 백성들은 그 모두
를 놓을 수가 있으며, 나 여호와를 위
해 모두를 희생할 수 있음이니라.
10 그러나 그렇지 아니하는 백성들은 절
대 그와 같은 마음을 가질 수 없으며,
자기 자신의 육신이요, 제 가정이요,
제 주변이요, 제 형제요, 그 모든 인간
관계요, 그와 같은 것을 놓지 못하며,
11 또한 재물이요, 너희들이 말하는 금화
와 은화 앞에 그들의 마음이 동요되
며, 그것을 위해서는 언제나 변할 수
있는 것이 보통 사람들의 마음이니라.
12 그러니 그와 같은 사람이요, 그와 같
은 세상에 적응하기가 너무나도 힘들
고 어려우며, 아직은 너희들이 그리
성장치 못했음을 알아야 될 것이니라.
13 모든 것은 너의 제자들과 나의 법전을
읽고 깨우쳐 오는 자, 그리고 내 사업
에 동참하는 자, 그와 같은 사람들과
의논하며 합의하여 나의 법전을 성장
시키는 데 최선을 다해도 부족함이 없
음을 너희들은 알아야 될 것이니라.
14 내가 너에게 이르노니, 백 명이요, 만
명보다도 깨우친 한 사람의 네 제자
요, 너를 따르는 그 백성이 더 위대한
역사를 할 수 있는 것이며,
15 지금 너의 제자와 법전을 읽고 깨우쳐
오는 백성들과 그 생각함이요, 나를
사랑함이요, 나의 법전을 사랑함이요,
믿음의 가는 그 길이 다 다름이니, 누
구도 그들을 따라올 수 없음이니라.
16 그러니 그들에게 명하여 모두를 역사
하도록 하며, 그들에게 명하여 모두를
행하도록 그리하라, 사랑하는 나의 아
들아!
17 그와 같이 가지 아니하면 아니 됨이니
라.
18 내가 너에게 일찍이 말했듯이, 한 그
릇의 생수가 있을 때, 한 방울의 오염
된 물이 있으면 그를 먹지 못한다는
그 간단한 의미를 아느냐?
19 지금 너희들의 집단이요, 너희들이 가
는 곳에 한 사람의 믿음이 아니요, 깨
우치지 아니한 자가 들어와 너희들과
더불어 간다 할 때, 그 파장이 생김은
너희들이 감당할 수 없음을 알아야 될
것이니라.
20 내가 나의 법전에 기록하여 전하기를,
너에게 일찍이 말하지 아니하였더냐?
21 너희들이 말하는 대로 강물에 하나의
미물이 그 물을 다 흩트려 놓는다는
그 뜻을 너는 깊이 깨우쳐야 될 것이
니,
22 너의 제자들과 그리고 모든 일반 백성
들이 상대하고 거래하는 것, 그 모두
를 네가 직접 하지 말라.
23 그들과 네가 부닥치며 그들과 하는 속
에서, 재물을 먼저 생각하며 재물을
앞에 놓고 생각하며 재물을 손에서 놓
지 아니하는 자와 그리고 재물을 떠난

백성 너희들과는 절대 아직 이루어질
수가 없음이니,
24 너의 제자들과 나의 법전을 읽고 깨우
친 백성들이 좀 더 다져지며 그들이
성장할 때까지 너는 모두를 그들에게
명하며, 그들을 가르치며, 그들을 우
선으로 모두를 행하도록 그리하라.
25 그렇지 아니하면 상상할 수 없는 파장
이 휘몰아침을 알아야 될 것이니라.

8,551 번째 하나님 말씀

2003년 11월 25일 07시 21분

1 사랑하는 나의 아들아!
2 "네, 아버님! 말씀하옵소서."
3 너희들이 내가 이 세상의 모두를 창조
함에 있어서 어찌 이루어졌다 말하느
냐?
4 나 여호와가 말로써 모두를 다 만들었
으며 내가 말로써 다 구상하여 세상에
이와 같이 아름답게 만들었다 그리하
지 않느냐?
5 이 세상에 존재하는 것은 모두가 다
내가 말로써 구상하며 내 생각대로 모
두가 역사됨이니, 그가 이루어지는 것
은 내가 말하는 대로 모두가 이루어졌
다 너희들이 그리 말하지 아니하는가?
6 그러니 너희들은 지금 나 여호와의 성
령이요, 내 뜻이 세상에 내려와 있음
을 알아야 될 것이니라.
7 작은 것부터 큰 것까지 하나도 내 말
이요, 내 생각에 의해서 이루어지지
아니한 것이 없다 하니, 곧 이는 이 세
상에 모든 내 마음과 내 뜻이 내려와
있음을 너희들은 알아야 될 것이니라.
8 지금의 믿음의 길을 가는 백성 너희들
은 나의 아들 예수만이 특별한 아들이
요, 예수만이 모두를 다 구원하며 역
사한다는 것, 그리고 나의 아들 예수
는 너희들과 다른 나의 아들이라 그리
생각하는 믿음이니,
9 그와 같은 속에서 너희들이 가기에,
바른 믿음과 곧은 참진리의 아름다움
이요, 그 깨달음을 모르고 가는 것이
너희들이니라.
10 내가 나의 아들 예수를 세상에 내려보
냈으니, 그도 나의 아들이요, 또한 내
가 이 세상에 너희들을 창조했음이니,
너희들도 내가 말로써 다 역사한 것이
니 너희들 또한 무엇이더냐?
11 너희들도 나의 아들딸임을 알아야 될
것이며, 나의 아들 예수 또한 너희들
과 똑같은 나의 아들딸임을 너희들이
알아야 될 것이니라.
12 지금의 믿음의 길을 가는 집단과 그
백성 너희들은 나의 아들 예수만이 특
별한 사람이요, 특별한 아들이라 그리
생각함이니,
13 너희들의 소중함을 모르며 깨달음을
모르며, 내가 너희들에게 내린 은혜를
받을 수 있는 그 영광을 스스로 받지
못하고 있음을 너희들은 알아야 될 것
이니라.
14 너희들이 예수와 똑같은 아들딸이라
생각할 때, 너희들은 나로부터 받을
은혜요, 내가 내린 축복을 받을 수 있
는 그것을 스스로 포기하지 아니하는
백성이 될 것이니라.
15 내가 너희들에게 내려 준 그 은혜요,
내가 너희들에게 역사하는 것이 수없

이 있거늘, 나의 아들 예수는 특별한
아들이요, 그리고 너희들은 나의 소중
한 아들딸이 아니라는 그 차별화를 두
고 있는 속에서 살기에 그와 같이 갈
수 있는 자가 없으며,
16 나의 아들딸 너희들이 나로부터 받을
은혜와 나에게 가까이 올 수 있는 길
에서 너희들이 모두가 멈춰 서 있음을
알아야 될 것이니라.
17 그러니 이 세상에 내가 말로써 세상
것을 만들어 내지 아니한 것이 없음이
니, 너희들은 하나서부터 천 가지까지
내가 말로써 역사했음이니, 거기에 내
말로써 내 사랑으로써 이 세상을 덮고
있다는 이 의미를 알겠는가?
18 그러니 내 말이요, 내 성령으로써 세
상이 다 덮여 있으며 내 사랑으로 덮
여 있으며 내가 내려와 너희들과 같이
하고 있다 함이 거기에 있음이니라.
19 이 세상에 너희들 자신으로부터 너희
들의 손끝에 닿는 모든 것, 너희들의
눈에 보이는 것, 그리고 너희들이 더
불어 하는 것, 그 속에 내가 말로써 만
들지 아니한 것이 없음이니,
20 이는 곧 내가 세상에 내려와 있으며
모두는 다 그와 같이 소중함을 알아야
될 것이니라.
21 지금 나의 아들을 통하여 내리는 이
나의 아들이요, 예수요, 그리고 너희
들은 다 똑같은 나의 아들딸이니,
22 너희들이 그와 같은 것을 깨닫고 그와
같이 생각하고 갈 때, 나의 아들이 받
을 수 있는 은혜요, 영광을 또한 너희
들도 받을 수 있고 볼 수 있다는 것을
알아야 될 것이니라.
23 예수는 특별한 나의 아들이라 생각하
기에 너희들은 나의 아들딸이면서도
그를 따라가지 못하며 그와 다르다 그
리 생각하는 것, 그것으로써 너희들이
깨달음의 길을 보지 못하며, 내 뜻을
받지 못하며, 내가 너희들에게 내리고
있는 모든 은혜요, 영광을 받아들이지
못하는 것이니라.
24 이 세상을 모두 내가 말로써 만들어
놓은 그 속에서 너희들이 살아감이니,
그게 나의 말이요, 나의 뜻이 아니더
냐?
25 그러니 너희들이 만지는 것, 더불어
대화하는 것, 더불어 살아가는 것, 너
희들이 취하는 것, 그 모두가 다 내 말
이요, 내 뜻임이니,
26 너희들은 그 속에서 살아간다는 것을
잊어서는 아니 될 것이니 그리 알라.

8,552 번째 하나님 말씀

2003년 11월 25일 10시 54분

1 사랑하는 나의 아들아!
2 "네, 아버님! 말씀하옵소서."
3 이 세상 나의 피조물 만백성이요, 그
리고 종교 집단의 지도자라는 그 백성
들이 나 여호와를 얼마나 갈기갈기 헤
쳐 놓고 있으며 나를 욕되게 하고 있
는지 너희들은 알겠느냐?
4 나는 이 세상의 모두를 다 창조한 여
호와라 하였음이니라.
5 그러니 내가 너희들을 가장 아름다운
모습으로써 가장 예쁜 모습으로써 세
상에 창조하였다 그리하지 아니하였
더냐?

6 그러한 너희들이 지금 나 여호와를 어
찌 그리 갈기갈기 찢어 놓는가?
7 어찌하여 너희들은 내가 너희들의 일
부분이 되는 것처럼 생각하며, 너희들
이 나 여호와를 일부분으로써 이용하
고 사용하고 그리한단 말이던가?
8 너희들이 나 여호와의 일부분이요, 너
희들이 나 여호와의 한쪽밖에는 되지
아니하며, 내가 역사하는 그중의 하나
인 너희들이,
9 어찌하여 감히 나 여호와를 너희들의
일부분이요, 너희들의 일부분에 쓰이
고 역사하는 것으로써 그리 나를 불러
쓰며 그리 너희들이 나를 쓴단 말이던
가?
10 수천수만의 헤아릴 수 없는 그 종교
집단의 지도자들이 너희들 것만이 우
선이요, 너희들 것만이 하늘에 오른다
하며, 너희들이 나를 필요할 때만 찾
으며 나를 필요한 곳에만 이용함이니,
11 나 여호와가 정녕 너희들이 생각하고
살아가는 그 일부분에 사용되는 것이
며, 필요한 나 여호와인 것처럼 그리
생각하는 것이 오늘의 종교 집단 지도
자 너희들이 가고 있는 길이니라.
12 나의 피조물 일부분에 불과한 나의 백
성들이 감히 나를 저희들의 일부분에
필요할 때마다 불러 쓰니,
13 그와 같이 나 여호와를 어느 한 부속
품처럼 그리 생각하며 그리 나를 활용
하며 나를 찾고 나를 부르는 것이 너
희들이 아니던가?
14 너희들은 그렇지 아니하다 말할 것이
나, 너희들이 필요할 때 나를 찾으며
필요할 때 나를 불러 그 임무를 맡기
며, 그 임무에 대한 모두를 수행할 수
있고 필요하여 찾는 부속처럼 나를 쓰
고자 하는 것이 너희들이니,
15 이것이 내가 내려다보는 너희들의 잘
못된 것이요, 너희들이 나를 갈기갈기
찢는 그와 같은 사악한 행위를 하고
있음을 알라.
16 이제 나의 아들을 따르는 제자들이요,
이 내용을 읽는 만백성 너희들은 들으
라.
17 너희들은 나 여호와의 일부분이지, 내
가 너희들의 일부분에 쓰여지는 그와
같은 도구요, 기계요, 부속품이 아니
라는 것을 알라.
18 이를 너희들이 벗어나지 못하며, 이와
같이 나를 갈기갈기 찢어 놓는 행위를
계속 더 할 때, 너희들은 정녕 더 이상
지탱할 수 없을 것임을 알아야 될 것
이니라.

8,553 번째 하나님 말씀

2003년 11월 25일 10시 59분

1 사랑하는 나의 아들아!
2 "네, 아버님! 말씀하옵소서."
3 사랑하는 백성 너희들은 선한 행동이
요, 선한 행위요, 그리고 너희들의 선
한 말이요, 그 모두를 아름다운 쪽으
로 배우고 깨우쳐 나가는 데 주저해서
도 안 되며 게을러서도 아니 됨을 알
아야 될 것이니라.
4 내가 너희들에게 뭐라 말하였더냐?
5 법전에 기록된 이 무서운 내용을 너희
들이 지키고 행해야 될 것이니라.
6 너희들이 지금 말로써 하는 기도요,

나에게 드린다는 경배 그 모두는 아무
것도 이루어지는 것이 없으며, 나와는
아무런 관계도 없는 것이라 내가 그리
말하였음이니,
7 너희들의 선한 행위요, 행동이 얼마나
소중한 줄 알겠느냐?
8 너희들이 피보다 진한 땀방울을 흘리
는 기도를 드린다 해도, 그것으로써
너희들이 나에게 구원을 받으며 하늘
에 오르는 것에는 부족함을 너희들은
알아야 될 것이니라.
9 아무리 너희들이 피보다 진한 기도를
드린다 해도 그 기도를 가지고는 너희
들이 나에게 오르는 것은 부족함이라
하였음이니, 너희들이 말로써 만드는
그 기도야말로 나와 무슨 관계가 있더
냐?
10 그러니 아무런 관계가 없다 함이니라.
11 피보다 진한 기도를 드리는 것보다도,
너희들이 선한 행동을 하는 것, 선한
말을 하는 것, 그리고 사랑을 실천하
며 사는 그 삶의 형태로 향상되어 너
희들이 최선의 그 길로 변화되지 아니
하며, 너희들이 할 수 있는 노력을 다
하여 너희 스스로 천사와 같은 마음으
로 탈바꿈하는 삶을 살지 아니할 때,
너희들은 절대 이루어질 수가 없는 것
이며,
12 천사와 같은 삶으로 살아가는 데 최선
의 노력을 하여 너희들이 향상되는 삶
을 사는 것만이 나에게 오를 수 있는
길임을 알라.
13 기도만으로 너희들은 역사할 수 없는
것을 이제 내가 나의 법전에 수없이
기록했음이니, 그를 명심하여 가슴에
심으라.
14 기도하는 것, 울고불고하는 것, 찬송
부르는 것, 그리고 재물을 바치는 것
으로써 구원을 받는다 생각하는 것은
다 버려야 될 것이니라.
15 너희들의 삶의 형태가 아름답게 변해
가는 그것이 최상의 너희들이 받을 수
있는 은혜요, 영광된 길이라는 것을
전하라.
16 모든 나의 피조물 만백성은 나 여호와
를 의심하며 나를 두려워하며 나를 의
혹하는 모든 마음을 다 버려야 될 것
이니라.
17 그와 같은 마음을 버리지 못하고 있다
면 사탄이 항상 너희들을 무너트릴 것
이며 삼킬 것이니라.
18 그러나 너희들이 의심하는 마음, 나
여호와를 두려워하는 마음, 의혹하는
마음을 모두 버리고 있을 때, 사탄이
나 사악한 자들이 감히 너희들을 무너
트릴 수 없다는 것을 알아야 될 것이
니라.
19 사랑하는 나의 아들딸들아!
20 너희들은 보이지 아니하나, 너희들의
그 영혼의 싸움이 얼마나 치열한지,
오늘도 한 치의 양보가 없는 너희들의
영혼과 사탄, 악마와의 그 싸움이 계
속 진행되고 있음을 너희들은 모르겠
느냐?
21 사탄의 마음과 너희들의 선한 마음이
요, 그 영혼의 싸움이 이루 말할 수 없
음이니라.
22 너희들이 구원받고자 바로 가고자 하
는 그 영혼이 사악한 사탄과 싸우는
것이 너희들 인간의 눈으로 보이는 치

열한 전쟁이요, 죽고 사는 전쟁보다도
더 치열하고 무서운 싸움을 하고 있다
는 것을 너희들은 알아야 될 것이니라.
23 그러니 과연 사탄과 싸워서 이기고자
하여 몸부림치는 너희들의 영혼을 돕
는 길은 무엇인 줄 알겠느냐?
24 너희들이 말로써 기도로써 울부짖는
것은 그 영혼에게 도움이 되지 못하느
니라.
25 너희들의 선한 행동이요, 아름다운 행
동이요, 선한 말이요, 선하게 살고자
하는 것, 선행을 베풀며 사는 것, 사랑
을 베풀며 사는 것,
26 그와 같은 마음을 가지고 살아가는 것
이 사탄과 싸우는 힘겨운 그 영혼에게
너희들이 도움이 되며 그를 돕는 길이
라는 것을 절대 잊지 말라, 사랑하는
나의 아들딸들아!

8,554 번째 하나님 말씀

2003년 11월 25일 11시 03분

1 사랑하는 나의 아들아!
2 "네, 아버님! 말씀하옵소서."
3 이 세상에 너를 따르는 제자들과 나의
법전을 읽고 깨우친 만백성 너희들이
운신하며 살아가는 폭은 좁아짐이니,
너희들이 얼마나 힘들고 어려운 그 길
을 가야 하는 것인가 나 여호와는 알
고 있음이니라.
4 너희들이 깨달음의 경지가 높으면 높
을수록 세상이 두렵고 무서우며 그리
고 너희 자신이 견디기가 어렵고 힘든
길이니라.
5 너희들이 편하게 갈 수 있는 그 모든
악습과 사악한 것을 점점 지워 버리고
던져 버리며, 오로지 나를 향하여 그
빛을 따라오고자 함이니,
6 좁고 험난하고 그 어려운 길을 오게
되어 있는 것이 너희들이 아니더냐?
7 나 여호와는 너희들의 마음을 알고 있
느니라.
8 이 세상에 나의 피조물 만백성이요,
지금의 믿음의 길을 가는 백성, 구원
을 받았다 말하는 그들은 만 원이라는
하나의 지폐를 주면 10만 원이요, 100
만 원이요, 그 많은 것을 만 배로 더
끌어들이고자 하는 것이 너희들의 사
랑이 아니더냐?
9 백을 주고 만을 끌어들여 오는 것이
오늘의 베풂이요, 너희들의 사랑이니,
진정한 사랑이 없는 이 세속에서 너희
들이 살아가는 것이 얼마나 힘들고 어
려운 것인가?
10 점점 가면 갈수록 너희들의 길은 좁아
질 것이며 너희들의 삶의 길은 어렵고
힘들 것이니라.
11 그러나 이 세상에 계산 속에 사는 백
성들이요, 하나를 주고 열을 거둬들이
고자 하는 이와 같은 생각에 젖어 있
는 그 백성들, 그들을 너희들이 그 속
에서 깨우쳐 주며, 그렇지 않은 너희
들이 모범을 보여 주어야 되는 것이
너희들의 삶이라는 것을 알라.
12 모든 백성들은 백을 주면 만을 거둬들
이고자 하며, 하나를 주면 백 개를 거
두고자 하는 것이 지금 나의 피조물
만백성의 가슴에 그득히 차 있음이니,
13 그리하여 나의 사랑하는 백성들의 마
음에 사랑이 없으며 황폐해져 있다는

것이 나 여호와의 뜻임을 너희들은 알
겠는가?
14 그렇지 않은 나눔만이, 서로 아무런
조건 없이 나눌 수 있는 마음, 그리고
백을 주고 만을 거둬들이고자 하지 아
니하는 생각, 그와 같은 마음 자세로
살아가는 너희들이 되지 아니하면 절
대 아니 됨을 알아야 될 것이니라.
15 감사 인사도 기대하지 말며, 너희들이
베푸는 데 그 칭송을 듣지도 말라 내
가 너희들에게 그리 가르치고 전했으
며 나의 법전에 전한 뜻을 알겠느냐?
16 네가 칭찬이요, 인사도 받지 말며, 남
들 앞에 박수도 받지 말라 내가 그리
가르쳤거늘,
17 지금 너희들은 그와 같이 살아가는 백
성들이니, 백을 주고 만 개를 거둬들
이는 그 속에서 너희들이 견디고 지탱
하기는 너무나 어렵고 힘든 길임을 알
라.
18 그리고 또 나 여호와가 알고 있느니라.
19 그러나 너희들이 넘어야 할 길이고 너
희들이 가야 할 길이며, 그와 같이 가
지 아니하면 너희들이 나에게 오를 수
없음이니라.
20 다만 좁은 길이요, 협착한 길이요, 너
희들이 손해 보는 듯하며 고통스러운
길이라 하나, 너희들은 나에게 한 발
짝 한 발짝 다가오니,
21 머지않아 너희들이 위에서 내려다보
는 그와 같은 경지에 올랐을 때, 너희
들의 삶이 얼마나 아름다우며, 오늘의
삶이 얼마나 소중한 것인지 알게 될
것이니,
22 너희들은 두려워하지 말며 주저하지
말며 무너져서는 아니 될 것이니 그리
알라.
23 내가 다시 말하지만, 지금 전쟁에서
죽고 사는 것보다 더 무섭게 치열하게
싸우고 있는 사탄과 맞붙어 밀리고 밀
리는 싸움을 하는 너희들의 영혼을 구
하는 길이요, 보이지 않는 그 영혼을
돕는 것은 선하고 아름답게 사는 것이
라는 나 여호와의 뜻을 다시 한 번 깊
이 새겨 두도록 그리하라, 사랑하는
나의 아들딸들아!

8,555 번째 하나님 말씀

2003년 11월 25일 11시 10분

1 사랑하는 나의 아들아!
2 "네, 아버님! 말씀하옵소서."
3 너희들이 그리 갈구하고 소원하는 구
원을 받는 길이요, 하늘에 오르는 그
모든 역사가 무엇이라 말하였느냐?
4 너희들이 마지막 하나 남은 천국에 오
르는 티켓을 남에게 양보할 수 있는
사람이 나에게 오를 수 있는 백성이라
내가 그리 말하지 아니하였던가?
5 그와 같은 마음 자세로 행동할 수 있
는 것이 사랑이요, 나에게 오를 수 있
는 백성이요, 나로부터 선택된 백성이
할 길이라 하였음이니라.
6 그러나 지금 너희들은 어떠한 믿음으
로 가고 있는가?
7 더 큰 것을 달라, 더 큰 것을 역사해
달라, 더 많은 축복을 달라고 평생 나
에게 기도하며, 그것밖에는 너희들이
하는 것이 없느니라.
8 재물을 바치며 그 한쪽에서는 제가 재

물을 바쳤으니 더 큰 것을, 더 많은 재
물을 제 창고에 쌓아 달라고 울고불고
기도하는 것이 오늘의 너희들의 신앙
의 삶이 아니더냐?
9 이제 나의 아들을 따르는 선택된 제자
들이요, 그리고 나의 법전을 읽고 깨
우친 만백성 너희들은 들으라.
10 너희들이 모두를 다 버리며, 마지막
하늘에 오르는 그 티켓을 양보할 수
있는 것이 사랑이라 하였으니,
11 이제는 너희들이 작은 것에 대해 욕심
을 내며 그를 챙기고자 하는 마음을
갖지 말도록 그리하라.
12 너희가 작게 받고자 하면 나 여호와가
너희들에게 크게 내릴 것이며 큰 상을
내리는 것이 나 여호와의 뜻이며 하늘
의 법도라는 것을 어찌 너희들이 모른
단 말이던가?
13 너희들이 달라 하지 아니하며 그리 원
하지 아니해도, 나 여호와가 내려 줄
것은 내려 주게 되어 있음이니라.
14 그러니 달라는 욕심 때문에 모두를 이
루지 못하며 역사하지 못하고 있는 것
이 너희들임을 알아야 될 것이니라.
15 이것이 바로 무엇인 줄 알겠느냐?
16 나의 사랑하는 백성 너희들의 마음이
아름답지 못하며, 기초의 바탕이 다져
지지 아니한 그와 같은 상태에서 그저
성령이 임했다며 믿음을 갖고 축복을
받았다는 질서 없는 믿음 속에서 가고
있기 때문임을 너희들은 알아야 될 것
이니라.
17 너희들이 원하지 않는 것을, 바라지
않는 것을 내려 주며, 작은 것을 받고
자 양보할 때, 큰 것을 주는 것이 나
여호와의 뜻이라 함을 너희들은 가슴
깊이 새겨 두어야 됨을 잊지 말라.
18 그러면서 아직 그 작은 것을 버려두며
큰 것을 원하고 더 역사하고자 하는
것은 너희들의 기본의 바탕이요, 그
아름다운 마음이요, 사랑의 마음이 깔
려 있지 않은 자들이기 때문이니라.
19 그러니 기본의 자세가 다져지지 아니
하였으며 아름다운 마음의 근본이 되
지 않은 백성 너희들이 울고불고 성령
을 받았으며 '나는 착하게 살며 천사
와 같이 살겠다.' 언약하고 약속하나,
20 언젠가는 인간 세상에 살아가면서 어
렵고 힘든 일이 부닥쳤을 때, 너 자신
의 그 모습을 그대로 드러내는 것이
너희들이니라.
21 그러니 너희들의 마음속에 있는 그 악
이 그대로 튀쳐나오며 그대로 행동에
옮기며 행하는 것이 바로 너희들이니,
22 이게 위선된 너희들의 깨달음이요, 위
선된 성령이 임했다는 것임을 너희들
은 알라.
23 그러니 너희들은 근본의 바탕을 다스
려야 될 것이니라.
24 너희들이 근본의 바탕이요, 근본의 뿌
리를 아름답게 역사하는 것은 정녕 피
나는 노력밖에는 없음을 알라.
25 지금 너희들이 모두가 큰 것을 달라,
더 역사해 달라, 자기에게 축복을 달
라 기도하며, 제가 이를 바쳤으니 열
배 백배 제 창고에 쌓아 달라 하는 자,
26 너희들이 그러면서 은혜를 받았고 깨
달았으며, 나 여호와의 뜻이 무엇이며
하늘에 오르는 길이 무엇이요, 저는
천사와 같이 사는 자라고 천날 만날

그리 말하나,
27 너희들의 계산된 속에서 이루어지는
것이기 때문에, 너희 자신이 인간의
근성을, 네 진짜 모습을 항상 드러내
도록 되어 있는 것이 너희들이며,
28 너희들 마음속에 덮어 놓았던 것이 하
시라도 악의 형태로써 뛰쳐나올 수 있
는 것이 너희들의 마음임을 알아야 될
것이며,
29 오늘의 너희들이 성령이 임했다는 것
이요, 깨달았다는 것의 그 한계임을
알라.
30 그러니 너희들이 본바탕을 아름답게
가꾸며, 본바탕의 마음을 곱게 다스리
는 피나는 노력으로써 너희 자신의 내
면부터 변하는 그 역사가 없이는 언제
든지 너희들이 인간의 그 모습으로써
너희 자신의 모습이 튀어나올 것이며
드러날 것이며 뛰쳐나오게 되어 있음
이니,
31 그때 하나도 깨우친 것이 없으며 성령
으로 임한 것이 없으며 변화된 것이
없는 너희들 자신이라는 것을 알라.
32 그러니 본바탕의 마음부터 깨끗하고
아름답게 다스리는 피나는 훈련을 시
작하고 다시 시작하도록 그리 전하라.

8,556 번째 하나님 말씀

2003년 11월 25일 11시 14분

1 사랑하는 나의 아들아!
2 "네, 아버님! 말씀하옵소서."
3 내가 너희들의 근본의 바탕을 아름답
게 잘 다스리며 가꾸라 그리하였느니
라.
4 그리하여 그 근본의 바탕을 원 마음이
요, 내가 내려 준 그 뜻을 찾는 데 피
보다 더 진한 노력이 필요하며, 그 노
력 속에서 너희들 자신의 바탕을 아름
답게 가꾸고 다스리라 내가 나의 아들
을 통하여 너희들에게 명했느니라.
5 너희들의 근본이 내가 내려 준 그 뜻
의 바탕으로 다듬어지지 아니하며 그
리 돌아오지 않는 백성 너희들이 무엇
인 줄 알겠느냐?
6 그와 같은 백성들은 저 자신의 이기심
이요, 저 자신의 자존심을 버리지 못
하고 사는 자들이니라.
7 너희들의 이기심이요, 자존심 그 자체
는 무엇이더냐?
8 그는 '나'를 버리지 못한 것이며 너희
스스로 자신을 다스리지 못한 자임을
알아야 될 것이니라.
9 너희들의 자존심 그 자체가 또한 무엇
인 줄 알겠느냐?
10 이게 사탄의 마음이요, 사악한 자의
마음이며, 마귀의 마음이라는 것을 너
희들은 알라.
11 그 알량한 자존심이라는 것 때문에 너
희들이 얼마만큼 무섭게 변하며, 양보
하지 못하며, 자신을 다스리지 못하
며, 격한 행동을 하는가?
12 이것이 바로 자존심이 마귀의 마음이
라 그리 생각하라, 나의 아들을 따르
는 제자 너희들은.
13 그리하여 너희들은 이기심이요, 자존
심이요, 그 모두를 버릴 수 있는 거듭
나는 그 역사를 하지 아니하면 아니
됨을 알라.
14 너희가 변하는 자존심의 상처를 인내

하는 자가 되어야 될 것이니라.
15 그를 인내하는 백성이 되지 못할 때,
너희들은 나에게 오를 수 없음이니라.
16 곧 자존심의 그 마음은 마귀의 마음과
같기 때문이니, 모두를 흐리게 하며
판단을 흐리게 하며, 너희들의 행동을
과격하게 하며, 양보하지 못하는 마음
으로써 불같이 일어나는 것이 알량한
그 자존심이니, 그 자존심이 악마의
마음이라 그리 생각하라.
17 이것이 너희들이 가야 할 길이며, 이
기고 가야 할 가장 중요한 과제이니,
18 그것 하나 때문에 너희들이 모두를 다
잃으며, 하늘에 오르는 길을 찾지 못
하며 보지 못함이니 그리 알라.
19 그리하여 그것 때문에 너희들이 성령
으로 임한 백성이요, 깨달음의 경지가
높은 백성이라 하나, 스스로 너희들이
'나'를 나타내는 것이니라.
20 '나' 자신을 드러내며 들춰내는 그와
같은 과격한 행동과 말로써 변화되는
것이 너희들이라는 걸 절대 잊지 말
라, 사랑하는 나의 아들딸들아!

8,557 번째 하나님 말씀

2003년 11월 25일 11시 21분

1 (기도 앞부분이 녹음되지 않았습니다.
- 녹음테이프 545번)
2 너희들이 육의 생각을 버리지 못하고
살아간다면 아무것도 이룰 수 없음을
알아야 될 것이니라.
3 나 여호와의 가장 큰 기쁨이 무엇인
줄 알겠느냐?
4 너희들 스스로 '나' 자신을 죽이는 그
와 같은 마음이요, 육의 생각을 버리
고 죽은 자가 되고자 하는 그와 같은
삶이요,
5 그리고 너희들이 말하는 그 자존심이
요, 이기주의 마음이요, 그 모두를 너
희들이 버렸을 때, 나 여호와의 가장
큰 기쁨이라 함을 알라.
6 2천 년 전에 나의 아들 예수가 세상에
왔음이니, 그를 해했던 그 백성들이
어찌하여 그와 같은 행위를 했는지 알
겠는가?
7 그들은 육신의 욕심을 다스리지 못하
며, 저 자신이 죽은 자라 생각하지 못
하며, 자존심이요, 이기심이요, 욕심
을 버리지 못한 자들이기 때문에 그와
같이 나의 아들 예수를 죽도록 만든
것이니라.
8 그 원인이 무엇인지 너희들은 이제 잘
깨우쳐야 될 것이니라.
9 오늘의 나의 아들을 따르는 제자들 너
희들은 들어야 될 것이니라.
10 2천 년 전 나의 아들 예수가 역사했던
것과 지금 나의 아들이 역사하는 것이
똑같은 형태임을 너희들은 절대 잊어
서는 아니 될 것이니 그를 알라.
11 2천 년 전 나의 아들 예수를 그들이
그 사악한 마음으로 해할 때, 나의 아
들 예수는 예배를 보지 아니하였으며,
저희들이 말하는 그 행사에 꼭두각시
노릇을 하지 아니하였으며, 저희들이
예배 드리고 경배하는 것을 따르지 아
니하였으며 그리 행하지 아니하였음
이니라.
12 그리고 나의 아들은 이방인과 차이를
두지 아니하였으며, 저희들이 기독교

인이라 믿는 자들이요, 그를 차별화하
지 아니하였으며, 다스릴 자 다스리고
거둘 자 거두는 그와 같은 행위를 절
대 이해하지 못하며 용서하지 못하는
그들이 되었음이니라.
13 그러니 모든 백성을 차별화하지 아니
하고 가슴에 안는 나의 아들 예수를
저희들이 이해하지 못했으며, 저희들
의 크나큰 역사인 그 전례의 행사요,
그리고 저희들이 예배 보는 순서요,
그 모든 법도를 무시하고 나의 사랑하
는 백성들을 깨우치는 역사를 이루는
것을 받아들일 수가 없으며, 용서할
수 없는 그와 같은 형국이었으니,
14 그게 다 저 자신을 버리지 못했으며
제가 죽은 자라 생각하지 못하며, 자
존심의 극치에 달하고 욕심의 극치에
달하였기 때문에 그와 같은 행위를 했
음이니라.
15 너희들은 여기서 지금 나의 아들이 가
는 그 형태를 똑바로 주시해야 될 것
이니라.
16 예수가 행했던 것과 무엇이 다르더냐?
17 지금의 믿음의 교회요, 성당에서 그들
이 하는 그 연례행사요, 그들의 법도
요, 질서의 규율에 따라서 가는 것, 그
모두를 파괴하며, 그를 무시하고 강론
하며 가르쳐 감이니,
18 2천 년 전 나의 아들 예수가 모든 것
을 차별 없이 역사하던 것을 그대로
지금 내 아들이 이루고 있음이니,
19 그때 나의 아들을 죽게 한 자들이 오
늘의 나의 아들에게 얼마나 압박을 가
할 것이며 얼마나 사악한 역사가 이루
어질 것인지 너희들은 알라.
20 여기에서 오늘 너희들이 깊이 깨우쳐
야 될 것이니라, 그리고 이 대목을 읽
는 백성 너희들은 알아야 될 것이니라.
21 2천 년 전 모든 질서요, 예배의 형식
이요, 기도하는 형식이요, 그 모두를
철폐했던 나의 아들 예수를 죽였듯이,
22 오늘의 나의 아들이 또한 그와 같은
역사를 그대로 밟고 가고 있음이니,
그 또한 견디지 못하게 한다는 것을
너희들은 알아야 될 것이니라.
23 예수의 시대를 너희들이 안다면, 오늘
의 나의 아들을 통하여 역사하는 것을
너희들이 알 수 있음이니라.
24 2천 년 전 나의 아들 예수가 와서 역
사한 것은 모든 틀을 다 깨고 부숴 버
리며 새로 짓고자 했던 것이요,
25 새로 역사하는 것이 나의 아들 예수의
뜻이요, 나의 아들 예수를 통하여 이
루고자 했던 내 뜻이었으며,
26 오늘의 나의 아들을 통하여 하는 것도
모든 행사요, 교파요, 교리에 얽매이
지 아니하며 그 모두를 다 파괴하며
그 모두를 다 부숴 버리며,
27 그저 들판에서 스스로 혼자 깨우쳐 나
를 알게 되며 진리를 알게 되며 하늘
에 오르는 길을 보도록 하는 것이 대
종교 개혁임을 너희들은 알아야 될 것
이니라.
28 (다음 12분 분량의 기도 소리가 들리
지 않아 기록하지 못했습니다. - 녹
음테이프 545번)

8,558 번째 하나님 말씀

2003년 11월 26일 07시 29분

1 사랑하는 나의 아들아!
2 "네, 아버님! 말씀하옵소서."
3 너희들이 살아가면서 나의 뜻을 따르
며 그리고 정녕 하늘에 오르고자 한다
면 너희들은 '무소유'의 원칙을 지킬
수 있는 그와 같은 마음을 갖지 아니
하면 아니 됨을 알라.
4 너희들이 모든 것을 소유하고자 하는
그 마음이 욕심의 뿌리가 됨이니,
5 욕심은 죄를 낳게 되며 그 죄로 인하
여 너희들이 나로부터 버림을 받는다
그리하지 아니하였던가?
6 모두는 '내 소유'요, 자기가 갖고자 하
는 그와 같은 마음 때문에 오늘의 이
형국이 되어 가고 있음을 알아야 될
것이니라.
7 그러니 이제 너를 따르는 제자들이요,
나의 법전을 읽고 깨우친 백성 너희들
은 모두를 자기가 소유하고자 하는 마
음을 가져서는 아니 됨이니라.
8 소유하고자, 또 더 쌓아 놓고자 하는
그와 같은 마음으로 인하여 너희들이
모든 역사의 기초를 다지지 못하며 바
로 서지 못하는 것임을 알아야 될 것
이니라.
9 모두가 다 너희들 것이 없으며, 소유
하기 위하여 몸부림칠 이유가 없는 것
이니라.
10 내가 너희들에게 무어라 말하였느냐?
11 첫째 계명에 '다른 신을 네게 있게 하
지 말라.' 하였음이니, 너희들이 다른
보석이요, 재물을 소중히 생각하는 것
그 자체가 너희들이 다른 신을 두는
것이라 하였음이니,
12 너희들이 무엇인가 소유하고자 몸부
림치며 소유하고자 그 끈을 놓지 못하
고 있다면, 그로 인하여 죄의 욕심이
일어나는 그와 같은 결과가 된다면,
바로 그것 또한 다른 신을 두는 것과
같음을 너희들은 알아야 될 것이니라.
13 지금의 나의 피조물 만백성 너희들이
가고 있는 그 믿음이 무엇인 줄 알겠
느냐?
14 너희들이 몸을 다스리기 위하여 화장
을 하며 향수라는 걸 뿌림이니, 향수
를 뿌리는 그와 같은 삶을 사는 것이
너희들이 가는 믿음이니라.
15 너희들이 잘못되고 더럽고 추한 몸을
아무리 향수로써 가리고 덮으려 해도
그 냄새가 영원히 지속되지 못함이니,
그 냄새는 날아가며 지워짐이니라.
16 그러면 너희들의 그 본색이요, 너희들
에게서 나는 그 악취를 절대 막지 못
할 것이니라.
17 그러니 지금의 모든 백성들의 믿음이
향수와 같은 믿음이요,
18 영원히 자기 자신을 씻어 자기 몸에서
나는 아름다운 인간 본연의 향기가 없
음을 너희들은 알아야 될 것이니라.
19 인간 본연의 그 향기가 아름다움을 알
며 그를 맡는다면 너희들은 정녕 너희
자신을 위장하는 그와 같은 짓은 하지
아니할 것이니라.
20 그러니 너를 따르는 제자요, 나의 피
조물 만백성, 나의 법전을 읽고 깨우
친 너희들은 정녕 오늘의 믿음을 향수
를 뿌리고 화장을 하는 믿음으로 가지

말라.
21 그 모두는 임시요, 잠깐이며, 그 본색
을 덮을 수 없는 것처럼, 너희들의 본
색이 드러난 오늘의 삶으로써는 너희
들이 정녕 진정한 믿음이요, 아름다운
삶을 살았다 말할 수가 없음이니라.
22 그러니 바로 무소유이니라.
23 소유하지 아니하고자 하는 그 마음만
이 인간 본색의 그 향기로움을 발산할
수 있으며, 그를 볼 수 있으며, 그것으
로써 너희들이 살아가는 데 한 점의
부끄럼이 없는 삶을 살게 되어 있음을
너희들은 알라.
24 모든 욕심은 죄악이요, 그 죄 또한 너
희들이 그 대가를 치르는 것이며,
25 거기에 더 깊은 죄의 근본은 너희들이
소유하고자 하는 욕심이요, 또 소유한
것을 놓지 못하는 것에서부터 모든 잘
못된 역사가 이루어짐이니,
26 잘못된 그 역사의 근본의 뿌리는 소유
하고 쌓아 놓고자, 더 갖고자 하는 그
와 같은 너희들의 마음임을 알아야 될
것이니라.

8,559 번째 하나님 말씀

2003년 11월 26일 07시 35분

1 사랑하는 나의 아들아!
2 "네, 아버님! 말씀하옵소서."
3 지금 내가 너에게 성령을 내리며 내
뜻을 내림이니라.
4 그리하여 네가 그를 받아 기록하여 만
백성을 구원하고자 나의 법전을 만들
고 있음이니,
5 선택된 나의 백성들은 내가 너에게 내
리는 그 기도 소리를 들으며 눈물의
깨달음이 있을 것이나, 선택되지 아니
한 백성들은 그 귀가 들리지 아니함이
니라.
6 내가 너를 통하여 내리는 그 성령이
나 여호와의 귀하고 소중하고 진정한
나의 가르침이요, 뜻이며, 저희들의
생명을 구하는 나의 성령의 기도를 듣
는 것을,
7 그들은 똑같은 음식을 너희들이 만든
다 해도 양념을 하지 아니한 음식을
먹는 것처럼 그들에게 들릴 것이니라.
8 너희들이 음식에 양념을 넣지 아니하
고 음식을 만들면 그 음식을 과연 무
슨 맛으로 먹겠느냐?
9 선택되지 아니한 백성이 내가 너에게
내리는 나의 성령을 듣는 것은 그와
같이 들릴 것이며,
10 그리고 저희들의 종교 지도자요, 그
집단에서 저희들을 위해서 기도하는
소리, 말장난으로써 하는 소리, 세상
것을 다 예로 들어서 그저 갖다 붙여
대는 광적인 그 기도 소리,
11 환자 앞에서도 저희들이 나의 성령이
요, 나의 뜻으로써 다 고쳐 주는 것처
럼 그 은혜만이 구원을 받는다는 것,
그리고 제 기도만이 역사한다는 것,
유치하게 말장난하는 것,
12 그것은 모든 감미로운 양념을 열과 성
의를 다하여 갖다 넣은 음식과 같이
그리 들릴 것이니라.
13 그러기에 내가 만 명에 한 명씩 나의
법전을 읽고 깨우친다 할 수 있었음이
니라.
14 너희들이 무채를 함이니, 그 무를 썰

어서 그대로 너희들에게 먹으라 하고,
또 그 무채에 갖은 양념을 다 하여 먹
으라 한다면,
15 과연 그 갖은 양념을 다 한 무채를 먹
고 맛있다 하지 아니할 자가 어디 있
겠느냐?
16 그러하니라. 그러니 무만 먹으며 진정
한 무 맛을 아는 자, 그리하여 만 명
중의 하나가 나의 법전을 읽고 깨우치
는 자가 있을까 말까 하다 하였음이니
라.
17 사랑하는 아들아!
18 지금 내가 너에게 내리는 성령은 양념
을 하지 않은 그 무채를 먹으라는 것
과 같으니, 그를 먹는 자, 아무나 그
역사를 이룰 수 없음이니,
19 진정한 무의 맛을 아는 자는 자연의
위대함이요, 양념을 섞은 것보다도 원
천의 그것이 얼마나 소중한 것인지 알
것이며,
20 그를 먹는 것만으로써 얼마나 감사한
것인지 알 것이니라.
21 그러나 만백성은 그 무채에 갖은 양념
을 다 해야 그것이 진정한 맛이요, 그
를 좋다 하며 먹을 것이니, 그리하여
만 명에 하나가 있을까 말까 하다는
것이니라.
22 그러니 저희들이 온갖 말로써 그저 광
적으로 기도하는 그 소리를 듣고 '아
멘, 할렐루야!' 하며 은혜 받았다 하지
아니할 자가 없음이니,
23 또한 그와 같이 나의 백성들의 마음을
악용하는 것이 오늘의 종교 집단이요,
지도자니라.
24 그리하여 그들은 봉사하는 것이 없으
며, 그와 같이 역사하는 것 다음에 반
드시 이루어지는 하나의 그 형식의 거
래가 있으니, 그러니 그들이 잘못된
것이라 내가 그리함이니라.
25 그러니 여기서 너희 백성들이 그러하
니라.
26 양념을 넣지 않은 무채를 먹으라는 자
에게 수고비를 주겠는가, 그렇지 않으
면 거기에 각종 양념을 넣어서 너희들
입맛에 맞도록 만든 자에게 수고비를
주겠는가?
27 반드시 그것에 대한 대가를 주게 되어
있는 것이 인간 세상의 오늘의 삶이니
라.
28 그러나 하늘에 오르는 길의 역사는 그
러하지 아니함을 너희들은 알아야 될
것이니라.
29 즉 무엇이더냐?
30 진정한 보석을 놓고 진짜 보석이라 설
명할 필요 없이, 그저 네가 구입하려
면 구입하고, 버리려면 버리고, 사려
면 사고 말려면 말라 그리 내미는 장
사꾼이 아니라,
31 가짜를 가지고 진짜로 둔갑시켜서 온
갖 황홀한 말을 다 하며, 당신은 미인
이요, 당신은 아름다우며 그리고 당신
은 이것을 걸침으로써 세상에 여왕 같
다 말하는 자의 그 말을 듣고 사는 자,
그는 곧 무엇이냐?
32 가짜를 사는 것이니,
33 내가 오늘 음식의 비유를 들어 너희들
에게 깨우쳐 줌을 그리 알라.

8,560 번째 하나님 말씀

2003년 11월 26일 07시 43분

1 사랑하는 나의 아들아!
2 "네, 아버님! 말씀하옵소서."
3 네가 지금 나의 성령을 받아 만백성을
구하는 나의 법전을 기록하고 있음이
니라.
4 네가 여기에서 나에게 가장 큰 은혜
요, 축복은 무엇이라 생각하느냐?
5 "네, 아버님! 저는 그리 생각하옵나이
다.
6 제가 죽어 가는 생명이요, 숨을 거두
는 육의 그 운명의 시간을 아버님께서
거듭나는 삶을 주셨으며,
7 다시 한 번 살 수 있는 기회를 주신 그
것으로 인하여 제가 오늘의 육의 세상
에 존재하기에 이 모두를 역사할 수
있다는 것,
8 그리하여 아버님께서 제 생명을 연장
해 주신 것을 가장 큰 은혜요, 영광이
라 생각하옵나이다."
9 그렇다면 그것 외에 네가 무엇을 더
나로부터 받고자 역사하고자 하는가?
10 "네, 아버님! 저는 그것 하나 받은 것
으로써 만백성에게 기적을 이루는 것,
또 병 고쳐 주는 것, 모든 사람들에게
그와 같은 기적의 은혜요, 은사를 바
라지 아니하며 원치 않사옵나이다.
11 제가 생명으로 거듭나서 법전을 만들
며 책으로 근거하여 아버님의 말씀을
만백성에게 전하는 그것으로써 저는
그보다 더 큰 은혜요, 영광이 없으며,
12 그와 같은 아버님의 은혜가 없었다면
제가 오늘의 이 역사를 할 수 없음이
니, 그 이상도 그 이하도 저는 바라는
것이 없사오며, 그를 항상 감사한 마
음으로 생각하고 살아가고자 하옵나
이다."
13 사랑하는 나의 아들아, 내가 너의 생
명을 연장해 주었다 하였음이니라.
14 그러니 만백성이 지금 육은 세상의 삶
을 사나, 그들이 죄 속에서 벗어나지
못하며 죄 속에서 헤어나지 못하여,
15 저희들이 죽어 와 나에게 심판을 받을
때, 그들은 영원히 사는 그 영혼의 세
상에서 죽음으로 갈 것이며, 나로부터
거듭나는 역사를 얻지 못한다 하지 아
니하였더냐?
16 그러니 지금 나의 아들 너를 따르는
제자들이요, 너를 따르며 같이 더불어
가는 그 제자들, 그리고 선택된 그 백
성들이,
17 나의 법전을 가슴에 안고 정독함으로
인하여 저희들이 도둑질하는 마음을
달래며, 간음하고자 하는 마음을 달래
며, 남을 시기하는 마음을 달래며, 부
모를 공경치 않던 마음을 공경하는 마
음으로 돌아선다면,
18 그것은 너희들이 아무것도 역사할 수
없는 나의 심판대에서 은혜와 상을 받
으며 그것보다 큰 것이 없으니,
19 지금 나의 법전을 접하는, 너를 따르
는 제자들이요, 너와 더불어 가는 그
제자들은 거듭나는 생명을 얻은 것이
니, 죽은 자 중에서 다시 사는 생명을
얻은 것과 같거늘,
20 그들이 또한 너와 같은 마음을 갖지
아니하면 아니 됨을 너는 이제 깨우쳐
주어야 될 것이니라.

21 나 여호와는 너희들에게 다시 태어나
는 것, 거듭나는 삶이요, 영원히 사는
세상에 너희들이 올 수 있는 그 은혜
와 그 길을 준 것으로써 너희들이 나
로부터 받은 그 은혜에 다 보답할 길
이 없으니,
22 네가 나에게 생각하는 것만큼 너의 제
자들도 그리 생각하라 그리 전하라.
23 나 여호와는 그것으로써 너희들에게
더 이상 큰 사랑이요, 더 큰 은혜를 내
릴 것이 없음이니, 그를 더 이상 바라
는 자가 있어서는 아니 될 것이니 그
리 전하라.
24 앞으로 나의 성전을 찾는 자, 이해관
계요, 이해득실 때문에 무너지는 자,
그 수를 헤아릴 수가 없을 것이니,
25 정녕 그들을 네가 다 감당할 수 없으
며 그들을 만족시킬 수 없는 것이니,
오늘의 너의 제자들도 또한 그러하니
라.
26 너의 제자들도 나의 법전을 읽고 깨우
쳐 거듭나는 영광을 얻었음이니, 그보
다 더 큰 은혜와 영광이 없거늘,
27 그들에게 네가 만백성과 차별화를 두
어서는 아니 되는 것이니, 너는 그 마
음의 다스림을 곧게 하도록 하며,
28 네가 나로부터 받은 그 은혜요, 거듭
나는 생명을 연장받은 그것으로써 아
무것도 원하지 않듯이, 그들도 그 마
음이 그리되지 아니하면 아니 될 것이
니,
29 모두를 놓을 수 있는 네 제자들이 되
지 못함이니라.
30 모두를 놓을 수 있는 제자가 되지 못
하는 자, 욕심의 근원을 버리지 못하
며, 욕심의 공장을 부수지 못하며 태
워 버리지 못했으니, 그는 거듭날 수
있는 은혜가 없음이니,
31 네가 그들을 무너트리는 그와 같은 일
을 하지 말도록 그리하라.

8,561 번째 하나님 말씀

2003년 11월 26일 07시 49분

1 사랑하는 나의 아들아!
2 "네, 아버님! 말씀하옵소서."
3 2천 년 동안 내려오는 그 전통 속에서
오늘의 믿음의 길을 가는 자, 그리고
저희들은 구원의 열쇠를 받았다 말하
며, 저는 반드시 구원된다 소리 지르
고 울부짖는 그 백성들, 그들에게 네
가 물어보라.
4 그들 마음속에는 나 여호와가 있기는
어디 있으며. 하나님이 어디 존재하느
냐 하는 마음을 그득히 가지고 있는
것이 그들이니라.
5 저희들이 살아오면서 부닥치고 소원
하고 역사하는 것이 이루어지지 아니
하며, 저희들이 내분을 하며 서로 질
투하고 시기하는 그와 같은 모습이요,
6 하나의 종교 집단의 한 형제요, 자매
라는 자들이 서로 시기하고 질투하며
송사하며, 그리고 종교 지도자 한 사
람을 놓고 저희들이 시시비비하는 것,
그와 같은 그들의 그 마음속에 무슨
마음을 가지고 있는지 알겠느냐?
7 '하나님이 계시기는 무슨 하나님이 계
시냐?' 하는 그와 같은 마음의 응어리
를 가지고 있는 자들이 지금 수없이
있음을 너희들은 알아야 될 것이니라.

8 그들의 믿음이 과연 어떠한 것이더냐?
9 저희들이 하나의 종교 지도자를 놓고
파벌이 생김이니, 저희들이 힘에 밀려
그 종교 지도자가 떠나면 울고불고함
이니, 그게 나 여호와를 믿었으며 나
를 경배한 백성들이더냐?
10 그는 종교 지도자를 믿으며 종교 지도
자를 따르는 그 믿음이 아니더냐?
11 저희들이 지도하는 종교 지도자가 떠
나든 안 떠나든 나 여호와는 저희들
의 그 교회요, 그 성전 안에 존재할 것
이거늘,
12 나를 믿고 나를 따른다는 백성들이 나
는 제쳐 놓고, 떠나는 저희 종교 지도
자를 놓고 울고불고 원통해하며 분해
한다면 저희들이 무엇을 생각한 것이
냐?
13 그리고 그가 가련하고 불쌍하다 생각
한다면, 그와 다시 만나지 못하며 같
이 설교를 듣지 못하는 걸 가슴 아파
한다면 너희들은 무엇을 한 것이더냐?
14 그것도 그 마음이 깊고 깊을수록 너
희는 인간의 연정을 가지고 있음이니,
그게 바로 인간 종교 지도자를 믿고
따른 자들이지, 나를 믿고 따르는 백
성이라 그리 말할 수 있겠느냐?
15 절대 그렇지 아니하니라.
16 그리고 그 속에서 그들이 기도하고 경
배하는 소리를 들어 보라.
17 감히 저희들이 무엇을 이루어 달라,
역사해 달라며 제 소원을 빎이니,
18 그것은 나의 계획을 모두 다 바꾸라
하는 것이요, 그것이 잘못된 것이라
말함이니라.
19 저희들의 종교 집단이요, 저희들의 교
회가 서로 파벌이 되어 풍비박산이 될
때, 그들은 말할 것이니라.
20 '하나님이 있기는 어디 있느냐?' 그저
승자도 패자도 그와 같이 말할 것이니
라.
21 그러나 나의 아들을 따르는 그 제자들
은 절대 그렇지 아니할 것이니라.
22 그들은 말할 것이니라.
23 '오늘의 그 역사요, 우리의 성전이요,
우리의 교회가 흐트러지고 문을 닫게
하는 것, 그것 또한 하나님의 뜻이니,
24 우리가 무너지고 파벌이 생기고 추한
모습을 보임으로 인해서 많은 교회들
과 성당과 많은 법당들이 정신을 차려
저희들이 하나가 되어 여호와 하나님
의 뜻을 따르게 하고자 하여 그와 같
은 역사를 이루는 것이며, 그러니 이
는 하나님의 뜻이요, 하늘의 뜻이라'
하여,
25 나 여호와의 뜻이라며 너의 제자들은
그를 순응하며 그를 받아들이는 것이
그들과 너희들과의 차이이니라.
26 그러나 저희들끼리 내분이 나며 저희
들끼리 사랑이 없어 서로 갈라지고 찢
어지며 교회라는 것이 풍비박산이 될
때, 그들은 무어라 하겠느냐?
27 그 신도들은 그럴 것이니라.
28 '하나님이 있기는 무슨 하나님이 있느
냐? 하나님이 있으면 우리를 이렇게
버리며, 우리가 이렇게 쪼개지도록 할
수 있겠느냐?' 그리 말할 것이니라.
29 그러니 너희들이 보는 관점과 그들이
보는 관점이 하늘과 땅 차이이니,
30 이것이 나의 법전을 읽고 깨우친 백성
들이요, 그리고 너희들이 하늘에 오를

수 있는 그 빛을 보고 거기에 들어선
백성들이요, 거듭나는 은혜를 받은 백
성들이니라.
31 이것이 하늘과 땅의 차이이니, 죽고
삶이 여기에 달렸으며, 구원을 받고
못 받음의 마음 자세가 이와 같이 다
름을 너희들은 알아야 될 것이니라.
32 종교 집단이요, 지도자요, 저희들은
말로써는 한 형제라 하나, 만나면 저
희들은 욕하며 만나면 불평불만을 하
며, 저희들의 종교 지도자에게 사랑을
받고 못 받는 걸 가지고 시시비비하는
것이니라.
33 그러니 인간을 사랑하는 것이요, 인간
의 종교 지도자를 믿는 것이지, 과연
나 여호와를 믿는단 말이더냐?
34 나 여호와를 믿고 나 여호와에게 경배
하고 기도하는 자라면, 종교 지도자가
어떠하든 거기에 대해서 너희들이 시
시비비를 할 것이 아니며,
35 '네 편, 내 편'이라 하며 가를 수 있겠
는가?
36 감히 그와 같은 짓을 하고 있는 것이
오늘의 종교 집단이요, 지도자들이니
라.
37 그러니 지금 나의 법전을 읽고 깨우친
백성들이요, 짧은 시간에 공부한, 나
의 아들을 따르는 제자들, 그리고 나
의 성전에 오는 자들이 나의 아들을
놓고 파벌을 벌이며, '그는 네 사람이
다, 내 사람이다.' 너희들이 감히 시시
비비를 하는가?
38 감히 너희들이 생각할 수도 없는 것,
너희들은 상상도 할 수 없는 것이 수
천 년 동안 내려오는 종교 집단이요,
평생을 바쳐 깨달음을 얻고 구원을 받
았다 하는 자들,
39 그 종교 집단들 안에서, 교회 안에서
하고 있는 짓이요, 성당 안에서 하는
짓이요, 법당 안에서 하고 있는 짓이
니,
40 그 파벌의 싸움이 그치지 않는 것이
그곳이니, 얼마나 그게 추하고 더러운
곳이더냐?
41 그리하여 사랑이 없으며 진실한 깨달
음이 없으며, 50년을 다닌 자, 40년을
다닌 자, 30년을 다닌 자, 그저 1년을
다닌 자가 뒤죽박죽이며 그 한계가 없
음이니,
42 세상에 나의 백성들을 기형아로 만든
자들이 오늘의 종교 집단이요, 교회
요, 그리고 성당이요, 법당이라는 곳
의 지도자들이니,
43 그들이 오늘의 나의 사랑하는 백성들
의 영혼을 기형아로 만들었으니 그리
알라, 사랑하는 나의 아들아!

8,562 번째 하나님 말씀

2003년 11월 26일 07시 57분

1 사랑하는 나의 아들아!
2 "네, 아버님! 말씀하옵소서."
3 수천 년 동안 흘러오면서 나의 피조물
만백성들이 나 여호와가 존재함을 안
다, 모른다 하며 그 모든 종파에 속해
있는 자들이 밤하늘에 비추는 별보다
도 더 많은 숫자가 지금 그리 가고 있
으며 그들이 늘어나고 있음을 알라.
4 그러니 너희들이 어떠한 종파든 어떠
한 형태든 그 속에서 나 여호와가 존

재하고 존재하지 아니함을 시시비비
하는 그 백성들이 세상에 있음이니,
밤하늘의 별보다도 더 많은 숫자가 늘
어나고 있음이니라.
5 이제는 밤하늘의 그 별보다도 많은 나
의 흐트러진 백성들을 너희들이 하나
로 엮어 가며 하나로 깨우쳐 한 길로
인도해야 하는 것이니라.
6 그러니 그것이 무엇인 줄 알겠느냐?
7 내가 내리는 160권의 법전, 이를 가지
고 그들을 인도하고 깨우쳐, 그들을
이제 하나로써 나의 아들딸로서 내 품
에 돌아올 수 있도록 할 수 있는 것이
너희들임을 알라.
8 밤하늘의 별처럼 그 많은 종교 집단에
속해 있는 백성들, 그리고 나를 놓고
시시비비하는 자들, 그와 같은 자들이
깨달음이 없었더라면 너희들은 그들
에게 깨우쳐 주며 그들을 바로잡는 그
것 또한 힘들 것이니라.
9 그러나 그 모두가 다 준비된 자들임을
알라.
10 나의 법전을 접하고서 깨닫는 자가 그
속에 있을 것이며, 그 속에서 깨닫는
자들이 너를 따르며 너를 위해서 역사
할 것이니라.
11 이제 너희들은 알아야 될 것이니라.
12 너의 제자들이 왜 천사와 같이 마음이
곱고 아름답게 변하지 아니하면 내가
상을 내리지 아니하는지 알겠는가?
13 지금 나의 법전이 세상에 뜨며, 나의
아들이 존재함이니 그들이 벌떼처럼
모여들 때, 그들은 제가 살아가기 위
하여, 제 물건을 팔기 위하여, 저 자신
의 역사를 하기 위해서 가면을 쓰고
나의 아들에게 접근할 것이며 너희들
속에 들어올 것이니라.
14 그러니 진정한 보석이 있어서 옆에서
지키지 아니하면 가짜 보석을 가지고
와 현혹하는 자에게 나의 아들이 넘어
질 수 있으며 너희들이 넘어짐이니,
15 너희들이 천사와 같이 굳건한 마음이
되지 아니하면 그 가짜 보석을 가지고
와 그를 팔기 위하여 너희들에게 뇌물
을 주는 자, 그리고 너희들을 유혹하
는 자, 거기에 너희들이 넘어질 수 있
는 자들이 되다 보니 그 모두가 무너
지기 때문에, 내가 아직 만백성들을
모아 두지 아니함이니라.
16 내가 너희들에게 결단코 말함이니, 만
명이 나의 아들 앞에 와 고개를 숙이
고 절할 때, 열 명도 안 되는 자는 진
정한 깨달음이요, 나머지는 육의 세상
의 삶이요, 제 물건을 팔고자, 제가 가
지고 있는 걸 거래하고자, 제가 인간
세상에 득을 보고자 모여드는 자들이
니, 그들이 무엇이냐?
17 바로 너희들이 말하는 양 속에 양의
가죽을 쓴 이리와 마찬가지가 아니더
냐?
18 그러니 거기에 나의 아들이 견딜 수
없으며 너희들 또한 견딜 수 없음이니,
19 바로 너희들과 나의 아들이 천사와 같
은 자세가 되어 어떠한 유혹이요, 어
떠한 부정이요, 어떠한 것으로 너희들
을 유혹해도 넘어지지 아니하고 나의
아들을 지키며 너희 마음을 지킬 수
있는 그와 같은 백성들이 되지 아니하
면 아니 됨이니라.
20 이제 너희들은 들어야 될 것이니라.

21 수억의 인구들이 나의 아들을 따를
때, 나의 아들은 그들의 유혹이요, 가
짜 보석을 가지고 파는 자, 거기에 나
의 아들이 또한 그 가짜 보석에 손을
대며 그를 살 수 있을 것이며 그때는
넘어짐이니,
22 그때 떠나지 아니하는 자, 나의 아들
을 받쳐 나의 아들이 가짜와 진짜를
구분할 수 있는 그와 같은 기회를 다
시 가져 나 여호와의 뜻을 가지고 역
사할 수 있도록 받치고 지탱하는 것은
오로지 따르는 제자 너희들이 천사와
같은 마음으로 되지 아니하면 아니 될
것이니,
23 모두가 떠날 때 남는 것이 너희들이어
야 되기 때문이니,
24 너희들은 무소유요, 무엇을 갖고자 지
니고자, 그리고 더 부귀와 영화를 누
리고자 하는 것이 아니요,
25 나에게 생명을 얻은 것을 감사하며 거
듭나는 은혜를 얻은 것을 감사하며 오
늘의 삶에 감사하는 마음을 가지고 가
는 자만이 영원히 남아 나의 아들이
넘어질 때 버팀목이 될 수 있는 것이
니라.
26 그리고 너희들이 또한 그들을 구분하
여 나의 아들에게 천거하는 것이 중요
함이니,
27 너희들이 그들에게 현혹되어 나의 아
들을 유혹할 때, 나의 아들은 너희들
제자가 가짜 보석을 진짜라고 해도 믿
을 것이며, 또한 나의 아들이 믿지 아
니하면 아니 됨이니,
28 그리하여 너희들이 가짜와 진짜를 구
분하여 나의 아들에게 천거하는 그와
같은 역할을 하지 아니하면 아니 됨이
니,
29 그것이 하늘에 오르는 길을 인도하고
못 하는 인도자의 역할임을 알라.

8,563 번째 하나님 말씀

2003년 11월 26일 20시 44분

1 사랑하는 나의 아들아!
2 "네, 아버님! 말씀하옵소서."
3 나 여호와가 네 마음을 알고 있음이니
라.
4 너는 무엇인가 너의 제자들의 변하는
속도가 그저 대나무 죽순이 커 가듯이
그와 같이 변해 주기를 바라며 나로부
터 내리는 그 상을 너의 제자들이 받
는 것을 보고자 하는 것이 너의 애절
한 마음인 줄 알고 있음이니라.
5 그러나 너는 그와 같이 서두르지 말지
니라.
6 바람이 불어와 쌓이는 그 먼지가 너희
들의 눈에 보여서 쌓이더냐?
7 백사장에 모래를 몰고 오는 그 파도는
너희들의 눈에 보이지 않게 모래를 가
져와 붓고 가고 또 와서 붓고 가고, 그
리하여 그 보이지 않은 속에서 백사장
을 만들며, 너희들이 밟고 달려도 단
단한 그와 같은 모습으로 변해지는 것
이니,
8 네가 그와 같은 이치를 안다면, 나의
강론을 들으며 나의 법전을 읽고 깨우
치는 너의 제자는 바람결에 날아와 쌓
이는 그 먼지처럼, 그리고 파도가 밀
려왔다 놓고 가는 그 모래알처럼 하나
하나 차곡차곡 쌓여 가고 있으며 변하

기 시작하는 그와 같은 형태가 있음을
너는 알아야 될 것이니라.
9 너는 어느 날 갑자기 그들이 풍선이
뜨는 것처럼 올라오기를 바라나, 그리
되지 아니함을 너는 알아야 될 것이니
라.
10 하나하나 차곡차곡 쌓이면서 시간이
흐르며 세월이 흐르는 속에서 변화되
며, 어느 날 갑자기 그들이 깨달음을
얻게 될 것이니 그리 알라.
11 그리고 그들이 변화될 때가 있을 것이
니, 너는 그리 알라.
12 그 모두는 너의 욕심임을 알아야 될
것이니라.
13 그들이 변하여 고통과 시련에서 벗어
나며 나로부터 내리는 상을 너의 제자
가 받아 그 기쁨을 네가 같이하고자
그리 생각하나, 그와 같은 역사로써는
이루어지지 아니함을 알라.
14 보이지 않는 먼지가 쌓이듯이, 보이지
않는 파도에 밀려오는 모래가 쌓이듯
이, 너의 제자들은 단단하게 차곡차곡
한 계단 한 계단 지금 쌓아 가고 있음
이니,
15 너는 그들을 잘 다스리며 그들을 잘
이끌어 가면 될 것이며, 그와 같은 역
사를 이루는 것 또한 머지않을 것이니
그리 알라, 사랑하는 나의 아들아!

8,564 번째 하나님 말씀

2003년 11월 27일 0시 26분

1 사랑하는 나의 아들아!
2 **"네, 아버님! 말씀하옵소서."**
3 너희들이 먼 거리를 달려오는 마라톤
이라는 경기가 있느니라.
4 인간의 한계를 다하여 목적지를 달려
와 완주하는 그와 같은 경기가 아니더
냐?
5 그러니 그 경기에 출전하여 모든 명성
을 얻기 위하여 많은 백성들이 훈련하
고 연습을 하는 것이니라.
6 그들이 곧 마라톤 선수로서 명성을 얻
고자 훈련을 시작하는 것은, 모든 종
교 집단이요, 지도자들이 신앙의 길이
요, 종교 지도자로서 가고자 하여 나
서는 자와 같이 보면 될 것이니라.
7 그러나 그와 같이 훈련과 훈련을 거듭
한 자들 중에 완주하는 사람이 과연
얼마나 있겠느냐?
8 그리고 그리 훈련하고 또 훈련했으나,
결국 그 시합에서 우승의 영광을 차지
하는 것은 단 한 사람뿐이지 않느냐?
9 나는 너에게 그를 원하느니라.
10 이 세상에 나의 피조물 만백성을 구하
는 자라면 가장 우등생만이 역사할 수
있다 하였음이니,
11 그곳에서 네가 영광을 차지하는 나의
아들로서 바로 서지 아니하면 아니 됨
을 알아야 될 것이니라.
12 네가 가야 할 길이요, 네가 역사하는
것은 바로 그러하니라.
13 모든 종교 집단이요, 지도자들이 마라
톤 선수가 되기 위하여 훈련을 하는
만큼 그 훈련 과정을 하나,
14 거기에서 고달파 중간에 중단하는 자,
그리고 출전을 포기하는 자, 이와 같
은 자들이 사탄이요, 사악한 자요, 무
너지는 자들임을 너희들은 알아야 될
것이니라.

15 거기에 비유해 내가 너희들에게 깨우
쳐 줌이니, 거기에서 시합 날에 영광
을 차지할 수 있는 것이 바로 나의 아
들 네가 가야 할 길이며, 너를 따르는
그 제자들이 중도에 포기하는 자가 되
지 아니하며 그를 완주하는 백성으로
서 거듭나라 함이 나 여호와의 뜻이니
라.
16 그러나 모든 자들이 중간에 포기하며
그 모두가 다 쓰러져 나감이니,
17 이것이 바로 잘못된 종교 지도자들이
세상을 지배하는 그와 같은 형국이요,
그들이 바로 중간에 포기하고 쓰러진
자들이라는 걸 너희들은 알아야 될 것
이니라.
18 각종 유혹과 각종 세상에 살아가는 육
의 향락에 의하여 자신을 속이며 부끄
러운 삶을 살고 가는 것이 그들이니,
19 그게 바로 하늘을 향하여 한 점의 부
끄럼이 없는 지도자의 자리를 지키고
가지 못하는 자, 그 모두가 중도에서
포기하는 자와 같은 낙오자가 되는 것
이니라.
20 그 낙오자가 나의 피조물 만백성을 가
르치고 인도함이니, 거기에 어찌 나의
정신이 있으며 나의 진리가 있단 말이
던가?
21 그와 같은 것이니, 너는 이 세상에 우
승자가 될 것이며, 한 사람의 우등생
의 우승자가 될 것이며,
22 너의 제자들은 그 모두를 완주하는 제
자가 되라는 것이 나 여호와가 바라는
뜻이라는 것을 네가 전해 주도록 그리
하라, 사랑하는 나의 아들아!

8,565 번째 하나님 말씀

2003년 11월 27일 0시 29분

1 사랑하는 나의 아들아!
2 "네, 아버님! 말씀하옵소서."
3 너의 제자들과 나의 법전을 읽고 깨우
친 만백성 너희는 알아야 될 것이니라.
4 내가 나의 아들을 통하여 내리는 이
법전이 새로운 성경이요, 심판의 기본
임을 너희들이 확실히 깨우쳐 그리 믿
고 따라야 할 것이며,
5 여기에서 흔들리는 마음 자세를 가져
서는 절대 나의 법전에 기록되어 있는
그 뜻을 알 수 없으며, 내가 너희들에
게 임할 수 없다는 것을 알아야 될 것
이니라.
6 지금의 모든 종교 집단이요, 지도자,
또한 책임을 맡은 자, 또 믿는다는 그
백성들이 모두 지금 이대로는 결코 나
에게 오를 수 없으며,
7 이대로 계속 썩어져 가는 형국으로 흘
러간다면 나를 볼 수 없으며 나에게
오를 수 있는 백성이 하나도 없음을
너희들은 알아야 될 것이니라.
8 그러니 나의 사랑하는 백성들이 썩어
져 가는 형국이요, 그들을 이끌어 가
는 자들을 내가 더 이상 그저 보고만
있을 수 없어, 내가 썩은 것을 모두 도
려내고자 하며, 도려낼 것이라는 것을
너는 알아야 될 것이니라.
9 다시는 그들이 소생하지 못하며 다시
는 돌아올 수 없도록 내가 지금의 모
두를 다 도려내고자 함이니라.
10 그러니 그들이 나로부터 도려냄을 받
지 아니하려거든 사랑과 겸손함과, 진

정으로 회개하며, 저희들이 천사와 같
은 마음으로 변화되며, 그와 같은 마
음으로 돌아서지 아니하면 아니 된다
는 것을 그들에게 깨우치고 전해야 될
것이니라.
11 그들이 오늘의 이와 같은 형국으로써
나를 속이며 만백성을 속이며 살아간
다면, 저희들이 얼마나 냉혹한 심판을
받게 될 것인가, 과연 그 심판 앞에서
견딜 수 있는가 그들에게 물어보라.
12 결코 견딜 수 없는 고통만이 저희들에
게 있을 것임을 알라 전하라.
13 내가 그리하여 교회요, 성전의 문을
모두 다 닫고자 하는 것은 무엇이더냐?
14 너희들이 이제는 더 이상 번영하지 못
하며, 더 이상 영광을 누리고 번창할
수 없다는 것을 의미함을 알아야 될
것이니라.
15 모든 교회요, 성전이요, 성막이요, 그
문을 내가 닫는다 함은, 결코 너희들
은 더 이상 번영과 번창이 없다는 것,
그리하여 시들어 가는 꽃과 같은 형국
으로써 서서히 시들어져 간다는 것을
의미함을 너희들이 알아야 될 것이니
그리 전하라.

8,566 번째 하나님 말씀

2003년 11월 27일 0시 34분

1 사랑하는 나의 아들아!
2 "네, 아버님! 말씀하옵소서."
3 믿음의 세월이 흐르는 속에 너희들이
진정한 진리요, 나 여호와의 뜻에 의
해 변하는 역사를 이루고 왔다면 2천
년이라는 인간 세상의 길고 긴 그 세
월 속에 살아온 너희들이 오늘과 같이
스스로 험악한 세상이라 자탄하는 이
와 같은 형국은 이루어지지 아니하였
을 것이니라.
4 그러니 결국 너희들은 무엇이더냐?
5 참진리요, 아름다운 천사와 같이 변화
되는 삶을 사는 자들이 나에게 오르며
나를 볼 수 있다 하였거늘,
6 2천 년이라는 길고 긴 세월 속에서 너
희들이 오늘의 공포의 도가니와 같은
세상에 살며, 인간이 인간을 믿지 못
하는 이와 같은 세상이 되었다는 것은
결국 무엇이더냐?
7 변해야 될 너희들이 변화되지 못했으
며, 너희들이 변하는 그 속에서 아름
다운 시대를 열어 가야 할 그 대명을
지키고 행하지 못한 증거임을 너희들
은 알아야 될 것이니라.
8 변화될 줄 모르는 나의 백성들 그들은
정녕 참진리를 모르며, 참진리의 길을
가고자 하지 아니하는 것이니라.
9 오로지 저희들의 육의 향락을 위하여
저희들이 만들어 놓은 교리와 교법을
지키고 사수하기 위한 고집불통이요,
고집불통의 집단이요,
10 그 고집불통의 집단 속에서 또 고집불
통의 지도자로 하여금 오늘의 나의 피
조물 만백성이 지금 죽어 가는 형국이
니라.
11 영원히 사는 그 세상에 거듭나지 못하
니, 그들이 바로 죽어 가는 형국에 있
음을 너희들은 알아야 될 것이니라.
12 지금의 종교 집단과 지도자, 그리고
모든 지배권을 행사하고 있는 자들,
그들이야말로 정녕 신앙이 무엇인지

모르며, 신앙이 없으며,
13 믿음이 무엇인지 모르며, 믿음이 없는
대표적인 자들임을 알아야 될 것이니
라.
14 그리하여 그들은 타락의 길만 달려가
고 있으며 타락의 극치에 도달한 것이
바로 그들임을 너희들은 알아야 될 것
이니라.
15 믿음의 길이요, 신앙생활을 한 자, 그
만큼 역사가 있으며 믿음의 시간이 긴
너희들은 천사와 같이 변한 자요, 남
들에게 칭송받는 자요,
16 그리고 너희들을 보고 나의 피조물 만
백성이요, 어리석고 무지한 백성들이
깨우쳐 가는 그와 같은 역사를 이루어
야 되나,
17 그와 같은 자들이 지금 신앙이 없으며
믿음이 없으며 근거가 없으며 뿌리가
없어 오로지 타락의 길만 달려가고 있
는 것이 그들이니라.
18 그리하여 그들은 더 이상 타락할 수
없는 형국에 처해 있으니, 오늘의 그
와 같은 그들을 보고 나의 사랑하는
백성들이 변할 자가 어디 있으며 따라
갈 자가 어디 있는가?
19 그러니 오늘의 너희들이 말세요, 도둑
이 들끓는 이 세상을 만든 원흉이 너
희들이라 하여, 내가 너희들에게 코를
땅에 대고 걸어가도 나에게 용서를 받
지 못한다 함을 알아야 될 것이니라.

8,567 번째 하나님 말씀

2003년 11월 27일 0시 39분

1 사랑하는 나의 아들아!
2 "네, 아버님! 말씀하옵소서."
3 오늘의 교회요, 믿음의 길을 가는 종
교 집단의 지도자들 그들이 과연 어찌
생겼는가?
4 저희들의 뿌리가 부패하며 그 뿌리가
지탱할 수 없으며, 그 뿌리의 모든 종
파가 썩어져 가기에, 거기에 항거하여
너희들이 오늘의 변화의 역사를 이룬
것이 아니던가?
5 그리하여 탄생한 것이 종교개혁이요,
신 종파요, 기독교요, 이와 같은 너희
들의 종파가 생겨난 결과가 아니던가?
6 그러니 원 몸통이 썩어져 가기에 너희
들이 개혁하며, 다시 너희들이 부패한
것을 도려 내고자 하여 생긴 것이 지
금 모든 종파가 이 세상에 뿌리를 내
려 가고 있는 그 형국이 아니던가?
7 너희들은 그를 들여다보면 알 것이니
라.
8 그리하여 모든 집단과 집단의 이해관
계가 지금 이루 말할 수 없이 갈라져
있으며, 그 갈라진 속에서 서로 갈등
과 갈등이 엇갈린 그 아수라장과 같은
오늘의 현상이 이루어진 것이 오늘의
모든 종교가 존재하는 것이 아니던가?
9 그러니 엇갈려져 만들어진 그 수를 헤
아릴 수 없는 것이 오늘의 형국이니라.
10 수를 셀 수 없이 그 많은 교파가 분열
되어 서로 제 것이 최고라 부르짖고
있음이니, 그리고 저희들을 따르는 자
만이 구원을 받는다 하여 저희들이 또
하나가 부패되어 몸통이 썩음이니 또
가지를 치듯이, 이와 같은 것이 수없
이 많이 생긴 것이 종파요, 교파라는
것을 너희들은 알아야 될 것이니라.

11 지금도 쉬지 않고 수없이 생겨나고 있
는 것이 교파요, 종파이거늘, 생겨나
는 자마저 갈등과 분열이 끊이지 아니
하고 있음이니라.
12 그러니 그와 같은 너희들의 오늘의 형
국으로 세월이 흐르고 또 흐른 다음에
과연 어떠한 종파의 교리가 생기지 아
니한다 할 수 있겠는가?
13 그 숫자는 헤아릴 수 없이 생길 것이
니라.
14 그러니 그들은 너희들이 말하는 대로
갈라지고 또 찢어져 갈등과 분열 속에
서 또 나가 생기며 또 신흥종교가 생
기는 그와 같은 형국이 이루어짐이니,
그 이름 또한 찬란하기가 끝이 없느니
라.
15 너희들이 그저 각종 헌금을 거둬들일
때, 앞에 이름만 붙이고 재물을 거두
듯이,
16 너희들의 앞에 교파나 그 모든 종파의
이름을 갖다 붙이고 신흥종교가 계속
태어남이니,
17 너희들의 모체가 썩어서 너희들이 다
시 뿌리를 내려 나온 것과 무엇이 다
르단 말이더냐?
18 작든 크든 그 전철을 지금 계속 너희
들이 밟아 가고 있음이니, 미래에 이
를 다스릴 수가 없기에,
19 내가 나의 아들을 통하여 지금 그 모
두를 다 하나로 묶어 참진리의 길로
인도할 때가 되었으며, 그 역사가 시
작할 때가 되었으며, 내가 새로이 역
사함을 너희들은 알아야 될 것이니라.
20 이제는 수없이 난무한 것, 그리고 수
없이 내려온 각종 종파와 그리고 밤하
늘의 별의 숫자보다도 더 많이 갈라지
고 갈라진 그 모든 종파와 그 집단을
하나로 묶을 때가 되었으며, 하나의
진리로써 깨우칠 때가 되었으며, 모두
를 다스려 하늘로 인도하는 그와 같은
때가 되었기에,
21 내가 나의 아들 너를 통하여 종파가
없으며 교파가 없는, '하늘에 오르는
길'이요, '하나님! 말씀하옵소서.'라는
새로운 성경이요, 나의 법전으로써 너
희들을 구원하고자 역사함을 너희들
은 알아야 될 것이니 그리 전하라.

부 록

【하나님께서 가르쳐 주신 운동】

천재지변이 일어날 때, 동물이나 미물들은 미리 알고 대피하지만, 인간은 알지 못하고 큰 화를 당합니다. 하나님께서 인간에게 가장 높은 지혜를 주시고 완벽하게 창조해 주셨기에 동물들보다 더 잘 알 수 있지만, 욕심으로 마음이 혼탁해져서 한 치 앞을 보지 못하는 것입니다.

마찬가지로, 인간은 누구나 스스로 필요한 운동을 해서 건강을 지킬 수 있도록 하나님께서 만들어 주셨습니다. 우리의 머리에서 우리 몸에 필요한 동작을 해 달라고 끊임없이 신호를 보내지만, 인간이 혼탁하게 살아서 그 신호를 알아채지 못합니다. 그러니 자연스럽게 자기 몸이 원하는 그 신호를 따라서 운동하는 것이 하나님께서 가르쳐 주신 운동 방법입니다. 바로, 우리의 영이 육을 이끄는 운동입니다.

▶ 하나님 운동법

1. 눈을 감고, 발을 어깨너비로 벌리고 바르게 선다.
2. 몸에 힘을 풀고, 허리를 숙이면서 손과 머리를 아래로 내린다.
3. 허리를 펴고 싶을 때, 천천히 펴면서 하고 싶은 동작을 하면 운동이 시작된다. (사람마다 다르다.)
4. 멈추지 말고, 어떤 동작이든지 자기 몸의 느낌대로 계속 이어서 한다.

▶ 참고 사항

① 눈을 감은 상태로 아무 생각 하지 않고, 자기 몸의 느낌대로 움직입니다.
② 마음을 비우고, 욕심을 버리고, 지난날의 잘못을 반성하면서 몇 차례 시도하다 보면, 자기도 모르게 하고 싶은 동작이 끊임없이 생깁니다.
③ 운동 장소는 방 안이든 운동장이든 관계없으며, 걷거나 달리고 싶을 때는 눈을 떠도 됩니다.
④ 매일 40분 이상, 주 4회 이상, 3개월 이상 하면 음식 조절에 들어갑니다.
- 음식으로 생긴 병은 음식으로 치료하게 되며, 어떤 음식을 먹어야 하는지 스스로 알게 됩니다.
(자기 몸에 필요한 음식만 먹고 싶어집니다.)
⑤ 사랑하는 사람과 함께 운동하면 서로 치료해 주기도 합니다.
⑥ 운동을 하다가 몸의 어느 한 부분을 계속 손으로 자극한다면 그쪽에 이상이 있는 것이니, 의사에게 상담을 받고 적절한 치료를 받으면 됩니다.
⑦ 다이어트 및 기타 건강관리에 효과적입니다.
⑧ 꾸준히 운동하여 영이 맑아지면, 자신의 과거와 미래를 스스로 보게 됩니다.

누구나 스스로 하실 수 있습니다.

간 행 사

《새로운 성경》은:

· 새로운 성경은, 하나님께서 선량하고 선한 자를 선택하여 십계명을 암송하도록 하시고, 십계명을 암송한 다음에 음성으로써 들려주시는 말씀을 듣고 그대로 카세트테이프에 녹음해서 받아쓴 책입니다.

· 90분짜리 녹음테이프 700여 개에 달하는 말씀으로, 1999년 8월부터 2004년 7월까지 총 160권(권당 288쪽)을 완성하였으며, 그 이후에도 현재까지 계속 말씀을 내려 주고 계십니다.

· 새로운 성경은 "하늘을 두루마리 삼고 바닷물을 먹물 삼아 쓰고 써도 다 못 쓴다"는, 끝없이 방대한 하나님의 말씀이 두루마리로 직접 내려오는 것입니다. 이러한 새로운 성경은 구약과 신약을 폐하려는 것이 아니라 "인봉된 성서의 비유의 뜻"을 상세히 설명하여 완성하고자 하나님께서 직접 내려 주신 말씀입니다.

《새로운 성경》의 구성:

· 제 목: 2013년, 160권 모음집을 발간하면서, 본 도서의 제목을 "하나님! 말씀하옵소서"에서 《새로운 성경》으로 명해 주셨습니다.

· 단행본: 각 권당 288쪽(신국판) 책이 160권까지 시리즈로 출판됩니다.
(모음집은 단행본을 16권씩 묶어서, 총 10부로 구성됩니다.)

《새로운 성경》의 성경적 근거:

· 신약 성경 [요한복음] 16장 13절에 "진리의 성령이 오시면 그가 너희를 모든 진리 가운데로 인도하시리니 그가 자의로 말하지 않고, 오직 듣는 것만을 말하며" 하신 말씀처럼 하나님의 음성을 들은 것만 기록하였으며,

· "장래 일을 너희에게 알리시리라" 하신 말씀과 같이 개인, 나라, 인류의 "장래"일을 하나님께서 알려 주시는 것만 기록하여 책으로 만들었습니다.

《새로운 성경》의 기록 방법:

· 1999년 8월부터 하나님께서 저에게 들려주시는 음성을 기록하였습니다. 처음에는 제가 들은 말씀을 불러 주면 저의 아내가 기록하여, 2000년 1월 29일에 1권 초판이 세상에 나왔습니다. 2000년 4월부터는 주시는 말씀을 받아 녹음기에 기록하기 시작하였습니다.

· 녹음을 시작하면서 하나님의 말씀을 받는 데 가속도가 붙었고, 2001년 5월 3일에 1부(1~16권까지)를 인쇄하여 출판하였으며, 2004년 7월까지 총 160권 분량의 말씀을 받아 기록하였습니다.

하나님께서 저에게 주신 것은:

· 첫째, 만백성을 상대로 내려 주시는 "기도", 둘째, 수시로 내려 주시는 "묵상", 셋째, 개인의 과거, 현재, 미래를 알려 주시는 "개인 기도", 넷째, 개인의 건강을 위해서 내려 주시는 "음식 처방", 다섯째, 하나님께서 가르쳐 주신 "운동"등이 있습니다. 이 중에 첫 번째, "기도"를 책으로 편찬하였습니다. 사람의 생사, 개인의 미래에 관한 천기는 수록하지 말라 하셨습니다.

강론 안내:

· 하나님께서는 지금도 매일 저에게 새로운 하늘의 비밀의 말씀을 내려 주고 계십니다. 수시로 내려 주시는 말씀을 정리해서 제자를 육성하라는 말씀에 따라 매주 강론을 하고 있습니다. 누구나 무료로 들으실 수 있습니다. (book160.com)

《새로운 성경》을 읽는 분들에게 드리는 선물:

· 개인 기도: 개인의 과거, 현재, 미래에 관하여 말씀을 내려 주십니다.

· 음식 처방: 사람은 음식을 먹고살다가 건강을 잃으니, 음식과 운동으로 건강을 되찾는 방법을 알려 드립니다. 단, 하나님이 계심을 믿고, 십계명을 지키겠다고 진실로 서약하는 분들께 알려드립니다.

《새로운 성경》의 은혜와 기적:

· 새로운 성경 전160권은 16권씩 묶어서 총 10부의 모음집으로 구성됩니다. 모음집 한 부를 읽고 깨우치는 자에게 하나님께서 다음과 같은 기적이 있다고 하셨습니다.

· "첫째, 그가 죽어 하늘에 갔을 때 그의 죄를 묻지 아니하며, 구원을 받는 위대한 은혜가 있으며, 둘째, 그의 소원과 소망이 이루어지고, 셋째, 죽은 자(부모, 형제, 자식, 사랑하고 은혜 입은 분)의 이름으로 구입한 책을 읽고 누군가 한 사람이 깨우칠 때, 그 죽은 자가 지옥에서 천국으로 구원을 받게 되며, 넷째, 유산, 중절 수술 등으로 태어나지 못한 아이를 위하여 구입한 책을 보고 한 명이 깨우쳤을 때, 그 아이가 사람으로 다시 한 번 태어나는 은혜를 받는다."

· "새로운 성경"을 3회 이상 정성을 다해 정독하는 자, 성서의 비밀을 알게 되고, 세상의 이치를 알게 되며, 세상을 지배하고 통제할 수 있는 지혜를 다 얻게 된다고 하셨습니다. 이 책은 만백성이 정독하고 이웃에게 전하여, 평생 가슴에 묻은 슬픔과 고통의 짐을 벗고 미래를 위한 힘찬 삶을 살아가도록 하는 책입니다.

끝으로

· 하나님께서는 흰 눈이 세상을 덮듯이 새로운 성경을 온 세상에 전하라고 하셨습니다. 《새로운 성경》을 각국어로 번역해서 온 인류에게 구원의 길을 깨우쳐 주고, 그 수익으로 가난하고 어려운 백성을 구제하여, 만백성의 영과 육을 함께 구원하는 선지자의 임무를 수행하라고 저에게 명하셨습니다.

· 하늘에서 내려 주신 말씀의 보화를 만백성에게 나누어 주는 것이 선지자의 임무라고 하셨습니다. 새로운 성경을 통해서 얻는 재물을 사용할 곳도 하나님께서 일일이 명해 주십니다. 모든 재물은 저의 자의로 쓸 수 없고, 하나님께서 명하시는 대로만 쓰여집니다.

· 어떤 명분으로든 십일조나 각종 헌금을 거두어들이지 말라 하셨으며, 국내뿐 아니라 각국에 성전과 단독 서점을 운영하며, 한국의 많은 젊은이들을 전 세계에 지도자로 내보내라고 하셨습니다.

· 우리는 세계적으로 새로운 성경을 보급하며 어려운 이들을 돕는 역사를 해 나갈 것입니다. 지금까지 비록 몇 명 안 되는 제자들과 함께 이러한 일을 역사했지만, 앞으로도 계속 하나님께서 기뻐하시는 일들을 해 나갈 것입니다. 부족한 저희에게 여러분들의 지혜와 성원을 보내 주시기를 바랍니다. 많은 분들의 참여와 도움을 간절히 기다립니다. 감사합니다.

한국어로 내려온 《새로운 성경》 단행본을 출간하며
2016년 4월 10일

발행인 **김 용 철**

한국어로 내려온

새로운 **성 경** · 8부 · 제116권

지은이 하나님 말씀
대역자 김용철

초판인쇄 1쇄 2017년 4월 3일

펴낸 곳 도서출판 하얀마음
등록번호 제 10-2107호 (2001년 2월 14일)
주소 서울시 노원구 덕릉로86길 5, 2층
전화번호 02) 313-1114
팩스 02) 393-5554
전자우편 book160@hanmail.net
편집위원 조나영 김미향 이석교
제작지원 조형구 백영숙 이석교 이수희

도서상담 1600-7527
ISBN 978-89-5875-216-5 (04230)
978-89-5875-100-7 (세 트)

값 10,000원
잘못된 책은 구입하신 곳에서 바꾸어 드립니다.

※이 책은 10부로 제작되며, 각 부 16권씩 총160권으로 구성됩니다.※

1부	2부	3부	4부	5부	6부	7부	**8부**	9부	10부
1권	17권	33권	49권	65권	81권	97권	113권	129권	145권
2권	18권	34권	50권	66권	82권	98권	114권	130권	146권
3권	19권	35권	51권	67권	83권	99권	115권	131권	147권
4권	20권	36권	52권	68권	84권	100권	116권	132권	148권
5권	21권	37권	53권	69권	85권	101권	117권	133권	149권
6권	22권	38권	54권	70권	86권	102권	118권	134권	150권
7권	23권	39권	55권	71권	87권	103권	119권	135권	151권
8권	24권	40권	56권	72권	88권	104권	120권	136권	152권
9권	25권	41권	57권	73권	89권	105권	121권	137권	153권
10권	26권	42권	58권	74권	90권	106권	122권	138권	154권
11권	27권	43권	59권	75권	91권	107권	123권	139권	155권
12권	28권	44권	60권	76권	92권	108권	124권	140권	156권
13권	29권	45권	61권	77권	93권	109권	125권	141권	157권
14권	30권	46권	62권	78권	94권	110권	126권	142권	158권
15권	31권	47권	63권	79권	95권	111권	127권	143권	159권
16권	32권	48권	64권	80권	96권	112권	128권	144권	160권